普通话
水平测试应试指南
（第二版）

张庆庆　编著

b	p	m	f	ü	d	t	n	l
g	k	h	j	q	x	zh	ch	sh
r	z	c	s	a	o	e	ai	ei
ao	ou	an	en	ang	eng	ong	i	ia
ie	iao	iou	ian	in	iang	iong	u	ua
uai	uan	uen	uang	ueng	üe	üan	ün	

暨南大學出版社
JINAN UNIVERSITY PRESS

中国·广州

图书在版编目（CIP）数据

普通话水平测试应试指南 / 张庆庆编著. —2 版. —广州：暨南大学出版社，2014.1（2015.6 重印）
ISBN 978-7-5668-0786-1

Ⅰ.①普… Ⅱ.①张… Ⅲ.①普通话—水平考试—自学参考资料
Ⅳ.①H102

中国版本图书馆 CIP 数据核字（2013）第 235004 号

出版发行：暨南大学出版社

地　址：中国广州暨南大学
电　话：总编室（8620）85221601
营销部（8620）85225284　85228291　85228292（邮购）
传　真：（8620）85221583（办公室）　85223774（营销部）
邮　编：510630
网　址：http：//www.jnupress.com　http：//press.jnu.edu.cn

策划编辑：杜小陆
责任编辑：刘　晶
责任校对：张　婧

排　版：弓设计工作室
印　刷：佛山市浩文彩色印刷有限公司

开　本：787mm×960mm　1/16
印　张：15.75
字　数：308 千
版　次：2010 年 8 月第 1 版　2014 年 1 月第 2 版
印　次：2015 年 6 月第 4 次
印　数：7001—10000 册

定　价：29.80 元（含光盘）

前　言

普通话水平测试是我国现阶段普及普通话工作的一项重大举措。开展普通话水平测试工作，将大大加强推广普通话工作的力度、加快推广普通话工作的速度，使“大力推行、积极普及、逐步提高”的方针落到实处，极大地提高全社会的普通话水平和汉语规范化水平。国家普通话水平测试工作以1994年10月国家语言文字工作委员会、国家教育委员会、国家广播电影电视部联合发出的《关于开展普通话水平测试工作的决定》为标志正式启动，至今已走过了19个年头。参加测试的人员范围不断扩大，包括教育系统的教师、广播电视系统的播音员和主持人、国家机关公务员、高等院校和中等职业学校学生、军人，以及通信、旅游、商业、交通、卫生等行业的从业人员。测试人数也持续增加，全国参加测试的人数累计已达3 000余万人次。测试工作的管理也日益规范，从2007年开始，先后在安徽、上海等15个省市开展“计算机辅助普通话水平测试系统”应用试点工作。“机辅测试”以计算机作为辅助手段，进行无纸化、电子化的高效率测评，进一步提高了测试质量和工作效率，节约了人力资源，提高了测试的公平性和公正性，具有很强的可行性。到2008年年底，全国参加“机辅测试”的人数已近50万，占当年测试总人数的15%。在一定范围内对某些岗位的人员进行普通话水平测试，并逐步实行普通话等级证书上岗制度，标志着我国普及普通话工作走上了制度化、规范化、科学化的新台阶，也可以说明普通话水平测试工作日新月异、与时俱进的新变化。

根据《普通话水平测试实施纲要》和测试工作的实际需要，我们编写了这本《普通话水平测试应试指南》。本书首先分章节介绍了普通话水平测试的内容、普通话的语音系统、普通话的音变理论，然后在此基础上，提出了相应的应试策略，包括字词测试应试策略、选择判断应试策略、朗读短文应试策略以及命题说话应试策略。为了贯彻“精讲多练”原则，我们收集整理了大量的练习进行应试指导，力求达到理论简明扼要、训练材料丰富新颖、应试策略实用有效的目的。本书既可作为普通话培训教材，也可供个人自学之用。

编著者

2010 年 6 月

目　录

第一章　普通话及普通话水平测试

第一节　普通话概述

一、什么是普通话

1955 年的全国文字改革会议和现代汉语规范问题学术会议确定普通话是以北京语音为标准音，以北方话为基础方言，以典范的现代白话文著作为语法规范的现代汉民族共同语。这个定义实质上从语音、词汇、语法三个方面提出了普通话的标准。

“以北京语音为标准音”，指的是以北京话的语音系统为标准，但并不是把北京话一切读法全部照搬，普通话并不等于北京话。北京话有许多土音，例如：老北京人把连词“和（hé）”说成“hàn”；把“蝴蝶（húdié）”说成“hútiěr”；把“告诉（gàosu）”说成“gàosong”。另外，北京话里还有异读现象，例如：“侵略”一词，有人念成“qǐnlüè”，也有人念成“qīnlüè”；“附近”一词，有人念成“fùjìn”，也有人念成“fǔjìn”，这些都不能纳入普通话的标准。从 1956 年开始，国家对北京土话的字音进行了多次审订，制定了普通话的标准读音。因此，普通话的语音标准，当前应该以 1985 年公布的《普通话异读词审音表》以及 2012 年版的《现代汉语词典》（第 6 版）为规范。

就词汇标准来看，普通话“以北方话为基础方言”，指的是以广大北方话地区普遍通行的说法为准，同时也要从其他方言中吸取所需要的词语。北方话词语中也有许多北方各地的土语，例如：北京人把“傍晚”说成“晚半晌”，把“斥责”说成“呲儿”，把“吝啬”说成“抠门儿”；北方不少地区将“玉米”称为“棒子”，将“肥皂”称为“胰子”，将“馒头”称为“馍馍”。所以，不能把所有北方话的词汇都作为普通话的词汇，要有一个选择。有的非北方话地区的方言词有特殊的意义和表达力，而北方话里却没有相应的同义词，这样的词语就可以吸收到普通话词汇中来。例如“搞”、“垃圾”、“尴尬”、“噱头”等词在书面语中经常出现，早已加入了普通话词汇行列。普通话所选择的词汇，一般都是流行较广，而且早就用于书面的词语。新版《现代汉语规范词典》2010 年由外语教学与研究出版社出版发行，收录词目 7 万多条及例证8万余条，并增收了包括“微博”、“低碳经济”、“减排”等大量新词语和新义项2 600余条，涵盖了政治、经济、文化、科技、互联网等各方面，可对普通话词汇规范提出相应建议。

普通话的语法标准是“以典范的现代白话文著作为语法规范”，这个标准包括四个方面的意思：“典范”就是排除不典范的现代白话文著作，不将其作为语法规范；“白话文”就是排除文言文；“现代白话文”就是排除“五四”以前的早期白话文；“著作”就是指普通话的书面形式，是建立在口语基础上，经过加工、提炼的语言。

二、方言与普通话

（一）现代汉语方言

汉语方言俗称地方话，是通行于一定地域，在局部地区使用的语言。方言都具有自己完整的系统，包括语音结构系统、词汇结构系统和语法结构系统，能够满足本地区社会交际的需要。一般情况下，民族共同语是在一个方言的基础上发展起来的。同一个民族的各种地方方言和这个民族的共同语，总是表现出“同中有异、异中有同”的语言特点。汉语方言和汉民族共同语在语音上有比较整齐的对应规律，基本词汇和语法构造大体相同，共同使用汉字这一文字系统，差异也体现在这几个方面，语音差异尤为突出。依据方言的特点及方言调查的结果，联系方言形成和发展的历史，可以将现代汉语方言划分为七大方言区：

1. 北方方言

北方方言是现代汉民族共同语的基础方言，以北京话为代表，内部一致性较强。在汉语各方言中，北方方言的分布地域最广，使用人口约占汉族总人口的73%。

北方方言可分为4个次方言：①华北、东北方言，分布在北京、天津两市，河北、河南、山东、辽宁、吉林、黑龙江以及内蒙古的一部分地区。②西北方言，分布在山西、陕西、甘肃等省和青海、宁夏、内蒙古的一部分地区。新疆汉族使用的语言也属于西北方言。③西南方言，分布在四川、云南、贵州等省及湖北大部分地区（东南角咸宁地区除外）、广西西北部、湖南西北角等。④江淮方言，分布在安徽、江苏长江以北地区（徐州、蚌埠一带属华北、东北方言）、镇江和镇江以西九江以东的长江南岸沿江一带。

2. 吴方言

分布在上海市、江苏省长江以南镇江以东地区（不包括镇江）、南通的小部分地区、浙江的大部分地区。典型的吴方言以苏州话为代表，使用人口占汉族总人口的 7.2% 左右。

3. 湘方言

分布在湖南省大部分地区（西北角除外），以长沙话为代表，使用人口占汉族总人口的 3.2% 左右。

4. 赣方言

分布在江西省大部分地区（东北沿长江地区和南部除外），以南昌话为代表，使用人口占汉族总人口的 3.3% 左右。

5. 客家方言

客家方言以广东梅县话为代表，客家人分布在广东、福建、台湾、江西、广西、湖南、四川等省，其中以广东东部和北部、福建西部、江西东南部和广西东南部为主，使用人口占汉族总人口的 3.6% 左右。

6. 闽方言

现代闽方言主要分布区域跨越六省，包括福建和海南的大部分地区、广东东部潮汕地区、雷州半岛部分地区、浙江省南部温州地区的一部分、广西的少数地区、台湾省的大多数汉人居住区。闽方言可分为闽东、闽南、闽北、闽中、莆仙 5 个次方言，以福州话和厦门话为代表，使用人口占汉族总人口的 5.7% 左右。

7. 粤方言

分布在广东中部、西南部和广西东部、南部的约一百来个县以及香港、澳门特别行政区，以广州话为代表，使用人口占汉族总人口的 4% 左右。

（二）方言与普通话的关系

社会语言生活是多样化的。普通话是不同方言区以及国内不同民族之间人们的通用语言，是汉语的标准语，是国家法定的语言。它是在北方话和北京话的基础上长期形成的，在社会语言生活中发挥着全局性的作用。方言是一个社会中局部地区人们使用的语言，为各自地域的居民服务，也是地域文化的载体，记录、保存、传播着地域文化，同时也在不同地区人们的交往中形成障碍。两者是相互对立的，但又是互相补充的。由于方言是地域文化的载体之一，有着一定的交际价值和文化价值，普通话常常有选择地从方言中吸收一些有生命力的成分来丰富和完善自己，而各地方言中也都不断渗进一些普通话的成分，并日益向普通话靠拢。因此，“普通话在方言之上，又在方言之中”。

第二节 普通话水平测试介绍

一、普通话水平测试的性质和意义

（一）普通话水平测试的性质

普通话水平测试测查应试人的普通话规范程度、熟练程度，认定其普通话水平等级，属于标准参照性考试。它是由政府专门机构主持的国家级资格证书考试，是我国为加快推广普通话进程、提高全社会普通话水平而设置的一种语言测试，旨在检测、评估受测人的语音标准化水平和词汇语法的规范化程度。这项考试注重测查应试人运用普通话的语言水平，不是普通话系统知识的考试，不是文化水平的考核，也不是口才的评估。

（二）普通话水平测试的意义

1. 普通话水平测试有利于加快推广普及普通话工作的进程

普通话是我国各行业的规范语言，是各民族、各方言区的通用语言。国家对某些部门和行业的工作人员进行普通话水平测试，并逐步实行有关岗位人员持普通话等级证书上岗制度，就必然会促使有关人员更全面、深入地了解和学习普通话，从而使推广普及普通话工作进一步走向规范化、制度化、科学化，对我国语言文字工作的健康发展具有重要的保障作用。

2. 普通话水平测试有利于提高人们的普通话水平

随着普通话在我国逐步普及和普通话水平测试工作的开展，人们对普通话的认识已经不再是根据语感判断，而是科学的等级定性、量化评分，这必将促使人们按照科学的普通话水平标准不断学习，努力提高自己的普通话水平。

二、普通话水平测试工作的组织实施

国家语言文字工作委员会是主管全国语言文字的行政机关，对全国普通话水平测试工作进行宏观管理。国家语委普通话培训测试中心是国家普通话水平测试的实施机构，该中心在国家语言文字工作委员会的领导下组织实施测试，对测试业务工作进行指导，对测试质量进行监督和检查，并开展测试科学研究和业务培训。

各省语言文字工作委员会是主管各省语言文字工作的行政机关，负责对全省普通话水平测试工作的统一规划、组织协调、指导监督和检查评估。各省的普通话培训测试中心是全省普通话水平测试的实施机构，负责组织实施本省普

通话培训测试工作，对全省测试业务工作进行指导，对测试质量进行监督和检查，并开展测试工作科学研究和业务培训。根据教育部、国家语委制定的《普通话测试水平大纲》和全省统一使用的培训测试教材组织编制与之相配套的指导材料和试卷，负责省级测试员的培训和资格考核，并根据省语委的统一部署，定期组织测试机构对测试员开展提高培训和业务能力以及工作表现的考核。此外，还负责省部属大中专院校教职员、省级党政机关、有关行业人员的普通话培训测试，开展社会上自愿申请测试人员的培训测试工作，负责审核测试成绩。

各市普通话培训测试站组织测试员对本市所属各级各类学校教师和市、县（市、区）、乡（镇）党政机关国家公务员、社会窗口行业人员及社会上自愿参加普通话测试的人员进行普通话水平测试，负责对所属范围内的师范类院校、职业中学、职教中心和非师范类大中专院校中与口语表达关系密切专业的学生进行普通话水平测试。

省部属大中专院校普通话培训测试辅导站负责本校教职员、学生的普通话培训和测前准备工作，并组织实施本校学生的普通话水平测试工作。

三、普通话水平测试的方式、内容和范围

（一）测试方式

普通话水平测试以口试的方式进行。

（二）测试内容

普通话水平测试的内容包括普通话语音、词汇和语法。由于汉语各方言和普通话的区别主要表现在语音方面，因此在测试中重点对应试人的语音水平进行测查。

（三）测试范围

普通话水平测试的范围包括国家测试机构编制的《普通话水平测试用普通话词语表》《普通话水平测试用普通话与方言词语对照表》《普通话水平测试用普通话与方言常见语法差异对照表》《普通话水平测试用朗读作品》和《普通话水平测试用话题》。

四、普通话水平测试的试卷构成、测试时间和评分

普通话水平测试的试卷包括 5 个组成部分，满分为 100 分。

（一）读单音节字词（100 个音节，不含轻声、儿化音节），限时 3.5 分钟，共 10 分

1. 目的：测查应试人声母、韵母、声调读音的标准程度

2. 要求：

（1）100 个音节中，70% 选自《普通话水平测试用普通话词语表》表一（带 * 的字词占 40%，不带 * 的字词占 30%），另外 30% 选自表二。

（2）100 个音节中，每个声母出现次数一般不少于 3 次，不超过 6 次；每个韵母出现次数一般不少于 2 次（个别韵母另有提示），不超过 4 次；4 个声调出现次数大致均衡。

根据《普通话水平测试实施纲要》词表累计出现的 31 000 多个音节（以此项资料为主）和 60 篇朗读作品里声母、韵母出现的统计资料，声母、韵母的选定数应该有相对的幅度。

①声母选定的幅度（按照在此表中出现的比例和培训、测试的需要进行分档排序）：

6 ~3 次：d、l、j、q、x、zh、ch、sh（以上共 8 个声母）

5 ~3 次：b、m、f、t、g、h、z（以上共 7 个声母）

3 ~2 次：p、n、k、r、c、s（以上共 6 个声母）

②韵母选定的幅度：

4 ~3 次：i、u、ian、ing、an、－i（后）、ong、ao、ang、e、eng、uei、ai（以上共 13 个韵母）

3 ~2 次：en、iao、uan、in、ou、a、ü、uo、－i（前）、uen、iou、ie、iang、ei、uang、ia、üe（以上共 17 个韵母）

2 ~1 次：ua、o、üan、uai、iong、ün（以上共 6 个韵母）

1 ~0 次：er、ueng（以上共 2 个韵母）

（3）音节的排列要避免同一测试要素连续出现。

3. 评分：

（1）语音错误，每个音节扣 0.1 分。

（2）语音缺陷，每个音节扣 0.05 分。

（3）超时 1 分钟以内，扣 0.5 分；超时 1 分钟以上（含 1 分钟），扣 1 分。

语音缺陷在此项里主要是指声母的发音部位不够准确，但还不是把普通话里某一类声母读成另一类声母，比如，把舌面前音 j、q、x，读成 z、c、s；或者把普通话里的某一类声母的正确发音部位用较接近的部位代替，比如，把舌面前音读得接近舌叶音，或者读翘舌音声母时舌尖接触或接近上腭的位置过于靠后或靠前等。韵母读音的缺陷多表现为合口呼、撮口呼的韵母圆唇度明显不够、语感差；或者开口呼的韵母开口度明显不够，听感性质明显不符；或者复韵母舌位动程不够等。声调调形、调势基本正确，但调值明显偏低或偏高，特别是四声的相对高点或低点明显不一致。

（二）读多音节词语（100 个音节；其中含双音节词语 45～47 个，三音节词语 2 个，四音节词语 1～0 个），限时 2.5 分钟，共 20 分

1. 目的：测查应试人声母、韵母、声调和变调、轻声、儿化读音的标准程度

2. 要求：

（1）词语的 70% 选自《普通话水平测试用普通话词语表》表一，另外 30% 选自表二。

（2）声母、韵母、声调出现的次数与读单音节字词的要求相同。

（3）上声与上声相连的词语不少于 3 个；上声（在前）和其他声调（阴平、阳平、去声、轻声）连读的词语不少于 4 个；轻声词语不少于 3 个；儿化词语不少于 4 个（应为不同的儿化韵母）。

（4）词语的排列要避免同一测试要素的集中出现。

3. 评分：

（1）语音错误，每个音节扣 0.2 分。

（2）语音缺陷，每个音节扣 0.1 分。

（3）超时 1 分钟以内，扣 0.5 分；超时 1 分钟以上（含 1 分钟），扣 1 分。

语音缺陷除跟（一）项内相同的以外，还包括变调、轻声、儿化读音不完全符合要求的情况。

（一）和（二）两项都有同样语音缺陷的，两项分别都扣分。

（三）选择判断，限时 3 分钟，共 10 分

1. 词语判断（10 组）

（1）目的：测查应试人掌握普通话词语的规范程度。

（2）要求：根据《普通话水平测试用普通话与方言词语对照表》列举 10 组普通话与方言意义相对应但说法不同的词语，由应试人判断并读出普通话的词语。

（3）评分：判断错误，每组扣 0.25 分。

2. 量词、名词搭配（10 组）

（1）目的：测查应试人掌握普通话量词和名词搭配的规范程度。

（2）要求：根据《普通话水平测试用普通话常见量词、名词搭配表》列举 10 个名词和若干量词，由应试人搭配并读出符合普通话规范的 10 组名量短语。

（3）评分：搭配错误，每组扣 0.5 分。

3. 语序或表达形式判断（5 组）

（1）目的：测查应试人掌握普通话语法的规范程度。

（2）要求：根据《普通话水平测试用普通话与方言常见语法差异对照表》列举5组普通话和方言意义相对应但语序或表达习惯不同的短语或短句，由应试人判断并读出符合普通话语法规范的表达形式。

（3）评分：判断错误，每组扣0.5分。

选择判断合计超时1分钟以内，扣0.5分；超时1分钟以上（含1分钟），扣1分。

答题时语音错误，每个音节扣0.1分，如判断错误已经扣分，不重复扣分。

（四）朗读短文（1篇，400个音节），限时4分钟，共30分

1. 目的：测查应试人使用普通话朗读书面作品的水平

在测查声母、韵母、声调读音标准程度的同时，重点测查连读音变、停连、语调以及流畅程度。

2. 要求：

（1）短文从《普通话水平测试用朗读作品》中选取。

（2）评分以朗读作品的前400个音节（不含标点符号和括注的音节）为限，但应试人应将第400个音节所在的句子读完整。

3. 评分：

（1）每错1个音节，扣0.1分；漏读或增读1个音节，扣0.1分。

（2）声母或韵母的系统性语音缺陷，视程度扣0.5分、1分。

（3）语调偏误（语调偏误主要是指语流中显现的与普通话语调不一致的问题，如：音节的调值和调型不准确，词语的轻重格式不恰当，音节的长短不合理，连读音变不自然，语调的轻重、快慢、高低、停连的配置与变化同普通话语调有差异等），视程度扣0.5分、1分、2分。

（4）停连不当（停连不当主要是指割裂词语、肢解句子、产生歧义等问题），视程度扣0.5分、1分、2分。

（5）朗读不流畅（包括回读），视程度扣0.5分、1分、2分。

（6）超时扣1分。

应该把规定的60篇朗读作品作为训练的总体要求，做到选择任何一篇都能基本反映应试人的朗读水平。

（五）命题说话，限时3分钟，共30分

1. 目的：测查应试人在无文字凭借的情况下说普通话的水平，重点测查语音标准程度、词汇语法规范程度和自然流畅程度

2. 要求：

（1）说话话题从《普通话水平测试用话题》中选取，由应试人从给定的两个话题中选定1个话题，连续说一段话。

（2）应试人单向说话。如发现应试人有明显背稿、离题、说话难以继续等表现时，主试人应及时提示或引导。

3. 评分：

（1）语音标准程度，共20分，分六档：

一档：语音标准或极少有失误，扣0分、0.5分、1分。

二档：语音错误在10次以下，有方音但不明显，扣1.5分、2分。

三档：语音错误在10次以下，但方音比较明显；或语音错误在10～15次之间，有方音但不明显，扣3分、4分。

四档：语音错误在10～15次之间，方音比较明显，扣5分、6分。

五档：语音错误超过15次，方音明显，扣7分、8分、9分。

六档：语音错误多，方音重，扣10分、11分、12分。

（2）词汇语法规范程度，共10分，分三档：

一档：词汇、语法规范，扣0分。

二档：词汇、语法偶有不规范的情况，扣0.5分、1分。

三档：词汇、语法屡有不规范的情况，扣2分、3分。

（3）自然流畅程度，共5分，分三档：

一档：语言自然流畅，扣0分。

二档：语言基本流畅，口语化较差，有背稿子的表现，扣0.5分、1分。

三档：语言不连贯，语调生硬，扣2分、3分。

说话不足3分钟，酌情扣分：缺时1分钟以内（含1分钟），扣1分、2分、3分；缺时1分钟以上，扣4分、5分、6分；说话不满30秒（含30秒），本测试项成绩计为0分。

五、普通话水平等级的确定

1988年，国家语言文字工作委员会成立课题组，开始研究制定“普通话水平测试等级标准”，1991年该标准通过专家论证，1992年由国家语委原普通话推广司印发给各省、自治区、直辖市试行，1997年国家语委将《普通话水平测试等级标准（试行）》作为部级标准正式颁布。《普通话水平测试等级标准（试行）》是全国统一的标准，是制定《普通话水平测试大纲》的重要依据。该标准将普通话水平分为三级六等：“三级”是将普通话水平分为一级、二级和三级，一级可以称为标准的普通话，二级可以称为比较标准的普通话，三级可以称为一般水平的普通话；“六等”是指在每一级中进一步分出的甲等和乙等。各个等级的普通话水平具体描述如下：

一级甲等：朗读和自由交谈时，语音标准，词语、语法正确无误，语调自然，表达流畅。测试总失分率在3%以内。

一级乙等：朗读和自由交谈时，语音标准，词语、语法正确无误，语调自然，表达流畅。偶尔有字音、字调失误。测试总失分率在8%以内。

二级甲等：朗读和自由交谈时，声韵调发音基本标准，语调自然，表达流畅。少数难点音（平翘舌音、前后鼻尾音、边鼻音等）有时出现失误，词语、语法极少有误。测试总失分率在13%以内。

二级乙等：朗读和自由交谈时，个别调值不准，声韵母发音有不到位现象。难点音（平翘舌音，前后鼻尾音，边鼻音，f、h不分，z、zh、j不分，送气不送气不分，i、ü不分，保留浊塞音和浊塞擦音，丢介音，复韵母单音化等）失误较多。方言语调不明显。有使用方言词、方言语法的情况。测试总失分率在20%以内。

三级甲等：朗读和自由交谈时，声韵母发音失误较多，难点音超出常见范围，声调调值多不准。方言语调较明显。词语、语法有失误。测试总失分率在30%以内。

三级乙等：朗读和自由交谈时，声韵调发音失误多，方音特征突出。方言语调明显。词语、语法失误较多。外地人听其谈话有听不懂的情况。测试总失分率在40%以内。

六、普通话水平测试用样卷分析

普通话水平测试用样卷（人工拟卷）及样卷分析

（一）读100个单音节字词

昼	*八	迷	*先	毡	*皮	幕	*美	彻	*飞
鸣	*破	捶	*风	豆	*蹲	霞	*掉	桃	*定
宫	*铁	翁	*念	劳	*天	旬	*沟	狼	*口
靴	*娘	嫩	*机	蕊	*家	跪	*绝	趣	*全
瓜	*穷	屡	*知	狂	*正	裘	*中	恒	*社
槐	*事	轰	*竹	掠	*茶	肩	*常	概	*虫
皇	*水	君	*人	伙	*自	滑	*早	绢	*足
炒	*次	渴	*酸	勤	*鱼	筛	*院	腔	*爱
鳖	袖	滨	竖	搏	刷	瞟	帆	彩	愤
司	滕	寸	峦	岸	勒	歪	尔	熊	妥

（标*的是表一里频度在1~4 000之间的字词。正式试卷不必标出）

1. 覆盖声母情况：

b：4，p：3，m：4，f：4，d：4，t：5，n：3，l：6，g：5，k：3，

h：6，j：6，q：6，x：6，zh：6，ch：6，sh：6，r：2，z：3，c：3，s：2，零声母：7。

总计：100 次。未出现声母：0。

2. 覆盖韵母情况：

ɑ：2，e：4，－i（前）：3，－i（后）：2，ɑi：4，ei：2，ɑo：4，ou：4，ɑn：3，en：3，ɑng：3，eng：4，i：3，iɑ：2，ie：2，iɑo：2，iou：2，iɑn：4，in：2，iɑng：2，ing：2，u：4，uɑ：3，uo/o：4，uɑi：2，uei：4，uɑn：2，uen：2，uɑng：2，ong：4，ueng：1，ü：3，üe：3，üɑn：2，ün：2，iong：2，er：1。

总计：100 次。未出现韵母：0。

3. 覆盖声调情况：

阴平：28，阳平：31，上声：14，去声：27。

总计：100 次。

（二）读多音节词语（100 个音节；其中含双音节词语 45 个，三音节词语 2 个，四音节词语 1 个）

*取得	阳台	*儿童	板凳儿	混淆	衰落	*分析
防御	沙丘	*管理	*此外	便宜	光环	*塑料
扭转	加油	*队伍	挖潜	女士	*科学	*手指
策略	抢劫	*森林	侨眷	模特儿	港口	没准儿
*干净	日用	*紧张	炽热	*群众	名牌儿	沉醉
*快乐	窗户	*财富	*应当	生字	奔跑	*晚上
卑劣	包装	洒脱	*现代化	*委员会	轻描淡写	

［“*”的意思同（一）］

1. 覆盖声母情况：

b：3，p：3，m：4，f：3，d：6，t：4，n：2，l：7，g：4，k：3，h：5，j：6，q：7，x：5，zh：6，ch：3，sh：6，r：2，z：2，c：3，s：3，零声母：13。

总计：100 次。未出现声母：0。

2. 覆盖韵母情况：

ɑ：3，e：6，－i（前）：2，－i（后）：4，ɑi：4，ei：2，ɑo：2，ou：2，ɑn：4，en：4，ɑng：5，eng：2，i：3，iɑ：1，ie：3，iɑo：4，iou：3，iɑn：3，in：2，iɑng：2，ing：4，u：4，uɑ：2，uo/o：3，uɑi：2，uei：4，uɑn：3，uen：2，uɑng：3，ong：2，ü：3，üe：2，üɑn：2，ün：1，iong：1，er：1。

总计：100 次。未出现韵母：ueng。

其中儿化韵母 4 个：－engr（板凳儿）、－uenr（没准儿）、er（模特儿）、

-ɑir（名牌儿）。

3. 覆盖声调情况：

阴平：22，阳平：26，上声：19，去声：28，轻声：5。

其中上声和上声相连的词语有4个：管理、扭转、手指、港口。

总计：100次。

（三）选择判断（为便于理解题意，样题显示答案）

1. 词语判断：请判断并读出下列10组词语中的普通话词语

（1）如崭　**现在**　而家　今下　目下

（2）瞒人　边个　**谁**　啥侬　啥人

（3）为么子　做脉个　**为什么**　为什里　为啥　为怎样

（4）**细小**　细粒　幼细　异细

（5）后生子　后生崽里　后生家　后生仔　**小伙子**

（6）目里向　日里　**白天**　日上　日头　日时　日辰头

（7）**婴儿**　毛宅　冒牙子　苏虾仔　婴仔　啊伢

（8）蚂蚁子　蚂蝇里　狗蚁　蚁公　**蚂蚁**

（9）**这里**　个搭　咯里　个里　呢处　即搭

（10）早上向　**早晨**　早间里　朝早　朝辰头

2. 量词、名词搭配：请按照普通话规范搭配并读出下列数量名短语

（例如：一→ 个　只　粒
　　　　　　↓
　　　　　　人　）

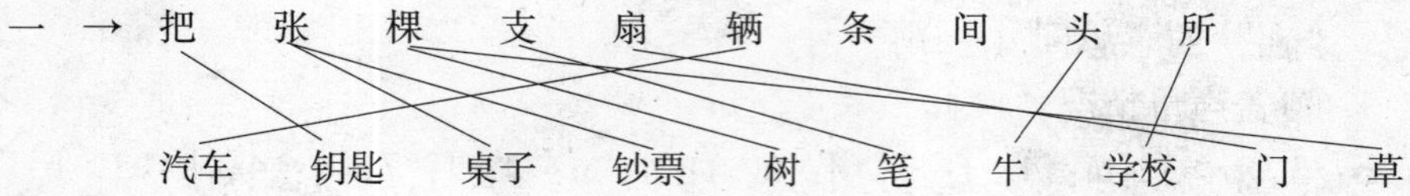

3. 语序或表达形式判断：请判断并读出下列5组句子里的普通话句子

（1）他大约要二三个月才能回来。

他大约要两三个月才能回来。

（2）他好好可爱。

他非常可爱。

他上可爱。

（3）你去去逛街？

你去不去逛街？

（4）你矮我。

你比我过矮。

你比我矮。

你比较矮我。

你比我较矮。

（5）那部电影我看过。

那部电影我有看。

（四）朗读短文：请朗读第 12 号短文

（五）命题说话：请按照话题“我的业余生活”或“我熟悉的地方”说一段话（3 分钟）

＊说明：各省（自治区、直辖市）语言文字工作部门可以根据测试对象或本地区的实际情况，决定是否免测“选择判断”测试项。如免测此项，“命题说话”测试项的分值由 30 分调整为 40 分。评分档次不变，具体分值调整如下：

（1）语音标准程度的分值，由 20 分调整为 25 分。

一档：扣 0 分、1 分、2 分。

二档：扣 3 分、4 分。

三档：扣 5 分、6 分。

四档：扣 7 分、8 分。

五档：扣 9 分、10 分、11 分。

六档：扣 12 分、13 分、14 分。

（2）词汇、语法规范程度的分值，由 5 分调整为 10 分。

一档：扣 0 分。

二档：扣 1 分、2 分。

三档：扣 3 分、4 分。

（3）自然流畅程度，各档分值不变。

第二章　普通话语音分析

第一节　普通话声母分析

一、普通话声母

声母是指汉语音节开头的辅音。普通话有21个辅音声母，声母的发音是由不同的发音部位和发音方法决定的。发音部位是指发音时口腔里发音器官构成阻碍的两个部位；发音方法是指发音时喉头、口腔和鼻腔节制气流的方式和状况。要使声母发音正确就必须掌握好每一个声母的发音部位和发音方法。

（一）声母的发音部位

辅音声母的发音部位如下图所示：

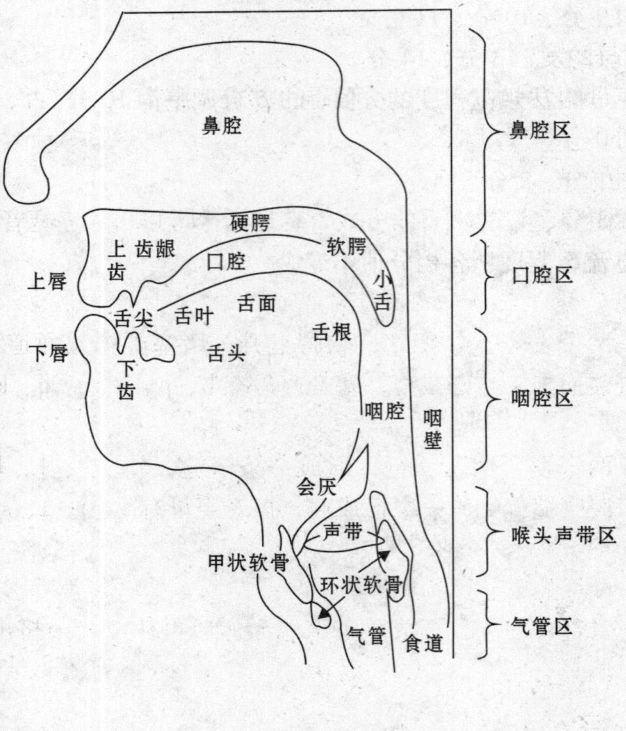

按照形成阻碍的发音部位，普通话声母可以分为双唇音、唇齿音、舌尖前音、舌尖中音、舌尖后音、舌面音、舌根音 7 类。

1. 双唇音

双唇音是由上唇和下唇阻碍气流而形成的音，有 b、p、m 3 个。

2. 唇齿音

唇齿音是由上齿和下唇接近阻碍气流而形成的音，只有 f。

3. 舌尖前音

舌尖前音是由舌尖抵住或接近齿背阻碍气流而形成的音，有 z、c、s 3 个。

4. 舌尖中音

舌尖中音是由舌尖抵住上齿龈阻碍气流而形成的音，有 d、t、n、l 4 个。

5. 舌尖后音

舌尖后音是由舌尖抵住或接近硬腭前部阻碍气流而形成的音，有 zh、ch、sh、r 4 个。

6. 舌面音

舌面音是由舌面前部抵住或接近硬腭前部阻碍气流而形成的音，有 j、q、x 3 个。

7. 舌根音

舌根音是由舌面后部抵住或接近软腭阻碍气流而形成的音，有 g、k、h 3 个。

（二）声母的发音方法

普通话声母的发音方法可以从阻碍的方式、声带振动与否、气流的强弱 3 个方面来分析。

1. 阻碍的方式

根据形成阻碍和解除阻碍的方式，普通话声母可以分为塞音、擦音、塞擦音、鼻音、边音 5 类。

（1）塞音。

发音时，两个发音部位闭塞，软腭上升，堵塞鼻腔的通道，气流冲破阻碍，从口腔迸裂而出，爆发成声，塞音声母有 b、p、d、t、g、k 6 个。

（2）擦音。

发音时，两个发音部位靠近，形成一条窄缝，软腭上升，堵塞鼻腔的通道，气流从口腔窄缝中挤出，摩擦成声，擦音声母有 f、h、x、s、sh、r 6 个。

（3）塞擦音。

发音时，两个发音部位闭塞形成阻碍，软腭上升，堵塞鼻腔的通道，气流首先将两个发音部位冲开，形成一条窄缝，然后再从窄缝中挤出，摩擦成声。塞擦音的前半段具有塞音的性质，后半段具有擦音的性质，两者紧密衔接，塞擦音声母有 j、q、z、c、zh、ch 6 个。

(4) 鼻音。

发音时，两个发音部位闭塞形成阻碍，软腭下降，关闭口腔，打开鼻腔通道，气流振动声带，在鼻腔中共鸣成声，鼻音声母有 m、n 2 个，ng 也是鼻音，但不作声母。

(5) 边音。

发音时，舌尖同上齿龈接触，舌头两侧留出空隙，同时软腭上升，阻塞鼻腔通道，气流振动声带，并经舌头从两边冲出，在口腔中共鸣成声，边音声母只有 l 1 个。

2. 声带振动与否

发音时声带振动者为浊音，声带不振动者为清音。根据声带振动与否，普通话声母可以分为浊音声母、清音声母之类，浊音声母一共有 4 个：m、n、l、r，其余皆为清音声母。

3. 气流的强弱

塞音、塞擦音发音时，口腔呼出的气流强弱差异很明显，根据气流的强弱，塞音和塞擦音可以分为送气音和不送气音 2 类，气流强者为送气音，气流弱者为不送气音。

(1) 送气音。

送气音有 p、t、k、q 、c、ch 6 个。

(2) 不送气音。

不送气音有 b、d、g、j、z、zh 6 个。

(三) 声母的发音

根据发音部位、发音方法概括普通话声母的发音情况，如下表：

普通话声母总表

发音方法 / 发音部位	塞音		塞擦音		擦音		鼻音	边音
	清音		清音		清音	浊音	浊音	浊音
	不送气	送气	不送气	送气				
双唇音	b	p					m	
唇齿音					f			
舌尖前音			z	c	s			
舌尖中音	d	t					n	l

（续上表）

发音部位 \ 发音方法	塞音		塞擦音		擦音		鼻音	边音
	清音		清音		清音	浊音	浊音	浊音
	不送气	送气	不送气	送气				
舌尖后音			zh	ch	sh	r		
舌面音			j	q	x			
舌根音	g	k			h			

声母的发音分别详述如下：

1. b［p］双唇、不送气、清、塞音

发音时，双唇闭合，软腭上升，堵住鼻腔通道，肺部呼出的气流经过喉头，不振动声带，到达口腔，冲破双唇的阻碍，迸裂而出，爆发成声。例如：

斑驳　辨别　辩驳　背包　表白　颁布　奔波　宝贝

版本　帮办　包办　褒贬　报表　卑鄙　本部　弊病

2. p［pʻ］双唇、送气、清、塞音

发音情形与“b”相同，只是爆破发音时气流较强。例如：

匹配　评判　偏旁　品评　乒乓　偏颇　批判　批评

琵琶　品牌　偏僻　澎湃　频谱　平铺　攀爬　评聘

3. m［m］双唇、浊、鼻音

发音时，双唇闭合，软腭下降，打开鼻腔通道，肺部呼出的气流经过喉头，振动声带，然后从鼻腔通过，形成鼻音。例如：

埋没　满面　满目　谩骂　盲目　茂密　冒昧　没命

美貌　美满　蒙昧　弥漫　迷茫　迷蒙　密码　面貌

4. f［f］唇齿、清、擦音

发音时，下唇靠近上齿，中间留一条缝隙，软腭上升，堵住鼻腔通道，肺部呼出的气流经过喉头，不振动声带，气流经过口腔，从唇齿的缝隙间挤出，摩擦成声。例如：

发放　繁复　反讽　犯法　方法　防范　仿佛　吩咐

分发　纷繁　纷飞　芬芳　奋发　丰富　蜂房　复发

5. d［t］舌尖中、不送气、清、塞音

发音时，舌尖抵住上齿龈，软腭上升，堵住鼻腔通道，肺部呼出的气流经过喉头，不振动声带，到达口腔，气流冲破阻碍，迸裂而出，爆发成声。例如：

达到	打倒	打动	大抵	大地	大殿	大豆	大度
大队	大多	带电	带动	单调	当代	当地	导弹

6. t［tʻ］舌尖中、送气、清、塞音

发音的情形与“d”相同，只是爆破发音时气流较强。例如：

坍塌	谈天	谈吐	探听	探头	逃脱	淘汰	梯田
体贴	剃头	天堂	调停	铁蹄	听筒	头痛	图腾

7. n［n］舌尖中、浊、鼻音

发音时，舌尖抵住上齿龈，软腭下降，打开鼻腔通道，肺部呼出的气流经过喉头，振动声带，从鼻腔通过形成鼻音。例如：

南宁	男女	囡囡	奶奶	难弄	恼怒	牛奶	能耐
泥泞	年内	念念	袅娜	袅袅	牛腩	妞妞	农奴

8. l［l］舌尖中、浊、边音

发音时，舌尖抵住上齿龈，软腭上升，堵住鼻腔通道，肺部呼出的气流经过喉头，振动声带，到达口腔，从舌头的两边流出成声。例如：

拉力	来历	劳累	劳力	勒令	冷落	理论	历来
立论	利率	联络	嘹亮	料理	淋漓	邻里	浏览

9. g［k］舌根、不送气、清、塞音

发音时，舌根上翘，抵住软腭，软腭后部上升，堵住鼻腔通道，肺部呼出的气流经过喉头，不振动声带，到达口腔，气流冲破阻碍，爆发成声。例如：

改革	改观	感官	刚刚	杠杆	高贵	各个	更改
拐棍	公馆	巩固	够格	骨骼	古怪	广告	规格

10. k［kʻ］舌根、送气、清、塞音

发音的情形与“g”相同，只是爆破发音时气流较强。例如：

开垦	开矿	坎坷	看看	慷慨	苛刻	可靠	可控
可口	克扣	刻苦	空旷	亏空	夸口	宽阔	旷课

11. h［x］舌根、清、擦音

发音时，舌根上翘，接近软腭，留一条缝隙，软腭上升，堵住鼻腔通道，肺部呼出的气流经过喉头，不振动声带，到达口腔，从缝隙中挤出，摩擦成声。例如：

哈韩	憨厚	含混	航海	豪华	好汉	合伙	和缓
黑话	红火	后悔	呼喊	花卉	化合	怀恨	皇后

12. j［tɕ］舌面、不送气、清、塞擦音

发音时，舌面前部抬起，抵住硬腭前部，软腭上升，堵住鼻腔通道，肺部呼出的气流经过喉头，不振动声带，到达口腔，把舌面前部与硬腭的阻碍冲开一条缝隙，从中挤出，摩擦成声，形成先塞后擦的发音。例如：

佳节　机警　积极　基建　激进　急遽　集聚　几经
计较　季节　家具　艰巨　将近　焦急　接济　警戒

13. q [tɕʻ] 舌面、送气、清、塞擦音

发音的情形与“j”相同，只是发音时气流较强。例如：

崎岖　齐全　祈求　气球　恰巧　欠缺　亲切　请求
强求　氢气　情趣　窃取　全勤　秋千　确切　群情

14. x [ɕ] 舌面、清、擦音

发音时，舌面前部抬起，靠近硬腭前部，中间留一条缝隙，软腭上升，堵住鼻腔通道，肺部呼出的气流经过喉头，不振动声带，到达口腔，从缝隙间挤出，摩擦成声。例如：

欷歔　习性　喜讯　细小　狭小　遐想　下旬　纤细
闲暇　现象　鲜血　相信　详细　信息　行凶　雄心

15. z [ts] 舌尖前、不送气、清、塞擦音

发音时，舌尖抵住上齿背，软腭上升，堵住鼻腔通道，肺部呼出的气流经过喉头，不振动声带，气流把舌尖与上齿背的阻碍冲开一条缝隙，并从中挤出，摩擦成声，形成先塞后擦的发音。例如：

再造　在座　崽子　造作　造字　藏族　自在　自尊
啧啧　曾祖　宗族　总则　粽子　走卒　祖宗　罪责

16. c [tsʻ] 舌尖前、送气、清、塞擦音

发音的情形与“z”相同，只是发音时气流较强。例如：

猜测　残存　曹操　草丛　苍苍　仓促　苍翠　参差
层次　从此　葱翠　粗糙　催促　摧残　璀璨　措辞

17. s [s] 舌尖前、清、擦音

发音时，舌尖靠近上齿背，中间留一条缝隙，软腭上升，堵住鼻腔通道，肺部呼出的气流经过喉头，不振动声带，到达口腔，从缝隙间摩擦而出成声。例如：

飒飒　洒扫　三思　嫂嫂　色素　瑟缩　撕碎　思索
四散　松散　送丧　搜索　诉讼　酸涩　琐碎　所思

18. zh [tʂ] 舌尖后、不送气、清、塞擦音

发音时，舌尖上翘，抵住硬腭前部，软腭上升，堵住鼻腔通道，肺部呼出的气流经过喉头，不振动声带，到达口腔，把舌尖与硬腭的阻碍冲开一条缝隙，气流摩擦而出成声，形成先塞后擦的发音。例如：

扎帐　债主　战争　长者　招展　招致　折中　褶皱
珍重　珍珠　真正　真挚　斟酌　争执　征兆　整治

19. ch［tʂ‘］舌尖后、送气、清、塞擦音

发音的情形与“zh”相同，只是发音时气流较强。例如：

查处　拆除　蟾蜍　长城　超产　超常　超出　车床
成虫　惩处　赤诚　充斥　抽查　抽搐　惆怅　踌躇

20. sh［ʂ］舌尖后、清、擦音

发音时，舌尖上翘，接近硬腭前部，形成缝隙，软腭上升，堵住鼻腔通道，肺部呼出的气流经过喉头，不振动声带，到达口腔，从缝隙间挤出，摩擦成声。例如：

杀伤　霎时　山水　闪烁　膳食　赏识　伤势　神圣
审视　少数　舍身　设施　射手　深山　绅士　盛世

21. r［ʐ］舌尖后、浊、擦音

发音时，舌尖上翘，接近硬腭前部，形成缝隙，软腭上升，堵住鼻腔通道，肺部呼出的气流经过喉头，振动声带，到达口腔，从缝隙间挤出，摩擦成声。例如：

冉冉　攘攘　惹人　忍让　仁人　荏苒　仍然　荣辱
容忍　荣任　融入　柔软　柔韧　柔弱　如若　软弱

二、声母辨正

各地方言的声母和普通话声母不尽相同，方言区的人学习普通话需要分辨的几组声母有：

（一）区分 zh、ch、sh 和 z、c、s

zh、ch、sh 与 z、c、s 不分的情况，分布的地区比较广，东北方言、西北方言、江淮方言和西南方言的大部分地区都有此现象。

1. 区分 zh、ch、sh 和 z、c、s 的读音

zh、ch、sh 与 z、c、s 的区别在于发音部位的不同。zh、ch、sh 发音时舌尖上翘，抵住硬腭的前部，而 z、c、s 发音时舌尖抵住上齿背，即一个卷舌，一个不卷舌。zh、ch、sh 和 z、c、s 的发音示意图如下：

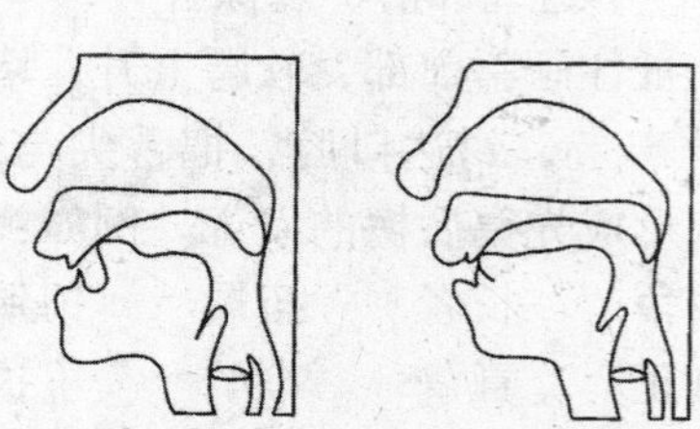

zh ch sh　　　　z c s

2. 单音节发音练习

zh—z	扎—匝	炸—杂	眨—咋	摘—栽
	窄—宰	债—在	沾—簪	斩—攒
	站—暂	张—脏	帐—葬	长—驵（zǎng）
	招—遭	着—凿	找—早	赵—造
	折—则	这—仄	诊—怎	阵—谮（zèn）
	征—增	正—锃	知—滋	纸—紫
	治—字	周—邹	肘—走	皱—奏
	专—钻	转—纂	赚—攥	坠—醉
	茁—昨	诸—租	煮—阻	捉—嘬（zuō）
ch—c	插—擦	拆—猜	柴—才	茝（chǎi）—采
	掺—参	馋—残	铲—惨	颤—灿
	昌—仓	常—藏	抄—操	潮—曹
	吵—草	彻—策	嗔—参	沉—岑
	称—噌	承—层	秤—蹭	厨—徂（cú）
	出—粗	臭—凑	触—醋	穿—撺（cuān）
	船—攒	串—窜	吹—催	春—村
	纯—存	蠢—忖	戳—搓	啜—错
	吃—疵	迟—词	尺—此	斥—次
sh—s	杀—撒	傻—洒	煞—飒	筛—腮
	晒—赛	山—三	闪—伞	善—散
	商—桑	赏—嗓	上—丧	捎—骚
	少—扫	哨—臊	射—色	深—森
	声—僧	师—斯	使—死	是—四
	收—搜	守—叟	受—嗽	书—苏
	熟—俗	数—素	栓—酸	涮—算
	谁—随	水—髓	睡—碎	吮—损

3. 多音节发音练习

（1）组词对比练习。

嘱咐——祖父	支援——资源	照旧——造就	札记——杂技
支柱——资助	摘花——栽花	找到——早稻	木柴——木材
插嘴——擦嘴	战时——暂时	初步——粗布	上升——丧生
春装——村庄	史记——死记	智力——自力	站住——赞助
大志——大字	筛子——塞子	闪光——散光	高山——高三

（2）声母相连练习。

z—zh	在职	杂质	载重	增长	自制	总账	奏章	阻止	诅咒
	组织	罪证	尊重	遵照	做主	作者	佐证		

zh—z	渣滓	宅子	张嘴	长子	沼泽	赈灾	争做	正宗	指责
	知足	治罪	种族	著作	铸造	壮族	准则		
c—ch	财产	裁处	彩绸	餐车	残春	参禅	操场	层出	辞呈
	磁场	粗茶	促成	催产	存储	存车	错处		
ch—c	差错	唱词	场次	车次	陈词	成材	冲刺	出操	储藏
	除草	楚辞	揣测	穿刺	春蚕	纯粹	蠢材		
s—sh	撒手	飒爽	散沙	桑葚	丧失	扫射	色衰	私事	私塾
	死水	松树	算术	随身	岁首	损伤	琐事		
sh—s	沙司	山色	上诉	哨所	深思	神似	申诉	深邃	生涩
	生死	绳索	世俗	输送	顺颂	收缩	守岁		

4. 绕口令练习

（1）四是四，十是十，十四是十四，四十是四十。要想说好四和十，全靠舌头和牙齿。要想说对四，舌头碰牙齿；要想说对十，舌头别伸直。认真学，常练习，十四、四十、四十四。

（2）三月三，小三去登山；上山又下山，下山又上山；登了三次山，跑了三里三；出了一身汗，湿了三件衫；小三山上大声喊，离天只有三尺三。

（3）石司四、史肖石去阅览室。石司四年十四，史肖石年四十，年十四的石司四爱看诗词，年四十的史肖石爱看报纸。年四十的史肖石发现了好诗词忙递给年十四的石司四，年十四的石司四看见了好报纸忙递给年四十的史肖石。石司四接过杂志看诗词，史肖石接过报纸看时事，看完诗词和时事，史肖石和石司四出了阅览室。

5. 记忆读 zh、ch、sh 与 z、c、s 的字

想要弄清哪些字的声母该读 zh、ch、sh，哪些字的声母该读 z、c、s，可以按照《zh、ch、sh 和 z、c、s 对照辨音字表》下功夫进行练习、记忆；也可以根据汉字声旁进行类推记忆，记住其中的少数代表字，从而类推记住绝大部分字，例如，“曾、宗、卒、采、仓、曹、从、散、司、叟、遂”作偏旁的字，绝大多数是平舌音，“占、中、主、专、朝、成、出、少、善、申、生”作偏旁的字，绝大多数是翘舌音；还可以借助声韵配合规律来分辨，例如“uɑ、uɑi、uɑng”3 个韵母在普通话中只与 zh、ch、sh 相拼、不与 z、c、s 相拼。

附录：zh、ch、sh 与 z、c、s 对照辨音字表

（说明：表中①②③④分别表示阴平、阳平、上声、去声四种声调。常见多音字的读音，通过组词加以标识。黑体字是代表字，记住它可以类推许多同偏旁的字）

（1）zh 与 z 的辨别

声母 / 例字 / 韵母	zh	z
a	①扎驻~渣②闸铡扎挣~札信~③眨④**乍**诈炸榨蚱栅	①扎包~**匝**②杂砸
e	①遮②**折**哲辙③**者**④蔗浙这	②泽择**责则**
u	①**朱**珠株蛛诸猪②竹烛逐③**主**煮嘱④住驻注柱蛀贮祝铸筑著箸	①租②族**足卒**③组阻**祖**
-i	①之芝**支**枝肢**知**蜘汁只一~织脂②**直**值植殖侄**执**职③**止**址趾旨指纸**只**~是④**至**致窒**志**治质帜挚掷秩置滞制智稚痔	①**兹**滋孳姿咨**资**孜龇缁辎③**子**仔籽梓滓紫④字**自**恣渍
ai	①摘斋②宅③窄④寨债	①灾**哉**栽③宰载记~④再在载~重
ei		②贼
ao	①昭招朝②着~急③找爪~牙沼④**召**照赵兆罩	①遭糟②凿③**早**枣**澡**④**造**皂灶躁燥
ou	①**州**洲舟周粥②轴③帚肘④宙昼咒骤皱	①邹③走④**奏**揍
ua	①抓	
uo	①桌捉拙②卓着~手酌灼浊镯**啄**琢	①作~坊②昨③**左**④**坐**座**作**柞祚做
ui	①追锥④缀赘坠	③嘴④最罪醉
an	①沾毡粘~贴③盏展斩④**占**~有战站栈绽蘸	①簪②咱③攒④**赞**暂
en	①**贞**侦帧祯桢真珍臻斟甄针砧箴③**诊**疹枕缜④振震阵镇	③怎
ang	①张**章**彰樟③**长**成~涨~潮掌④**丈**仗杖帐涨障瘴	①赃**脏**肮~④葬藏脏心~
eng	①**正**~月征**争**挣睁筝③整拯④正~直证政症郑	①**曾**~孙憎增缯④赠

（续上表）

ong	①中~间钟盅忠衷终③肿种~子冢④中~风仲种~植重~量众	①宗综棕踪鬃③总④纵粽
uan	①专砖③转好~④传转~动撰篆赚	①钻~研③纂④钻~石
un	①淳 ③准	①尊遵
uang	①庄桩装妆④壮状撞幢戆	

（2）ch 与 c 的辨别

声母 / 例字 / 韵母	ch	c
a	①叉杈插差~别②茶搽查察③衩④岔诧差~劲	①擦嚓
e	①车③扯④彻撤掣	④册策厕侧测恻
u	①出初②除厨橱锄躇刍雏③楚础杵储处~分④畜触矗处~所	①粗④卒仓~猝促醋簇
-i	①吃痴嗤②池弛迟持匙汤~③尺齿耻侈豉④斥炽翅赤叱	①疵差参~②雌辞词祠瓷慈磁③此④次伺刺赐
ai	①差拆钗②柴豺	①猜②才财材裁③采彩踩睬④菜蔡
ao	①抄钞超②朝~向潮嘲巢③吵炒	①操糙②曹漕嘈槽③草
ou	①抽②仇畴筹踌绸稠酬愁③瞅丑④臭	④凑
uo	①踔戳④绰~号惙啜辍	①搓蹉撮④措错挫锉
uai	①揣~手儿③揣~测④踹	
ui	①吹炊②垂捶锤槌	①崔催摧④萃悴淬瘁翠粹脆
an	①搀掺②禅参~蝉谗馋潺缠蟾③产铲阐④忏颤	①餐参②蚕残惭③惨④灿璨
en	①琛嗔②辰宸晨沉忱陈臣④趁衬称相~	①参~差②岑
ang	①昌猖娼伥②常嫦尝偿场~院肠长~远③厂场敞氅④倡唱畅怅	①仓苍沧舱②藏~匿

（续上表）

eng	①称$_{～呼}$撑②成诚城盛$_{～水}$呈程承乘澄橙惩③逞骋④秤	②曾$_{～经}$层④蹭
ong	①充冲$_{～动}$舂②重虫崇③宠④冲$_{～劲儿}$	①匆葱囱聪②从丛淙
uan	①川穿②船传椽③喘舛④串钏	①蹿撺氽④窜篡
un	①春椿②唇纯淳醇③蠢	①村皴②存③忖④寸
uang	①窗疮创$_{～伤}$②床③闯④创$_{～造}$	

（3）sh 与 s 的辨别

声母 / 例字 / 韵母	sh	s
a	①沙纱砂莎痧杀鲨裟煞$_{～尾}$③傻④煞$_{～星}$厦$_{大～}$	①撒$_{～开}$③洒撒$_{～种}$④卅萨飒
e	①奢赊②舌蛇③舍$_{～弃}$④社舍$_{宿～}$射麝设摄涉赦	④色瑟啬涩塞$_{闭～}$
u	①书梳疏蔬殊叔淑输抒纾舒枢②孰塾赎③暑署薯曙鼠数$_{～落}$属黍④树竖术述束漱恕数$_{～学}$	①苏酥②俗④素塑诉肃粟宿速
-i	①尸师狮失施诗湿虱②十什拾石时识实食蚀③史使驶始屎矢④世势誓逝市示事是视室适饰士仕氏恃式试拭轼弑	①司思私斯丝鸶③死④四肆似$_{～乎}$寺饲伺嗣巳祀
ai	①筛④晒	①腮鳃塞$_{活～}$④塞$_{要～}$赛
ao	①捎梢稍艄烧②勺芍苕韶③少$_{～数}$④少$_{年～}$哨绍邵	①臊$_{～气}$骚搔③扫$_{～除}$嫂④扫$_{～帚}$臊$_{害～}$
ou	①收②熟③手首守④受授寿售兽瘦狩	①溲馊嗖搜飕艘③叟擞瞍薮④嗽
ua	①刷③耍	
uo	①说④硕烁朔	①缩娑蓑梭唆嗦③所锁琐索
uai	①衰③甩④帅率$_{～领}$蟀	
ui	②谁③水④税睡	①虽荽$_{尿～}$②绥隋随遂③髓④岁碎穗祟遂隧燧
an	①山舢衫煽删姗珊栅$_{～极}$跚③闪陕④扇善缮膳擅赡	①三叁③伞散$_{～文}$④散$_{解～}$

（续上表）

en	①申伸呻绅身深娠莘参人~②神③沈审婶④慎肾甚渗唇葚	①森
ang	①商墒伤③垧晌赏上~声④上~尉尚	①桑丧~事③嗓④丧~子
eng	①生牲笙甥升声②绳③省~会④圣胜盛茂~剩	①僧
ong		①松嵩③耸悚怂④送宋颂诵讼
uan	①拴栓④涮	①酸④算蒜
un	③吮④顺瞬舜	①孙③笋损集榫
uang	①双霜孀③爽	

（二）区分 n 和 l

普通话中以 n 和 l 做声母的字可以严格区分，但在不少方言中却存在不同程度的混淆。n、l 不分的情形主要分布于湘方言、赣方言、闽方言的一部分地区以及西南官话、江淮官话等地区。其表现情况也不同：有的两者可以互换，如兰州话；有的 l 变为 n，如重庆话；有的 n 变为 l，如南京话。其情形非常复杂。各方言区的人最好先对自己方言中 n、l 的使用情况进行了解，再进行发音纠正。

1. 区分 n 和 l 的读音

n 和 l 发音部位相同，区别在于发音方法：n 发音时，舌尖抵住上齿龈，软腭下降，打开鼻腔通道，气流振动声带，从鼻腔通过成声，是鼻音，如“能耐”、“泥泞”的声母；l 发音时，舌尖抵住上齿龈，软腭上升，堵塞鼻腔通道，气流振动声带，从舌头两边通过成声，故称为边音，如“玲珑”、“嘹亮”的声母。

2. 单音节发音练习

那——拉	拿——旯（lá）	哪——喇	纳——辣
奶——濑（lài）	奈——赖	南——蓝	赧（nǎn）——懒
难——烂	囔——啷	囊——狼	曩——朗
齉（nàng）——浪	孬——捞	挠——劳	
脑——老	闹——涝	呢——了	馁——磊
内——累	能——棱	妮——哩	泥——离
你——里	逆——丽	年——连	碾——脸
念——恋	娘——凉	酿——亮	鸟——燎
尿——料	捏——咧	聂——烈	您——临

宁——玲	拧——领	佞——令	妞——溜
牛——流	扭——柳	拗（niù）——遛	农——龙
弄——唠	耨（nòu）——漏	奴——炉	努——鲁
怒——路	暖——卵	虐——略	挪——罗
诺——落			

3. 多音节发音练习

（1）组词对比练习。

脑子——老子	男鞋——蓝鞋	大怒——大路	浓重——隆重
女客——旅客	内线——泪腺	黄泥——黄梨	一年——一连
难住——拦住	水牛——水流	无奈——无赖	南宁——兰陵
男女——褴褛	年内——连累	留念——留恋	泥巴——篱笆
允诺——陨落	闹灾——涝灾	门内——门类	鸟雀——了却

（2）声母相连练习。

n—l	哪里	纳凉	奶酪	耐劳	耐力	脑力	内陆	嫩绿
	能力	能量	尼龙	逆流	年历	奴隶	女流	女郎
l—n	辣女	老农	栏内	冷暖	冷凝	理念	历年	利尿
	连年	靓女	两难	辽宁	岭南	留念	楼内	落难

4. 绕口令练习

（1）牛郎年年恋刘娘，刘娘连连念牛郎；牛郎恋刘娘，刘娘念牛郎；郎恋娘来娘念郎。

（2）有座面铺面朝南，门口挂个蓝布棉门帘。摘了蓝布棉门帘，看了看，面铺面朝南；挂上蓝布棉门帘，看了看，面铺还是面朝南。

（3）门口有四辆四轮大马车，你爱拉哪两辆就拉哪两辆。小罗要拉前两辆，小梁不要后两辆。小梁偏要抢小罗的前两辆，小罗只好拉小梁的后两辆。

5. 记忆读 n、l 声母的字

要分清哪些字的声母是 n，哪些字的声母是 l，除了下功夫记忆之外，还可以利用声旁类推。声旁的声母为 g、j 的字一般是 l 声母，例如：烙、洛、路、络、酪、露、裸、蓝、滥、凉、晾、谅；声旁的声母为 ch、zh 的字一般是 n 声母，例如：扭、钮、拈、粘、碾；声旁的声母为 r 的字一般是 n 声母，例如：诺、匿、溺，等等。也可以利用普通话声韵拼合规律类推，如韵母 ou、ia、un 只拼 l 不拼 n，那么“搂”、“俩”、“抡”等字的声母是 l；en 只拼 n 不拼 l，那么“嫩”的声母一定是 n。也可以学习《类推字表》，利用代表字类推。《类推字表》如下：

附录：n 声母字类推字表

偏旁	类推字
那	nǎ 哪　nà 那　nuó 挪娜
乃	nǎi 乃奶
奈	nài 奈　nà 捺
南	nán 南喃楠　nǎn 蝻腩
脑	nǎo 恼瑙脑
内	nèi 内　nè 讷　nà 呐衲钠
尼	ní 尼泥呢
倪	ní 倪霓
念	niǎn 捻　niàn 念
捏	niē 捏　niè 涅
聂	niè 聂蹑
宁	níng 宁拧咛狞柠　nìng 宁~可泞
纽	niū 妞　niǔ 扭纽钮
农	nóng 农浓脓
奴	nú 奴孥驽　nǔ 努　nù 怒
诺	nuò 诺　nì 匿
懦	nuò 懦糯
虐	nüè 虐疟

附录：l 声母字类推字表

偏旁	类推字
剌	lǎ 喇　là 剌辣瘌
腊	là 腊蜡　liè 猎
赖	lài 赖癞籁　lǎn 懒

（续上表）

偏旁	类推字
兰	lán 兰拦栏　làn 烂
蓝	lán 蓝篮　làn 滥
览	lǎn 览揽缆榄
劳	lāo 捞　láo 劳痨　lào 涝
乐	lè 乐　lì 砾
雷	léi 雷擂镭　lěi 蕾
垒	lěi 垒
累	lèi 累　luó 骡螺
里	lí 厘狸　lǐ 里理鲤　liàng 量
利	lí 梨犁　lì 利俐痢
离	lí 离篱　li 璃玻~
立	lì 立粒笠　lā 拉垃啦
厉	lì 厉励
力	lì 力荔　liè 劣　lèi 肋　lè 勒
历	lì 历沥
连	lián 连莲　liàn 链
廉	lián 廉濂镰
脸	liǎn 敛脸　liàn 殓
炼	liàn 练炼
恋	liàn 恋　luán 孪鸾滦
良	liáng 良粮　láng 郎廊狼榔螂　lǎng 朗　làng 浪
梁	liáng 梁粱
凉	liáng 凉　liàng 谅晾　lüè 掠
两	liǎng 两俩伎~　liàng 辆　liǎ 俩
列	liě 咧　liè 列裂烈　lì 例
林	lín 林淋琳霖　lán 婪
粼	lín 嶙璘磷鳞麟
令	líng 伶玲铃羚聆龄　lǐng 岭领　lìng 令　lěng 冷　lín 邻　lián 怜

（续上表）

偏旁	类推字
菱	líng 凌陵菱　léng 棱
留	liū 溜　liú 留馏榴瘤
流	liú 流琉硫
柳	liǔ 柳　liáo 聊
龙	lóng 龙咙聋笼　lǒng 陇垄拢
隆	lóng 隆窿癃
娄	lóu 娄喽楼　lǒu 搂篓　lǚ 缕屡
鲁	lǔ 鲁橹
录	lù 录禄碌　lǜ 绿氯
鹿	lù 鹿辘
路	lù 路鹭露
戮	lù 戮　liáo 寥谬　liǎo 蓼　liào 廖
仑	lūn 抡　lún 仑伦沦囵轮　lùn 论
罗	luó 罗逻萝锣箩啰
洛	luò 洛落络骆　lào 烙酪　lüè 略
吕	lǚ 吕侣铝
虑	lǜ 虑滤

（三）区分 f 和 h

f 与 h 混淆的情况主要出现在西南方言、赣方言等地区，在方言中表现不一，如厦门话把 f 和 h 都读成 h，苏州话则把部分 f 声母字读成 h 声母字，成都话、长沙话、南昌话、梅州话、广州话等把部分 h 声母字读成 f 声母字。对于 f 和 h 的区分也应掌握相关对应规律，进行区分。

1. 区分 f 和 h 的读音

f 与 h 发音方法相同，两者的区别在于发音部位。f 发音时，上唇和下齿接近形成缝隙，气流摩擦成声，为唇齿清擦音；h 发音时，舌根和软腭接近形成缝隙，气流摩擦成声，为舌根清擦音。

2. 单音节发音练习

发—哈　　伐—蛤　　法—奤（hǎ）　　珐（fà）—哈

翻—酣　　烦—寒　　反—喊　　饭—汗

芳—夯	房—航	防—杭	放—沆
飞—黑	坟—痕	粉—很	愤—恨
风—亨	逢—恒	凤—横	奉—啈（hèng）
夫—呼	福—胡	府—虎	富—户

3. 多音节发音练习

（1）组词对比练习。

发生——花生	乏力——华丽	翻阅——欢悦	犯病——患病
防止——黄纸	仿佛——恍惚	废话——绘画	分钱——婚前
分发——昏花	浮水——湖水	斧背——虎背	幅度——弧度
复员——互援	复习——呼吸	附注——互助	船夫——传呼
采伐——菜花	公费——公会	花费——花卉	嘱咐——住户

（2）声母相连练习。

f—h	发挥	发火	繁华	返航	返回	防洪	妨害
	防护	肥厚	绯红	废话	分红	分化	焚毁
	愤恨	风寒	烽火	奉还	凤凰	符合	俘获
h—f	耗费	豪放	盒饭	何方	合肥	和服	横幅
	后方	护肤	画舫	花费	花粉	话费	划分
	焕发	荒废	挥发	恢复	回访	回复	伙房

4. 绕口令练习

（1）风吹灰飞，灰飞花上花堆灰，风吹花灰灰飞去，灰在风里飞又飞。

（2）粉红墙上画凤凰，凤凰画在粉红墙。红凤凰，粉凤凰，红粉凤凰，花凤凰。红凤凰，黄凤凰，红粉凤凰，粉红凤凰，花粉花凤凰。

（3）初入江湖：化肥会挥发；小有名气：黑化肥发灰，灰化肥发黑；名动一方：黑化肥发灰会挥发，灰化肥挥发会发黑；天下闻名：黑化肥挥发发灰会挥发，灰化肥挥发发黑会发挥；一代宗师：黑灰化肥会挥发发灰黑化肥挥发，灰黑化肥会挥发发黑灰化肥发挥；超凡入圣：黑灰化肥会挥发发灰黑化肥黑灰挥发化为灰，灰黑化肥会挥发发黑灰化肥灰黑发挥化为黑；天外飞仙：黑化黑灰化肥黑灰会挥发发灰黑化肥黑灰化肥挥发，灰化灰黑化肥灰黑会发挥发黑灰化肥灰黑化肥发挥。

5. 记忆读 f、h 声母的字

区分好发音之后，还应记住哪些字该读 f 声母，哪些字该读 h 声母。也要学习《f 和 h 对照辨音字表》，利用声韵拼合规律、代表字类推。声母 g 与 h 都是舌根音，声旁是 g 声母的字一般念 h，不念 f，如：狐、弧；葫、怙；滑、猾；槐、魂；红、虹、鸿、讧；烘、哄、洪等。《f 和 h 对照辨音字表》如下：

附录：f 和 h 对照辨音字表

f	h
fā 发 fá 伐阀乏罚 fǎ 法砝 fà 发（头~）	huā 花哗 huá 华铧滑划 huà 化画话划桦
fó 佛	huō 豁 huó 活 huǒ 火伙 huò 祸或货霍获惑
fū 夫 fú 福扶服俘幅芙 fǔ 府俯斧釜腐甫辅 fù 父付附咐富妇赋腹赴缚副负	hū 呼忽乎惚 hú 胡湖葫瑚狐糊弧壶斛 hǔ 虎唬琥浒 hù 户沪护互
	huái 怀淮槐徊 huài 坏
fēi 飞非绯啡霏蜚菲扉 féi 肥淝 fěi 匪菲悱斐蜚诽 fèi 废费沸吠痱肺	huī 灰挥晖恢辉徽 huí 回茴蛔 huǐ 悔毁 huì 会绘烩卉贿汇讳秽彗慧惠蕙
fān 帆翻番 fán 繁凡矾烦蕃樊 fǎn 反返 fàn 饭贩犯泛范	huān 欢獾 huán 还环寰 huǎn 缓 huàn 患换焕宦幻
fēn 分吩芬纷 fén 焚坟 fěn 粉 fèn 愤份粪奋	hūn 昏婚荤 hún 浑魂 hùn 混
fāng 方芳坊 fáng 防妨房肪 fǎng 访仿纺 fàng 放	huāng 慌荒 huáng 皇蝗惶黄凰潢簧璜 huǎng 恍晃幌谎 huàng 晃

（续上表）

f	h
fēng 封风枫沨疯丰锋蜂	hōng 轰哄
féng 冯逢缝	hóng 洪红虹弘泓宏
fěng 讽	hǒng 哄
fèng 俸奉凤缝裂~	hòng 哄起~

附录：f 和 h 声母字类推字表

f	h
夫　fū 夫肤麸　fú 芙扶 父　fǔ 斧釜　fù 父 付　fú 符　fǔ 府俯腑腐　fù 付附 　　fu 咐吩~ 弗　fú 绋氟弗拂佛仿~　fó 佛 　　fèi 沸费 伏　fú 伏茯袱 甫　fū 敷　fǔ 甫辅　fù 傅缚 孚　fū 孵　fú 孚俘浮 复　fù 复腹馥覆 福　fú 幅福辐蝠　fù 副富 分　fēn 分芬吩纷　fěn 粉　fèn 份忿 凡　fān 帆　fán 凡矾 反　fǎn 反返　fàn 饭贩 番　fān 翻番 方　fāng 方芳　fáng 防妨房肪　fǎng 　　仿访纺　fàng 放 乏　fá 乏　fàn 泛 发　fā 发　fà 发　fèi 废 伐　fá 伐阀筏 风　fēng 风枫疯　fěng 讽 非　fēi 非菲啡扉　fěi 诽匪　fèi 痱 蜂　fēng 峰烽锋蜂	火　huǒ 火伙 禾　hé 禾和 或　huò 或惑 户　hù 户沪护戽 虎　hǔ 虎唬 忽　hū 忽惚 胡　hú 胡湖葫糊蝴 狐　hú 弧狐 化　huā 花哗　huá 华铧　huà 化华　huò 货 活　huó 活　huà 话 灰　huī 灰恢 回　huí 回茴蛔　huái 徊 会　huì 会绘烩 挥　huī 挥辉　hún 浑 悔　huǐ 悔　huì 诲晦 惠　huì 惠蕙 红　hóng 红虹鸿 洪　hōng 哄~动 烘　hóng 洪　hǒng 哄~骗 　　hòng 哄起~ 怀　huái 怀　huài 坏　huán 还环 淮　huái 淮　huì 汇 涣　huàn 涣换唤焕痪 昏　hūn 昏阍婚 混　hún 混馄　hùn 混 荒　huāng 荒慌　huǎng 谎 皇　huáng 皇凰惶徨蝗 晃　huǎng 晃恍幌　huàng 晃~动 黄　huáng 黄璜簧

（四）区分送气音和不送气音

普通话中，p、t、k、q、ch、c 6 个是送气音，b、d、g、j、zh、z 是相对应的 6 个不送气音。一些方言中存在着把部分不送气声母念成同部位的送气声母的情况，例如：把“近 jìn”的声母念成 q，“淡 dàn”的声母念成 t；还有些方言将部分送气声母念成同部位的不送气声母，例如：把“盘 pán”的声母念成 b，“唐 táng”的声母念成 d，“葵 kuí”的声母念成 g。

1. 区分送气音和不送气音的读音

送气音和不送气音的区别是送气音除阻时气流较强，不送气音除阻时气流较弱。纠正区分送气音和不送气音，在发音上并不困难，因为方言中送气音和不送气音都有，只要注意哪些字是送气音，哪些字是不送气音就行了。平时练习时，可把手放在嘴巴前，感受发不送气音和送气音时气流的强弱差异。

2. 单音节发音练习

派—拜	胎—呆	开—该	奇—级	颤—站	餐—簪
攀—班	贪—单	康—刚	掐—家	超—招	聪—宗
胚—背	汤—当	考—搞	切—接	充—钟	操—遭
烹—崩	涛—刀	空—宫	秋—究	川—专	粗—租
坡—波	偷—兜	口—狗	渠—局	处—住	翠—醉
铺—不	托—多	苦—股	圈—捐	吹—追	皴—尊

3. 多音节发音练习

（1）组词对比练习。

p—b	叛徒——半途	佩服——被俘	配给——背脊	配件——备件
	僻静——毕竟	批示——逼视	黑牌——黑白	火炮——火爆
t—d	太慢——怠慢	套曲——盗取	体制——抵制	替代——地带
	跳车——吊车	土著——赌注	退换——兑换	痛击——动机
k—g	砍伤——感伤	科普——歌谱	客体——个体	空降——工匠
	苦干——骨干	何苦——河谷	竹筐——烛光	跨上——挂上
q—j	气象——迹象	凄厉——激励	欺压——积压	齐全——集权
	浅析——简析	手巧——手脚	清晰——精细	清偿——经常
ch—zh	真诚——真正	争吵——征兆	支持——制止	充值——终止
	处处——处置	传真——转诊	传唱——专场	纯真——准真
c—z	擦澡——杂草	才子——再次	残存——暂存	操作——造作
	丛策——综测	词组——自足	自测——自责	做错——做作

（2）声母相连练习。

p—b	排比	漂泊	配备	拼搏	屏蔽	评比	瀑布	普遍
b—p	摆平	般配	背叛	被迫	比拼	编排	表皮	帮派

t—d	台灯	态度	特点	停顿	天都	土地	团队	通道
d—t	打听	大厅	代替	道统	等同	地图	独特	动态
k—g	开关	看管	考古	客观	可观	跨国	宽广	控股
g—k	高考	感慨	概括	概况	顾客	广阔	工科	公开
q—j	期间	迄今	气节	奇迹	切忌	前进	请教	情景
j—q	技巧	激情	机器	价钱	嘉庆	剑桥	近亲	精确
ch—zh	查找	车辙	成长	沉重	初中	传真	纯真	充值
zh—ch	战场	展出	章程	真诚	侦察	正常	指称	支持
c—z	擦澡	才子	参赞	操作	测字	词组	存在	从早
z—c	再次	暂存	早操	造次	字词	自测	遵从	左侧

4. 绕口令练习

（1）八百标兵奔北坡，炮兵并排北边跑，炮兵怕被标兵碰，标兵怕碰炮兵炮。

（2）营房里出来两个排，直奔正北菜园来，一排浇菠菜，二排砍白菜。剩下八百八十八棵大白菜没有掰。一排浇完了菠菜，又把八百八十八棵大白菜掰下来；二排砍完白菜，把一排掰下来的八百八十八棵大白菜背回来。

（3）谭家谭老汉，挑担到蛋摊，买了半担蛋，挑担到炭摊，买了半担炭，满担是蛋炭。老汉忙回赶，回家炒蛋饭。进门跨门槛，脚下绊一绊，跌了谭老汉，破了半担蛋，翻了半担炭，脏了木门槛。老汉看一看，急得满头汗，连说怎么办，蛋炭完了蛋，老汉怎吃蛋炒饭？

（4）哥挎瓜筐过宽沟，赶快过沟看怪狗，光看怪狗瓜筐扣，瓜滚筐空哥怪狗。

（5）朱家一株竹，竹笋初长出。朱叔处处锄，锄出笋来煮。锄完不再出，朱叔没笋煮，竹株又干枯。

（6）四十四个字和词，组成了一首子词丝的绕口词。桃子李子梨子栗子橘子柿子槟子榛子，栽满院子村子和寨子；刀子斧子锯子凿子锤子刨子尺子做出桌子椅子和箱子；名词动词数词量词代词副词助词连词造成语词诗词和唱词；蚕丝生丝热丝缫丝染丝晒丝纺丝织丝自制粗细丝人造丝。

（五）辨析浊擦音 r

普通话中，声母 r 为舌尖后浊擦音，方言中，没有舌尖后音声母就一般没有声母 r。r 声母在方言中有多种读法，如吴方言、江淮方言、赣方言、闽方言和山东方言的部分地区没有 r 声母。凡普通话 r 声母的字，通常改读成 l 声母或 i、ü 开头的零声母字，例如：“绒（róng）的”读成“聋（lóng）的”，“rén”读成了 yín。

1. 读准浊擦音 r

从发音部位看，r 是舌尖后音，同 zh、ch、sh 发音部位一样，是由舌尖和硬腭前部构成阻碍而发出的音。从发音方法看，r 是浊擦音，发音时，舌尖上翘，抵住硬腭前部留一条小缝，声带振动，气流从小缝中摩擦而出成音。为了找到正确的感觉，可以先发 sh 音，然后保持口型和舌位不动，振动声带，即 r 音。普通话 r 声母的字不多，约 60 个，可用代表字类推记忆。

2. 单音节发音练习

然—言　染—演　嚷—养　让—样　饶—摇　绕—要
热—夜　人—银　认—印　仍—英　日—义　冗—蛹
柔—油　肉—右　如—鱼　入—欲　软—远　闰—韵
然—兰　染—懒　瓤—郎　让—浪　扰—老　绕—烙
热—乐　仍—棱　荣—龙　冗—垄　柔—楼　肉—漏
儒—庐　乳—卤　入—陆　软—卵　若—落　润—论

3. 多音节发音练习

（1）组词对比练习。

r—l 热天——乐天　溶洞——龙洞　戎马——龙马　柔道——楼道
如火——炉火　入境——路径　入口——路口　弱点——落点
r—y 人气——银器　人格——严格　任满——隐瞒　日子——义子
熔铸——永驻　如何——遇合　如意——寓意　软件——元件

（2）声母相连练习。

r—l 燃料　扰乱　热烈　人伦　人类　容量　软肋　锐利
l—r 老人　礼让　利润　例如　连任　缭绕　录入　鹿茸
r—y 燃油　惹眼　容颜　容易　荣誉　肉眼　如愿　软硬
y—r 妖娆　依然　艺人　引入　有人　犹如　鱼肉　圆润

4. 绕口令练习

（1）夏日无日日亦热，冬日有日日亦寒，春日日出天渐暖，晒衣晒被晒褥单，秋日天高复云淡，遥看红日迫西山。

（2）肉眼不念右眼，仍然不念棱兰，远山不念软山，入室不念玉室，然后不念言后，日夜不念热夜，假使念错了，语音就不准确。

（六）辨析零声母

普通话的零声母音节在不少方言中不是零声母，而是前面加有不同的辅音声母，也有些普通话的非零声母音节在方言地区读为零声母音节。在一些东北方言中，有的零声母前加声母 n，如“天鹅”的“鹅”读成 né，“熬药”的“熬”读成 náo。有的方言把 r 读成 i，分不清“油”和“肉”、“日”和“义”、“热”和“夜”。有的方言把普通话合口呼零声母读成了唇齿浊擦音

[v]，如吴方言中读“万、闻、物、尾、问”等字，都为 [v] 声母。

1. 读准零声母

要读准零声母，首先要弄清普通话的零声母发音情况。普通话的零声母音节可以分为4类：① i 自成音节或以 i 开头的音节有10个，分别为：i、ia、ie、iao、iou、ian、in、iang、ing、iong，汉语拼音方案规定，书写时 i 改成 y，如 yā（鸭）、yē（噎），由于起始部分没有辅音声母，实际发音带有轻微摩擦；② u 自成音节或以 u 开头的音节有9个，分别为：u、ua、uo、uai、uei、uan、uen、uang、ueng，书写时 u 改成 w，如 wā（哇）、wō（窝），实际发音带有轻微摩擦；③ ü 自成音节或以 ü 开头的音节有4个，分别为：ü、üe、üan、ün，书写时 ü 写为 y，如 yū（淤）、yūn（晕），实际发音也带有轻微摩擦；④ 除 i、u、ü 以外的以元音开头的音节共有11个，分别为：a、o、e、ai、ei、ao、ou、an、en、ang、eng，书写时不另加符号，仍用 a、o、e 起头，发音时喉部先关闭，振动声带，然后突然放开，气流冲出有爆发成分，发的是喉塞音。

2. 单音节发音练习

i	一	衣	宜	乙	已	异	意	伊
	以	益	易	咦	亿	依	仪	移
ia	呀	丫	牙	鸭	亚	压	崖	押
	哑	涯	衙	讶	鸦	雅	玡	轧
ie	也	噎	业	爷	野	夜	烨	页
	液	冶	曳	谒	椰	腋	咽	晔
iao	要	咬	腰	耀	谣	药	遥	肴
	摇	邀	姚	窈	尧	窑	吆	钥
iou	优	油	有	又	犹	游	右	尤
	幽	幼	友	忧	诱	佑	邮	酉
ian	烟	延	言	眼	燕	演	严	沿
	岩	艳	研	厌	焰	妍	阎	掩
in	音	因	银	隐	印	饮	引	尹
	吟	殷	瘾	喑	垠	寅	窨	氤
iang	央	阳	养	漾	样	杨	仰	洋
	痒	氧	扬	殃	鸯	恙	秧	烊
ing	应	英	赢	硬	影	营	迎	映
	莹	荧	颖	郢	膺	莺	萤	罂
iong	庸	永	用	雍	勇	拥	涌	咏
	佣	蛹	踊	俑	慵	臃	埇	泳
u	乌	五	务	吾	无	戊	勿	舞
	屋	吴	武	悟	午	伍	污	巫

ua	挖	娃	瓦	袜	哇	洼	凹	娲
uai	歪	外	崴					
uei	微	围	维	伟	委	尾	畏	帷
	位	唯	味	卫	未	巍	娓	喂
uan	湾	万	晚	玩	完	碗	丸	腕
	婉	皖	绾	顽	纨	蜿	弯	豌
uen	温	文	吻	问	稳	纹	闻	蚊
	汶	紊	刎	雯	瘟	揾	炆	蕰
uang	汪	王	网	往	枉	望	妄	旺
	惘	魍	亡	辋	忘	罔		
ueng	翁	瓮						
a	阿	啊						
o	哦	噢						
e	婀	讹	恶	扼	鹅	额	饿	鳄
	厄	娥	峨	愕	萼	噩	鄂	俄
ai	哀	哎	唉	挨	矮	爱	埃	蔼
	霭	嫒	瑷	碍	隘	捱	矮	皑
an	安	按	案	暗	鞍	岸	桉	安
	俺	氨	黯	庵	谙	鹌	胺	鮟
ao	凹	遨	翱	懊	熬	袄	傲	奥
	澳	敖	鳌	坳	拗	螯	媪	鏊
ang	昂	肮	盎	卬	枊			
en	恩	摁						
ou	讴	欧	呕	偶	殴	鸥	藕	瓯
	耦	怄	沤	嘔				
eng	鞥							

3. 多音节发音练习

（1）组词对比练习。

爱心——耐心　傲气——闹气　文风——门风　语序——女婿
每晚——美满　大义——大逆　海岸——海难　余味——愚昧
万丈——幔帐　疑心——泥心　纹路——门路　五味——妩媚

（2）零声母相连练习。

阿姨　挨饿　昂扬　熬药　扼要　偶尔
压抑　沿用　演义　扬言　洋溢　谣言
幽雅　友谊　外围　忘我　委婉　夜晚

4. 绕口令练习

（1）安二哥家一群鹅，二哥放鹅爱唱歌。鹅有二哥不挨饿，没有二哥就挨饿。大鹅小鹅伸长脖，“嗷嗷”、“喔喔”找二哥。

（2）阎眼远和阎眼圆，两人看来有渊源，阎眼圆比阎眼远眼圆，阎眼远比阎眼圆看得远。

（七）区分尖音和团音

声母 z、c、s 跟 i、ü 开头的韵母相拼叫尖音，声母 j、q、x 跟 i、ü 开头的韵母相拼叫团音。普通话没有尖音，但北方方言、吴方言及湘方言区中的一些人，常常把团音发成尖音，如把“jiǔ”读成“ziǔ”。产生这种错误的主要原因是舌面前音 j、q、x 是由舌面前部与硬腭形成阻碍而发声的，有些人在发音时，成阻、除阻的部位太靠近舌尖，发出的音带有“刺刺”的舌尖音的味道，这样的发音属于语音缺陷，要注意克服。

1. 读准团音

普通话中，声母 z、c、s 是不和 i、ü 或以 i、ü 开头的韵母相拼的，而 j、q、x 只能和 i、ü 或以 i、ü 开头的韵母相拼。z、c、s 和 j、q、x 的发音区别很明显，z、c、s 发音时，舌尖抵住齿背形成阻碍；j、q、x 发音时，舌尖在下齿背的下方，舌面前部略隆起和硬腭形成阻碍。抓住这些特点就能够发好 z、c、s 和 j、q、x 了。

2. 单音节发音练习

基	加	杰	交	久	减	金	江
景	炯	举	娟	绝	俊	期	恰
茄	敲	丘	千	亲	腔	青	穷
屈	圈	雀	群	希	夏	谢	笑
秀	香	星	熊	虚	轩	薛	熏

3. 多音节发音练习

（1）组词对比练习。

教学——造血	去年——次年	新意——僧衣
今生——增生	起点——词典	系列——撕裂
九章——奏章	清楚——层出	先进——三晋
季节——字节	全球——篡权	学生——随声

（2）声母相连练习。

j—q	机器	技巧	坚强	减轻	金钱	精巧
q—j	奇迹	前进	浅见	抢救	情景	全局
j—x	继续	急需	坚信	进行	竞选	尽兴
x—j	细节	洗劫	先进	陷阱	相继	心计

q—x	气象	抢修	情绪	倾斜	取消	缺席
x—q	习气	先遣	乡亲	相劝	心情	寻求

4. 绕口令练习

（1）九月九，九个酒迷喝醉酒。九个酒杯九杯酒，九个酒迷喝九口。喝罢九口酒，又倒九杯酒。九个酒迷端起酒，“咕咚、咕咚”又九口。九杯酒，酒九口，喝罢九个酒迷醉了酒。

（2）七巷一个漆匠，西巷一个锡匠，七巷漆匠偷了西巷锡匠的锡，西巷锡匠拿了七巷漆匠的漆，七巷漆匠气西巷锡匠偷了漆，西巷锡匠讥七巷漆匠拿了锡。请问锡匠和漆匠，谁拿谁的锡？谁偷谁的漆？

（3）请将九十七卷极细极细的细丝线，织成九十七个极小极小的小家雀。九十七个极小极小的小家雀，剪断九十七卷极细极细的细丝线，飞向极峭极峭的悬崖下。

第二节　普通话韵母分析

一、普通话韵母

韵母指音节中位于声母之后，由元音或元音加辅音构成的部分。普通话的韵母共有 39 个，按结构可以分为 3 类：单元音韵母、复元音韵母和带鼻音韵母。复合韵母一般包括韵头、韵腹和韵尾。韵头介于声母和韵腹之间，又称介音，发音轻而短，只表示韵母发音的起点，一般由 i、u、ü 3 个高元音充当。韵腹是一个韵母发音的关键，又称主要元音，是韵母发音过程中，口腔肌肉最紧张、发音最清晰最响亮的部分，一般由 ɑ、o、e、ê 充当，i、u、ü、－i（前）、－i（后）、er 也可以作韵腹。韵尾可以是元音，也可以是辅音，仅表示韵腹滑动的最后方向，音值含混而不太固定，一般由高元音 i、u 和鼻辅音 n、ng 充当。例如：韵母 uɑn 中，ɑ 是韵腹，u 是韵头，n 是韵尾。

（一）单元音韵母

单元音韵母由单元音构成，简称单韵母。普通话有 10 个单元音韵母，分别为：ɑ、o、e、ê、i、u、ü、－i（前）、－i（后）、er。单韵母的不同音色是由舌位的前后、舌位的高低（即开口度的大小）以及唇形的圆展等三方面造成的。根据发音时舌位的变化特点，可细分为舌面单元音韵母、舌尖单元音韵母和卷舌元音韵母 3 类。

1. 舌面单元音韵母

（1）ɑ［A］舌面、央、低、不圆唇元音。发音时，口腔大开，舌头前伸，居中，舌位低，唇形不圆。例如：

查杀　　刹那　　耷拉　　打靶　　打骂　　大厦

发达　　邋遢　　喇叭　　马达　　哪怕　　飒飒

（2）o［o］舌面、后、半高、圆唇元音。发音时，口腔半闭，舌位半高，舌头后缩，圆唇。例如：

饽饽　　勃勃　　伯伯　　薄膜　　嬷嬷　　馍馍

默默　　磨墨　　磨破　　魔佛　　婆婆　　泼墨

（3）e［ɣ］舌面、后、半高、不圆唇元音。发音时，口腔半闭，舌位半高，舌头后缩，嘴角向两边微展，不圆唇。例如：

各个　　隔阂　　哥特　　赫赫　　合格　　苛刻

客车　　瑟瑟　　色泽　　特色　　折射　　这个

（4）i［i］舌面、前、高、不圆唇元音。发音时，舌头前伸，舌尖抵住下齿背，上下齿相对，嘴角向两边微展，唇形扁平。例如：

笔记　　鄙夷　　嫡子　　地理　　激励　　记忆

霹雳　　披靡　　脾气　　体积　　绮丽　　洗涤

（5）u［u］舌面、后、高、圆唇元音。发音时，舌头后缩，舌尖置于下齿龈后，双唇拢圆，向前突出。例如：

补助　　粗鲁　　读物　　督促　　服务　　辜负

鼓舞　　瀑布　　入伍　　图书　　疏忽　　侮辱

（6）ü［y］舌面、前、高、圆唇元音。发音时，舌头前伸，舌尖抵住下齿背，双唇拢圆，向前突出。例如：

局域　　龃龉　　聚居　　屡屡　　旅居　　女婿

区域　　屈居　　曲剧　　须臾　　序曲　　语序

（7）ê［ɛ］舌面、前、半低、不圆唇元音。发音时，口腔半开，舌位半低，舌头前伸，舌面前部略隆起，舌尖抵住下齿背，嘴角向两边微展，唇形不圆。普通话中，单韵母 ê 不与任何声母相拼，自成音节也只有语气词“欸”这一个字。可参与构成复元音韵母 ie、üe，并在书写时省去上面的附加符号“^”。

2. 舌尖单元音韵母

（1）-i［ɿ］（前）舌尖、前、高、不圆唇元音。发音时，舌尖前伸，靠近上齿背，嘴角向两边展开，唇形不圆。把 z、c、s 的发音拉长，拉长的部分即 -i（前）的读音。-i（前）总是跟在 z、c、s 的后面，不单独出现，因与 i 出现的位置互补，所以书写时借用 i。例如：

此次　　次次　　赐死　　次子　　丝丝　　私自

四次　　孜孜　　子嗣　　字词　　自私　　恣肆

（2）-i［ʅ］（后）舌尖、后、高、不圆唇元音。发音时，舌尖上翘，靠近硬腭前部，嘴角向两边展开，唇形不圆。把 zh、ch、sh、r 的发音拉长，拉长的部分即 -i（后）的读音。-i（后）总是跟在 zh、ch、sh、r 的后面，不单独出现，因与 i 出现的位置互补，所以书写时也借用 i。例如：

痴痴	日蚀	试试	实施	实质	时日
知识	支持	值日	咫尺	纸质	制止

3. 卷舌元音韵母

er［ɚ］卷舌、央、中、不圆唇元音。er 是在央元音 e［ə］的基础上加上卷舌动作而成的。发音时，口腔半开，开口度比 ê 略小，舌位居中，舌头后缩，舌尖向硬腭中部上卷（但不接触），在发 e 的同时，舌尖向硬腭轻轻卷起，不是先发 e，然后卷舌，而是发 e 的同时舌尖卷起，口腔自然打开，唇形不圆。er 中的 r 不代表音素，只是表示卷舌动作的符号。er 只能自成音节，不和任何声母相拼，如"儿"、"耳"、"二"字的韵母。例如：

而且	儿歌	儿童	耳福	二胡	二十
戴尔	故而	忽而	偶尔	然而	鱼饵

（二）复元音韵母

复元音韵母是指由两个或三个元音复合而成的韵母。普通话共有 13 个复元音韵母，其中 9 个二合元音韵母：ai、ei、ao、ou、ia、ie、ua、uo、üe；4 个三合元音韵母：iao、iou、uai、uei。

复元音韵母的发音有两个特点：一是元音之间没有明显的界限，整个过程是从一个元音滑向另一个元音。在滑动过程中，舌位的前后、高低和唇形的圆展都是逐渐变动的，不是突变的、跳跃的，中间应该有一连串过渡音，同时气流不中断，形成一个发音整体，如发 ai 时，从 a 到 i，舌位逐渐升高、前移，嘴唇逐渐展开，其间包括 a 和 i 之间的许多过渡音。二是各元音的发音响度不同。主要元音的发音口腔开口度最大、声音最响亮、持续时间最长，其他元音发音轻短或含混、模糊。韵腹在前的叫做前响复元音韵母，韵腹在后的叫做后响复元音韵母，韵腹居中的叫做中响复元音韵母。

1. 前响复元音韵母

普通话前响复元音韵母共 4 个：ai、ei、ao、ou。发音时，韵腹 a、e、o 发得清晰、响亮、音值稍长，后面的 i、u（o）是韵尾，发得轻、短、模糊，只表示舌位滑动的方向。每个元音必须读成一个整体。

（1）ai［ai］发音时，a 清晰响亮，后头的元音 i 含混、模糊，只表示舌位滑动的方向。例如：

爱戴	白菜	采摘	猜猜	海带	开采
买卖	奶奶	拍卖	塞外	太太	灾害

（2）ei［ei］发音时，元音 e 清晰、响亮，舌尖抵住下齿背，从 e 开始舌位升高，往前向 i 的方向滑动，i 的发音含混、模糊，只表示舌位滑动的方向。例如：

卑微　北非　蓓蕾　肥美　黑莓　累累

霉味　美味　美眉　妹妹　配备　味蕾

（3）ɑo［au］发音时，ɑ 清晰、响亮，后头的元音 ɔ［u］舌位状态接近单元音 u（拼写作 o，实际发音接近 u），舌位略低，只表示舌位滑动的方向。例如：

懊恼　道袍　高潮　毫毛　牢骚　唠叨

抛锚　绕道　骚扰　逃跑　早操　早朝

（4）ou［əu］发音时，开头的元音 o 清晰、响亮，舌位向 u 的方向滑动，u 的发音含混、模糊，只表示舌位滑动的方向。例如：

筹谋　丑陋　臭鼬　兜售　斗殴　喉头

口头　漏斗　漏油　欧洲　收购　售楼

2. 后响复元音韵母

普通话后响复元音韵母有 5 个：iɑ、ie、uɑ、uo、üe，开头的元音 i、u、ü 都是高元音，发音轻短，只表示舌位滑动的方向，舌位由高向低滑动，收尾的元音响亮、清晰。

（1）iɑ［ia］发音时，从前高元音 i 开始，舌位滑向央低元音 ɑ，i 的发音轻短，ɑ 的发音长而响亮。例如：

家家　加价　加压　假牙　架下　掐架

恰恰　下家　下架　下压　丫丫　压价

（2）ie［iɛ］发音时，从前高元音 i 开始，舌位滑向前半低元音 ê，i 的发音较短，ê 的发音长而响亮。例如：

喋喋　蹀躞　节节　结业　趔趄　怯怯

贴切　鞋业　谢谢　爷爷　冶铁　业界

（3）uɑ［ua］发音时，从后高圆唇元音 u 开始，舌位滑向央低元音 ɑ，唇形由最圆逐步展开到不圆。u 的发音较短，ɑ 的发音长而响亮。例如：

呱呱　刮花　挂花　挂画　花袜　画画

画刷　夸夸　刷刷　耍滑　哇哇　娃娃

（4）uo［uo］发音时，从后高元音 u 开始，舌位向下滑到后半高元音 o 结束，发音过程中，唇形保持圆唇。u 的发音较短，o 的发音长而响亮。例如：

窝火　龌龊　错落　堕落　过火　活捉

阔绰　骆驼　懦弱　硕果　陀螺　灼灼

（5）üe［yɛ］发音时，从圆唇的前高元音 ü 开始，舌位下滑到前半低元音 ê，唇形由圆到不圆。ü 的发音轻短，ê 的发音长而响亮。例如：

虐　略　倔　瘸　阙　薛

决绝　雀跃　约略　雪月　绝学　缺血

3. 中响复元音韵母

普通话中的中响复元音韵母共有 4 个：iɑo、iou、uɑi、uei，发音的特点是舌位由高向低滑动，再从低向高滑动。开头的元音发音不响亮、较短促，只表示舌位滑动的开始；中间的元音清晰、响亮；收尾的元音轻短、模糊，音值不太固定，只表示舌位滑动的方向。

（1）iɑo［iɑu］发音时，由前高不圆唇元音 i 开始，舌位降至后低元音 ɑ，然后再向后高圆唇元音 u 的方向滑升。舌位先降后升、由前到后，唇形从中间的元音 ɑ 开始由不圆唇变为圆唇。例如：

吊销　脚镣　疗效　寥寥　苗条　巧妙

悄悄　瞧瞧　调料　迢迢　萧萧　遥遥

（2）iou［iəu］发音时，由前高不圆唇元音 i 开始，舌位后移且降至后半高元音 o，然后再向后高圆唇元音 u 的方向滑升。舌位先降后升、由前到后，唇形由不圆唇开始到后元音 o 时，过渡为圆唇。例如：

丢球　舅舅　久留　溜溜　琉球　扭扭

牛油　求救　绣球　优秀　悠久　有救

（3）uɑi［uai］发音时，由圆唇的后高元音 u 开始，舌位向前滑降到前低不圆唇元音 ɑ，然后再向前高不圆唇元音 i 的方向滑升。舌位先降后升、由后到前，唇形从最圆开始，逐渐减弱圆唇度，至发前元音 ɑ 始渐变为不圆唇。例如：

乖乖　怀揣　坏坏　快快　甩甩　摔坏

歪歪　外快　外踝　外拐　拽拽　拽坏

（4）uei［uei］发音时，由后高圆唇元音 u 开始，舌位向前、向下滑到前半高不圆唇元音 e 的位置，然后再向前高不圆唇元音 i 的方向滑升。唇形从最圆开始，随着舌位的前移，渐变为不圆唇。例如：

摧毁　垂危　对味　队徽　归队　回味

荟萃　睽睽　退回　推诿　追悔　尾椎

《汉语拼音方案》规定，iou、uei 两个韵母和辅音声母相拼时，受声母与声调的影响，中间的元音弱化，写作 iu、ui，例如，“牛”的拼音写作 niú，不作 nióu；“归”的拼音写作 ɡuī，不作 ɡuēi；不与辅音声母相拼时，不能省略，用 y、w 开头，如“有”的拼音写作 yǒu，“微”的拼音写作 wēi。

（三）带鼻音韵母

带鼻音韵母即由元音加鼻辅音共同组成的韵母，一般由 1 个或 2 个元音加一个鼻辅音组成。普通话共有 16 个带鼻音韵母：an、ian、uan、üan、en、uen、in、ün、ang、iang、uang、eng、ueng、ing、ong、iong。带鼻音韵母可以分为两类：一类是带前鼻辅音 n 的前鼻音韵母，一类是带后鼻音 ng 的后鼻音韵母。

带鼻音韵母的发音有两个特点：一是元音同后面的鼻辅音不是生硬的结合，而是有机的统一体。发音时，由元音向鼻辅音过渡，逐渐增加鼻音色彩，最后形成鼻辅音。二是除阻阶段作韵尾的鼻辅音不发音，所以又叫唯闭音。带鼻音韵母的发音不是以鼻辅音为主，而是以元音为主，元音清晰、响亮，鼻辅音重在做出发音状态，发音不太明显。

1. 前鼻音韵母

普通话中的前鼻音韵母有 8 个：an、en、in、ün、ian、uan、üan、uen。前鼻音韵母的发音中，韵头的发音比较轻短，韵腹的发音清晰、响亮，韵尾只做出发音状态。

（1）an［an］发音时，从起点元音前低不圆唇元音 a 开始，舌面升高，舌面前部抵住硬腭前部，软腭下降，打开鼻腔通道，发前鼻音 n。例如：

安南　拌饭　参战　反感　感叹　看板

烂漫　难堪　盼盼　谈判　坦然　赞叹

（2）en［ən］发音时，从央元音 e 开始，舌面升高，舌面前部抵住硬腭前部，软腭下降，打开鼻腔通道，发前鼻音 n。例如：

本分　沉沉　称身　分神　根本　狠狠

门诊　认真　妊娠　深沉　深圳　振奋

（3）in［in］发音时，从舌位最高的前元音 i 开始，舌面升高，舌面前部抵住硬腭前部，软腭下降，打开鼻腔通道，发前鼻音 n。例如：

彬彬　濒临　林荫　拼音　近亲　聘金

琴音　薪金　信心　辛勤　音频　引进

（4）ün［yn］发音时，起点元音是前高圆唇元音 ü，舌面升高，舌面前部抵住硬腭前部，软腭下降，打开鼻腔通道，发前鼻音 n。例如：

芸芸　晕晕　君君　熏熏　群群　云群

军训　均匀　菌群　逡巡　熏晕　允许

（5）ian［ian］发音时，从前高不圆唇元音 i 开始，舌位向前低元音 a 的方向滑降，舌位只降到半低前元音 ê 的位置就开始升高，然后软腭下降，打开鼻腔通道，舌尖迅速移至上齿龈，发前鼻音 n。例如：

艰险　简便　简练　检验　检点　连篇

年鉴　　前天　　浅见　　浅显　　鲜艳　　演练

（6）uɑn［uan］发音时，从圆唇的后高元音 u 开始，舌位向前迅速滑降到不圆唇的前低元音 ɑ 的位置，然后开始升高，软腭下降，打开鼻腔通道，舌尖迅速移至上齿龈，发前鼻音 n。例如：

玩玩　　万万　　短短　　暖暖　　软软　　转转

婉转　　贯穿　　酸软　　转船　　转换　　专款

（7）üɑn［yan］发音时，从圆唇的后高元音 ü 开始，向前低元音 ɑ 的方向滑降，舌位只降到前半低元音 ê 略后的位置就开始升高，软腭下降，打开鼻腔通道，舌尖迅速移至上齿龈，发前鼻音 n。例如：

涓涓　　圆圆　　远远　　拳拳　　劝劝　　圆圈

渊源　　源泉　　全卷　　全权　　全员　　轩辕

（8）uen［uən］发音时，从圆唇的后高元音 u 开始，向央元音 e 的位置滑降，然后舌位升高，软腭下降，打开鼻腔通道，舌尖迅速移至上齿龈，发前鼻音 n。例如：

稳稳　　温润　　温存　　温顺　　春笋　　昆仑

馄饨　　混沌　　困顿　　论文　　伦敦　　谆谆

《汉语拼音方案》规定，韵母 uen 和辅音声母相拼时，受声母和声调的影响，中间的元音（韵腹）弱化，写作 un，例如，“论”写作 lùn，不作 luèn。

2. 后鼻音韵母

普通话中的后鼻音韵母有 8 个：ɑng、eng、ing、ong、iɑng、uɑng、ueng、iong。ng 是舌面后浊鼻音，在普通话中只作韵尾不作声母。发音时，软腭下降，关闭口腔，打开鼻腔通道，舌根抵住软腭，气流振动声带，从鼻腔通过。后鼻音韵母的发音中，韵头的发音比较轻短，韵腹的发音清晰、响亮，韵尾 ng 在除阻阶段也不发音，只做出发音状态。

（1）ɑng［ɑŋ］发音时，从 ɑ 开始，舌头逐渐后缩，舌根抵住软腭，封闭口腔通道，气流颤动声带后从鼻腔通过。例如：

帮忙　　苍茫　　常常　　徜徉　　厂长　　当场

荡漾　　刚刚　　行当　　廊坊　　浪荡　　商场

（2）eng［əŋ］发音时，从 e 开始，舌面后部抬起，接近并抵住软腭，封闭口腔通道，气流颤动声带后从鼻腔通过。例如：

承蒙　　乘胜　　丰盛　　更正　　耿耿　　横生

萌生　　蒙蒙　　鹏程　　声称　　蒸腾　　征程

（3）ing［iŋ］发音时，从 i 开始，舌头后移，接近并抵住软腭，封闭口腔通道，气流颤动声带后从鼻腔通过。例如：

秉性　　叮咛　　经营　　精灵　　命令　　宁静

零星　　评定　　瓶颈　　清静　　情形　　刑警

（4）ong［uŋ］为避免字母相混，《汉语拼音方案》规定，以 o 表示开头元音 u［u］，写作 ong。发音时，从 u 开始，舌面后部抵住软腭，打开鼻腔通道，封闭口腔通道，气流颤动声带后从鼻腔通过。例如：

匆匆　　从众　　东宫　　共同　　轰隆　　空洞

恐龙　　隆重　　笼统　　通通　　通融　　中庸

（5）iong［yŋ］为避免字母相混，《汉语拼音方案》规定，用字母 io 表示起点元音 ü［y］，写作 iong。发音时，从舌面前高圆唇元音 ü 开始，发 ü 后，软腭下降抵住舌根，封闭口腔通道，气流颤动声带后从鼻腔通过。例如：

炯炯　　茕茕　　汹汹　　勇毅　　永远　　窘迫

窘境　　琼州　　穷困　　汹涌　　胸腔　　雄壮

（6）iang［iaŋ］发音时，从前高不圆唇元音 i 开始，舌位向后滑降到后低元音 a，然后舌位升高，抵住软腭，封闭口腔通道，气流颤动声带后从鼻腔通过。例如：

泱泱　　娘娘　　两辆　　相像　　洋腔　　洋相

踉跄　　亮相　　奖项　　酱香　　湘江　　响亮

（7）uang［uaŋ］发音时，从圆唇的后高元音 u 开始，舌位滑降至后低元音 a，然后舌位升高抵住软腭，封闭口腔通道，气流颤动声带后从鼻腔通过。例如：

往往　　旺旺　　幢幢　　逛逛　　惶惶　　框框

壮壮　　狂妄　　双簧　　状况　　装潢　　矿床

（8）ueng［uəŋ］发音时，从圆唇的后高元音 u 开始，舌位滑降到央元音 e［ə］的位置，然后舌位升高，封闭口腔通道，气流颤动声带后从鼻腔通过。在普通话里，韵母 ueng 只有一种零声母的音节形式 weng。例如：

嗡嗡　　瓮城　　蓊郁　　水瓮　　老翁　　山翁

二、韵母辨正

（一）区分 o 和 e

某些方言地区 o 与 e 不分，如新疆、东北等地的一些方言将 o 读成 e；西南地区的一些方言将 e 读成 o。两者同为舌面后半高元音，其区别在于圆唇与不圆唇。根据普通话声韵拼合规律，o 只同唇音 b、p、m、f 相拼，而 e 则同 b、p、m、f 以外的声母相拼（m 同 e 相拼只有很少的例子）。

1. 区分 o 和 e［ɣ］的读音

o 为舌面、后、半高、圆唇元音，发音时，口腔半闭，舌位半高，舌头后缩，圆唇；e 为舌面、后、半高、不圆唇元音，发音时，口腔半闭，舌位半高，舌头后缩，嘴角向两边微展，不圆唇。o 只和声母 b、p、m、f 相拼，e 可以和声母 m、d、t、n、l、g、k、h、z、c、s、zh、ch、sh、r 相拼，两者基本上处于一种互补状态，可以根据声母辨析 o 和 e 的读音。

2. 单音节发音练习

哦—鳄　剥—可　泊—歌　博—得　坡—瑟　破—可
波—策　颇—勒　莫—么　魔—鹤　佛—讷　咯—乐

3. 多音节发音练习

（1）组词对比练习。

铂金——合金　剥光——遮光　破费——社会　默默——仄仄
墨攻——社工　佛祖——热阻　婆婆——哥哥　击破——饥饿
反驳——反射　老婆——老者　跌破——叠合　布帛——薄荷

（2）韵母相连练习。

伯乐　波折　薄荷　叵测　破格
破折　莫测　墨盒　模特
恶魔　车模　胳膊　割破　隔膜
刻薄　河伯　色魔　摄魄　折磨

4. 绕口令练习

（1）老伯伯卖墨，老婆婆卖馍，老婆婆卖馍买墨，老伯伯卖墨买馍。墨换馍老伯伯有馍，馍换墨老婆婆有墨。

（2）骆老伯，郭老伯，柯老伯，柏老伯，约着城北买菱角。买得菱角阁上剥，各剥各，各吃各，阁角莫落菱角壳，免得戳了骆郭柯柏四老伯的脚脖。

（3）阁上一窝鸽，鸽渴叫咯咯。哥哥登阁搁水给鸽喝，鸽子喝水不渴不咯咯。

（4）村里有条清水河，河岸是个小山坡，社员坡上挖红薯，闹闹嚷嚷笑呵呵。忽听河里一声响，河水溅起一丈多，吓得我忙大声喊："谁不小心掉下河?"大家一听笑呵呵，有个姑娘告诉我："不是有人掉下河，是个红薯滚下坡。"

（二）区分 i 和 ü

方言中存在 i 与 ü 相混的现象，如山东青岛话将 i 读为 ü，云南、贵州、湖南、四川、广西等地的一些方言将 ü 读为 i。

1. 区分 i 和 ü 的读音

i 为舌面、前、高、不圆唇元音，发音时，舌头前伸，舌尖抵住下齿背，上下齿相对，嘴角向两边微展，唇形扁平；ü 是舌面、前高、圆唇元音，发音时，舌头前伸，舌尖抵住下齿背，双唇拢圆，向前突出。不习惯发 ü 的人，可用唇形变化的办法来练习，先展开嘴唇发 i，舌位不动，慢慢把嘴唇拢圆，就能发出 ü 来了。

2. 单音节发音练习

衣—淤　抑—郁　益—御　妮—女　礼—屡　丽—绿

挤—举　计—句　七—区　气—去　西—须　戏—旭

3. 多音节发音练习

（1）组词对比练习。

意见——预见　疑忌——雨季　名义——名誉　通信——通讯

季节——拒绝　记住——居住　旗语——趋于　前面——全面

（2）韵母相连练习。

一律　抑郁　礼遇　例句　谜语　体育　急剧

继续　寄予　纪律　与其　期许　起居　欷歔

戏剧　羽翼　语气　雨季　预计　履历　律己

缕析　橘皮　距离　聚集　曲艺　与其

4. 绕口令练习

（1）清早起来雨稀稀，王七上街去买席。骑着毛驴跑得急，捎带卖蛋又贩梨。一跑跑到小桥西，毛驴一下跌了蹄。打了蛋，撒了梨，跑了驴，急得王七眼泪滴，又哭鸡蛋又骂驴。

（2）大渠养大鱼不养小鱼，小渠养小鱼不养大鱼。一天天下雨，大渠水流进小渠，小渠水流进大渠。大渠里有了小鱼不见大鱼，小渠里有了大鱼不见小鱼。

（3）这天天下雨，体育局穿绿雨衣的女小吕，去找穿绿运动衣的女老李。穿绿雨衣的女小吕，没找到穿绿运动衣的女老李，穿绿运动衣的女老李，也没见着穿绿雨衣的女小吕。

5. 记读 i、ü 韵母的字

根据普通话声韵拼合规律类推，韵母 ü 只和 j、q、x、l、n 等声母相拼，而韵母 i 则可以和 b、p、d、t、n、l、j、q、x 相拼，重点区分并记忆同 j、q、x 相拼的 i 韵母和 ü 韵母的字。

（三）读准卷舌元音 er

普通话中，er 自成音节，不与任何声母相拼。虽然 er 构成的字很少，但是 er 是发好普通话儿化韵的基础。有些北方方言在 er 前添加辅音 l，如读“二”为 lèr，南方方言区缺少 er 的音。

1. 读准 er［ər］的音

er［ər］为卷舌、央、中、不圆唇元音，在发 e［ə］的同时，注意开口度适中，尽可能使舌头上卷到硬腭中部。

2. 单音节发音练习

而　儿　尔　耳　迩　珥　饵　贰

3. 多音节发音练习

（1）组词对比练习。

尔雅——乐意　耳管——乐观　而去——乐趣　耳饰——乐事
可儿——可乐　故而——雇了　昨儿——作乐　遐迩——瞎了

（2）韵母发音练习。

尔尔　饵料　二伏　儿歌　尔后　而已　儿媳　儿子
把儿　店儿　法儿　狗儿　猴儿　侄儿　崽儿　馅儿

4. 绕口令练习

（1）要说“尔”专说“尔”，马尔代夫，喀布尔、阿尔巴尼亚，扎伊尔、卡塔尔，尼泊尔、贝尔格莱德，安道尔、萨尔瓦多，伯尔尼、利伯维尔，班珠尔、厄瓜多尔，塞舌尔、哈密尔顿，尼日尔、圣彼埃尔，巴斯特尔、塞内加尔的达喀尔，阿尔及利亚的阿尔及尔。

（2）二月二，上小镇儿，买根烟袋儿不通气儿，回来看看是根棍儿。

（3）小姑娘儿，红脸蛋儿，红头绳儿，扎小辫儿，小手儿端着个小饭碗儿，小饭碗儿真好玩儿，红花绿叶镶金边儿，中间还有个小红点儿。

（四）避免 i、u 韵头脱落

丢失 i、u 韵头的情况主要出现在西南方言、湘方言、山东烟台方言中。避免脱落韵头 i、u，就需要该方言区的人熟悉普通话声韵拼合规律，将本方言与普通话的读音进行比较，并进行系统纠正。比如，普通话中 d、t 多与 uei 相拼，与 ei 相拼只有有限的几个字，n、l 可与 ei 相拼，但不与 uei 相拼；o 只和 b、p、m、f 相拼，而 uo 可与除 b、p、m、f 和 j、q、x 以外的所有声母相拼。

1. 读准 i 韵头和 u 韵头

作为韵头的 i 和 u 发音轻而短，只表示复元音韵母发音的起点，一发就滑向另一个元音了。i 为舌面、前、高、不圆唇元音，发音时，舌头前伸，舌尖抵住下齿背，上下齿相对，嘴角向两边微展，唇形扁平；u 为舌面、后、高、圆唇元音，发音时，舌头后缩，舌尖置下齿龈后，双唇拢圆，向前突出。

2. 单音节发音练习

优—欧　永—冗　嗲—打　跌—得　脸—蓝　辽—老
面—慢　娘—囊　谬—眸　歪—挨　万—按　翁—鞥
端—单　兑—得　裸—咯　捆—恳　抓—扎　装—张

3. 多音节发音练习

(1) 组词对比练习。

优势——欧式　炎暑——谙熟　跌倒——得到　丢失——都市

调查——倒茶　边疆——搬将　刨口——敞口　滚圆——根源

抓人——扎人　转型——崭新　奇怪——气概　不端——不单

(2) 韵母相连练习。

辗转　难念　背对　撞伤　吻痕　刮卡

解饿　潦倒　推给　外来　酒楼　迥同

遛狗　便餐　穹窿　郎将　说破　跨马

蒜瓣　爽朗　硕博　下榻　借了　骄傲

4. 绕口令练习

(1) 炉东有个锤快锤，炉西有个锤锤快，两人炉前来比赛，不知是锤快锤比锤锤快锤得快？还是锤锤快比锤快锤锤得快？

(2) 扁担长，板凳宽，扁担没有板凳宽，板凳没有扁担长，扁担想要绑在板凳上，板凳不让扁担绑在板凳上，扁担偏要扁担绑在板凳上。

(3) 嘴说腿，腿说嘴，嘴说腿爱跑腿，腿说嘴爱卖嘴。光动嘴不动腿，光动腿不动嘴，不如不长腿和嘴。到底是那嘴说腿还是腿说嘴？

(五) 区分 ai 和 ei

在普通话中，这两个韵母的差异很明显，然而在有些方言中，存在 ai 和 ei 不分的现象，如山东地区的部分方言，将韵母 ai 读为韵母 ei。要避免这种情况，关键是要注意 ai 和 ei 开始发音时开口度的大小。

1. 区分 ai [ai] 和 ei [ei] 的读音

ai 发音时，a 清晰、响亮，后头的元音 i 发音含混、模糊，只表示舌位滑动的方向；ei 发音时，元音 e 清晰、响亮，舌尖抵住下齿背，从 e 开始舌位升高，向 i 的方向往前、往高滑动，i 的发音含混、模糊，只表示舌位滑动的方向。

2. 单音节发音练习

掰—杯　逮—得　卖—妹　拍—胚　派—配　胎—忒

奈—内　赖—累　改—给　嗨—黑　筛—谁　崽—贼

3. 多音节发音练习

(1) 组词对比练习。

安排——安培　白鸽——悲歌　百强——北墙

摆布——北部　稗子——被子　拜望——备忘

成败——成倍　来迟——雷池　分派——分配

埋头——眉头　买回——每回　买光——镁光

卖力——魅力	耐热——内热	耐心——内心
排场——赔偿	牌价——陪嫁	排版——陪伴
小麦——小妹	外部——胃部	

（2）韵母相连练习。

暧昧	矮贼	败北	白费	百媚	排辈
排水	麦胚	傣妹	代培	呆贼	台北
海贝	海雷	海内	海贼	寨内	差费
晒黑	栽培	塞北	悲哀	擂台	黑白

4. 绕口令练习

（1）买白菜，搭海带，不买海带就别买大白菜。买卖改，不搭卖，不买海带也能买到大白菜。

（2）贝贝飞纸飞机，菲菲要贝贝的纸飞机，贝贝不给菲菲自己的纸飞机，贝贝教菲菲自己做能飞的纸飞机。

（3）大妹和小妹，一起去割麦，大妹割小麦，小妹割大麦。大妹帮着小妹推大麦，小妹帮着大妹背小麦，推完大麦背小麦，背完小麦推大麦，堆罢大麦堆小麦，大妹小妹齐打麦。大妹打小麦，小妹打大麦，拍拍打打，打打拍拍，大妹小妹多欢快。

（六）区分前鼻音韵母和后鼻音韵母

在一些方言中前鼻音韵尾和后鼻音韵尾有混淆现象，多数表现为 en 和 eng、in 和 ing、un 和 ong、ün 和 iong 不分，而 an 和 ang、ian 和 iang、an 和 uang 的混同较少。如上海话、昆明话、兰州话、桂林话一般把 en 和 eng、in 和 ing 都读为前鼻音韵母。西北地区的宁夏话、新疆话一般把 en、in、uen、üen 都读为后鼻音韵母。要发好每一个前鼻音韵母和后鼻音韵母，关键在于掌握 n 和 ng 的发音。

1. 区分 n［n］和 ng［ŋ］的读音

n［n］是舌尖中、浊、鼻音，发前鼻音韵母时，舌尖最后抵住上齿龈构成阻碍；ng［ŋ］是舌根、浊、鼻音，发后鼻音韵母时，舌尖最后置于下齿龈的下面，舌头后缩，舌根和软腭构成阻碍。

2. 单音节发音练习

奔—崩	喷—鹏	奋—缝	嫩—能	跟—耕	恳—坑
恨—横	针—争	陈—成	肾—胜	饮—影	印—硬
彬—冰	林—凌	您—宁	频—瓶	近—敬	琴—晴
信—姓	均—炯	群—琼	熏—兄	云—雍	屯—同
敦—冬	吞—通	伦—隆	滚—巩	坤—空	魂—宏
准—肿	润—冗	尊—宗	寸—聪	笋—耸	温—翁

3. 多音节发音练习

（1）组词对比练习。

en—eng	陈旧——成就	陈腐——城府	分发——风发
	门市——盟誓	盆子——棚子	申明——声明
	身材——生财	贞洁——症结	诊治——整治
	震中——正中	震惊——正经	审视——省事
in—ing	人民——人名	寝室——请示	信服——幸福
	亲生——轻生	频繁——平凡	金鱼——鲸鱼
	亲近——清静	金银——经营	辛勤——心情
	隐射——影射	因素——罂粟	阴魂——英魂
un—ong	伦敦——隆冬	屯兵——通病	顿首——动手
	滚筒——共同	昏暗——红案	准备——中北
	春天——冲天	润笔——冗笔	遵循——棕熊
	存身——丛生	孙子——松子	文案——瓮安
ün—iong	勋章——胸章	运费——用费	寻寻——汹汹
	君君——炯炯	共运——共用	人群——人穷
	军装——窘状	逡巡——穷乡	均匀——迥异
	循环——雄黄	运行——用刑	荀子——雄姿
an—ang	黯然——盎然	扳手——帮手	板眼——榜眼
	禅理——常理	半碗——傍晚	参天——苍天
	缠足——长足	开饭——开放	铲子——厂子
	耽误——当务	翻胃——方位	反问——访问
ian—iang	嫣然——怏然	艰巨——僵局	前行——强行
	先例——乡里	健忘——江湾	钱币——墙壁
	显著——湘竹	眼睑——养廉	莲子——梁子
	间隙——江西	鲜味——香味	掩护——养护
uan—uang	完成——王城	管事——广式	宽大——旷达
	专员——庄园	钻石——装饰	攒动——窗洞
	钻研——庄严	还魂——黄昏	环保——谎报
	观光——逛逛	银冠——银光	官宦——光环

（2）韵母相连练习。

奔腾	人生	神圣	真正	引领	进京
青筋	定心	论功	论丛	滚动	昆虫
群雄	军用	凶讯	雄峻	担当	坦荡
苍山	浪漫	艳阳	见谅	观望	壮观

4. 绕口令练习

（1）陈庄程庄都有城，陈庄城通程庄城。陈庄城和程庄城，两庄城墙都有门。陈庄城进程庄人，陈庄人进程庄城。请问陈程两庄城，两庄城门都进人，哪个城进陈庄人，程庄人进哪个城？

（2）老彭拿着一个盆，路过老陈住的棚，盆碰棚，棚碰盆，棚倒盆碎棚压盆，老陈要赔老彭的盆，老彭不要老陈来赔盆，老陈陪着老彭去补盆，老彭帮着老陈来修棚。

（3）东洞庭，西洞庭，洞庭湖上一根藤，青青藤条挂金铃，风吹藤动金铃响，风停藤静铃不鸣。

（4）昆昆捆葱绳，葱绳捆得松。绳松葱捆松，捆松捆漏葱。昆昆拾葱捆葱绳，捆紧葱绳不掉葱。

附录：en 与 eng 对照辨音字表

（说明：对照辨音字表中①②③④分别表示阴平、阳平、上声、去声四种声调。常见多音字的读音，通过组词加以标识）

韵母 例字 声母	en	eng
零声母	①恩④摁	①鞥
b	①奔贲③本苯④笨	①崩绷~紧②甭③绷~着脸④迸蹦泵
p	①喷~涌②盆④喷~香	①烹②朋棚硼鹏彭澎膨③捧④碰
m	①闷~热②门们扪④闷郁~焖	①蒙~头转向②盟萌蒙~昧檬濛朦曚艨 ③猛蜢锰艨蒙~古④梦孟
f	①分~开芬纷吩氛酚②坟焚汾③粉 ④奋分部~份粪忿愤	①风枫疯蜂烽锋峰丰封②逢缝~补冯③讽 ④奉俸凤缝~隙
d	④扽	①登灯③等④邓凳瞪磴镫
t		②疼腾誊滕藤
n	④嫩	②能
l		②棱③冷④愣
g	①根跟②哏③艮~头④艮~卦亘	①耕庚赓羹更~漏③耿梗哽绠鲠埂 ④更~加
k	③肯啃垦恳④裉掯	①坑

（续上表）

韵母 例字 声母	en	eng
h	②痕③很狠④恨	①亨哼②横~竖衡恒④横蛮~
zh	①真贞祯桢侦针珍胗斟③诊疹缜枕④振震赈镇阵	①争挣~扎峥狰铮筝睁正~月怔征症~结蒸③整拯④正~负政证症病~郑挣~钱
ch	①嗔抻②辰宸晨沉忱陈臣尘③碜④衬趁称~心	①称~赞撑②成城诚承呈程惩澄橙乘盛~饭③逞骋④秤
sh	①申伸呻绅砷身深娠②神③沈审婶④甚葚慎肾渗蜃	①生牲笙甥升声②绳③省~略④圣胜盛茂~剩
r	②人仁壬③忍荏④任饪妊认刃纫韧轫	①扔②仍
z	③怎	①曾~姓增憎缯④赠锃
c	①参②岑	②曾~经嶒层④蹭
s	①森	①僧

附录：in 与 ing 对照辨音字表

韵母 例字 声母	in	ing
零声母	①因洇茵姻氤殷音阴荫林~②垠银龈吟寅淫鄞③引蚓隐瘾饮尹④印荫庇~	①英瑛媖锳应~该莺鹰膺婴缨撄嘤樱鹦罂②荧莹萤营蝇盈迎赢③影颖④映硬应适~
b	①宾傧滨缤槟镔彬④摈殡鬓	①兵冰③丙柄炳秉饼禀④病并
p	①拼②贫频嫔③品④聘	①乒②平评坪苹枰萍屏瓶凭
m	②民③敏皿闽悯泯	②名茗铭明鸣冥溟暝瞑螟③酩④命
d		①丁叮仃钉疔盯③顶鼎④定锭碇腚订
t		①听厅汀②亭停婷廷庭蜓霆③挺艇铤梃

（续上表）

韵母 例字 声母	in	ing
n	②您	②宁~静咛狞柠凝③拧④宁~愿泞佞
l	①拎②林淋琳霖邻鄰潾遴嶙辚磷鳞麟③凛廪檩④吝赁蔺	②灵伶泠苓瓴聆翎玲铃蛉零龄凌陵菱绫棱③岭领④另令
j	①今衿矜斤巾金津襟筋③紧锦仅谨馑瑾槿④妗尽烬浕劲~头觐近晋缙禁噤浸	①京惊鲸茎泾经菁睛精晶荆兢粳③景颈井警儆④敬竞竟境镜净靖静径劲~旅胫痉
q	①衾亲~切侵钦②芩琴芹秦禽擒噙勤③寝④沁	①氢轻青清蜻倾卿②情晴擎③顷请④庆亲~家
x	①忻昕炘欣新薪辛莘锌心馨②镡③伈④信衅	①星猩腥兴②形刑邢型行③省~亲醒④幸姓性杏兴

附录：uen 与 ueng 对照辨音字表

韵母 例字 声母	uen	ueng
零声母	①温瘟②文纹蚊闻③稳吻紊④问	①翁嗡③蓊塕④瓮蕹

附录：uen 与 ong 对照辨音字表

韵母 例字 声母	uen（un）	ong
d	①敦墩蹲吨③盹趸④炖钝砘顿囤盾遁	①冬东③董懂④洞恫侗冻栋动

（续上表）

韵母 例字 声母	uen（un）	ong
t	①吞②屯臀④褪~套儿	①通②同铜桐童潼瞳③筒桶捅④痛
l	①抡~起②仑沦纶轮伦抡~材④论	②隆窿龙咙聋笼③拢垄陇④弄~堂
g	③滚辊④棍	①工功攻公蚣弓躬供~销恭宫③拱巩汞④共贡供~职
k	①昆坤③捆④困	①空~气③孔恐④空~亏~控
h	①昏婚荤②魂浑④混	①烘哄~传轰②红虹宏洪鸿弘③哄~骗④讧哄起~
zh	①谆③准	①中~心忠盅钟衷终③肿种~族④中~标仲种栽~重~量众
ch	①春椿②唇纯淳醇③蠢	①冲~动忡充舂②虫重~叠崇③宠④冲~劲铳
sh	③吮④顺舜瞬	
r	④闰润	②容溶蓉榕熔绒荣融茸
z	①尊遵樽③撙④拨	①宗综棕踪鬃③总④纵粽
c	①村皴②存③忖④寸	①囱匆葱聪②从丛淙
s	①孙③损笋榫	①松嵩③怂耸竦④宋送颂讼诵

附录：ün 与 iong 对照辨音字表

韵母 例字 声母	ün	iong
零声母	①晕~车②云匀③允陨④运酝晕光~孕韵熨蕴	①佣拥庸③永泳咏勇涌蛹踊④用
j	①均君军菌细~④菌~子俊骏浚峻竣	③窘迥
q	②群裙	②穷琼
x	①熏勋②旬询循巡寻④驯训讯汛迅殉逊	①兄凶匈汹胸②熊雄

第三节 普通话声调分析

一、普通话声调

（一）声调的性质和特点

1. 声调

声调是音节的高低升降变化，也叫字调。从语音的生理属性看，声调的高低主要取决于声带的松紧。发音时，声带绷得紧，一定时间内振动次数多，声音就高，反之则低。从语音的物理属性看，声调由音高构成，频率的高低决定了音的高低。这种音高属于相对音高，即用比较的方法确定的同一基调的音高变化形式和幅度。声调的音高变化是渐次的、滑动的，中间没有停顿、跳跃。

声调具有区别意义的作用，一个声母、韵母都相同的音节，如果声调不同，就可以表示不同的意义，如音节“zhuzi”，赋予不同的声调，则可能表示“珠子”、“竹子”、“主子”、“柱子”或“铸字”等。

2. 调值和调类

（1）调值。

调值指音节高低升降曲直长短的变化形式，即声调的实际读法，一般采用赵元任创制的五度标记法来标记调值。画一条竖线，分作四格五度来表示声调的相对音高，自上而下分别为：高、半高、中、半低、低。在竖线的左侧用横线、斜线、曲线标识声调的升降起止度数。普通话的四种调值如下图所示：

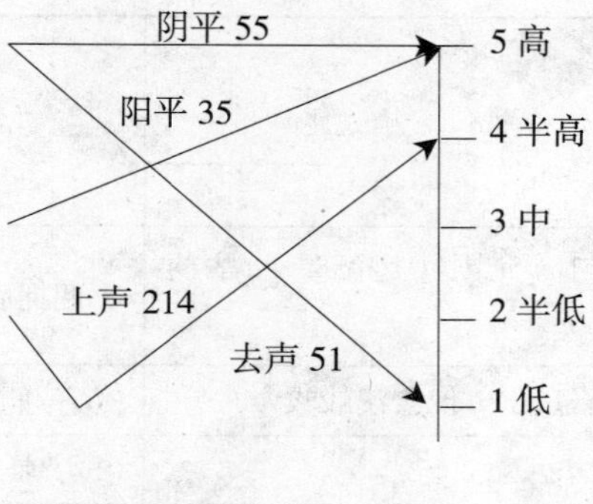

表示声调实际高低升降的 55、35、214、51 即指调值，可以用标数字的办

法来表示，也可以按《汉语拼音方案》规定，在韵腹上标出符号来表示。

（2）调类。

调类即声调的种类，就是把调值相同的字归纳在一起所建立的类。在同一种方言中，有几种基本调值就可以归纳成几种调类。不同方言的声调，有着各自的调值和调类。普通话有四种不同的调值就有四种不同的调类，传统音韵学称之为阴平（55 调值）、阳平（35 调值）、上声（214 调值）、去声（51 调值）4 个调类，统称为四声，一般称之为一声、二声、三声、四声。

（二）普通话声调的特点

1. 阴平（第一声）　调值为 55，又叫做高平调，发音时，调值从 5 度到 5 度，声音比较高，基本上没有升降的变化，例如：

安装　拆迁　吃亏　低微　供需　交叉　军官

偏安　谦虚　摔跤　天空　拖车　嚣张　邀功

2. 阳平（第二声）　调值为 35，又叫做高升调，发音时，调值从 3 度升到 5 度，有较大升幅变化，例如：

慈祥　从而　长城　航程　横行　怀疑　抉择

凌云　全职　来回　神灵　顽强　闸门　尤为

3. 上声（第三声）　调值为 214，又叫做降升调，发音时，调值从 2 度降到 1 度，再从 1 度升到 4 度，有明显的降升特点，例如：

打鼓　法典　好转　口语　理想　领导　旅馆

勉强　没准　奶粉　水果　手稿　喜感　引导

4. 去声（第四声）　调值为 51，又叫做全降调，发音时，调值从 5 度降到 1 度，有比较大的降幅变化，例如：

变动　驾驭　救济　剧烈　立论　秘密　内讧

派系　势必　树立　特色　系数　塞外　正派

普通话声调的调值调类可归纳为下表：

调类	调值	调型	调号	发音特点	例字
阴平	55	高平	—	起音高高一路平	妈
阳平	35	高升	／	由中到高往上升	麻
上声	214	降升	V	先降后升曲折起	马
去声	51	全降	\	高起猛降到底层	骂

二、声调辨正

现代汉语的调类系统来自古代汉语的调类系统。在我国南朝齐梁时期，就有人把古汉语分为四类声调，即平、上、去、入，后来语音发展变化，按声母的清浊分为阴调和阳调两类，清声母字归阴调，浊声母字归阳调。语音演变至今，各方言调类差别很大：其一，调类数量不一；其二，各调类收字有别，调类相同，调值不同；其三，入声的保留分派情况多有不同。辨正声调需要同普通话进行比较，找出其对应规律，向普通话看齐。

（一）辨析调类

从调类看，汉语方言有少到 3 个调类的，也有多到 10 个调类的，如粤方言区的广西玉林话有阴平（54）、阳平（32）、阴上（33）、阳上（23）、阴去（52）、阳去（21）、上阴入（5）、下阳入（3）、上阳入（2）、下阳入（1）10 个调类。进行声调辨正时，应该与普通话 4 个调类相对应，分别进行归并。

辨析方言与普通话调类的差异需要特别注意的是入声的问题。入声与其他声调之间，除了在音高、音长上有区别以外，韵母也不同。中古汉语（广韵系统）的入声有 b［p］、d［t］、g［k］3 个韵尾。古入声演变到现在，有的方言已经消失了，有的方言还有保留。普通话没有入声，古入声字普通话分归阴平、阳平、上声、去声 4 个声调。保留入声的情况分为两种：一种是入声读音短促，音节末尾有塞音韵尾，如广州话的入声有 b［p］、d［t］、g［k］三个塞音韵尾，苏州话的入声则以喉塞音［ʔ］收尾；另一种是古入声字仍然独立成一个调类，但读音不短促，末尾也没有塞音韵尾，如长沙话的入声失去了短促、塞音尾的特征，但古入声全部转化为一个调类，所以保留入声这一调类名称。没有入声的方言，因为古入声字归类和普通话不一样，要注意把归类不同的查找出来，将其按照普通话的声调进行重新归类并进行调值改读。有入声的方言区学习普通话，首先需要去掉入声韵尾，延长发音的音长，将韵母改为与普通话相同，然后再将其声调按普通话重新进行归类，改读普通话调值。入声字可依据以下方法进行判断：

1. 根据声母和韵母判断入声字

（1）声母是不送气的塞音和塞擦音而读阳平的字，绝大多数来自古代入声。不送气的塞音和塞擦音包括声母 b、d、g 和 z、zh、j，如白、达、格、责、直、截等。掌握这条规律，则可以推断约 1/5 的常用入声字。

（2）üe 韵母的字大都来自古代入声，如虐、略、决、确、学、月、约、厥、绝、雀、穴、血等，常用字中只有“嗟、瘸、靴”是例外。

（3）uo 韵母和 zh、ch、sh、r 相拼的字，来自古代入声，如酌、桌、琢、啄、捉、着、镯、浊、绰、朔、若、弱等。

（4）e韵母和古端母（相当于现代汉语声母d）、精母（分化为现代汉语声母j、z的一部分）两组声母相拼的字，大都来自古代入声，如得、德、勒、肋、乐、则、泽、择、侧、策、塞、色、瑟等。

（5）ie韵母和古帮组（相当于现代汉语声母b）、端组声母相拼的字，大都来自古代入声，如憋、别、撇、灭、跌、铁、帖、列、烈、劣等。

（6）声母f、z、c、s和ɑ韵母相拼的字，来自古代的入声，如发、法、伐、筏、罚、扎、札、撒、卅、萨、飒等。

（7）一些开韵尾（包括元音韵尾和没有韵尾）的字，有文白两读，而又没有意义上区别的，往往是入声字。如“色”字，既念sè（文），又念shǎi（白）；再如泽、择、角、脚、血、麦、脉、剥、削、薄、册、落、六、没等，一般都有文白两读，也属于这一类。

以上7条都是从现代普通话的读音来推断古代入声字的。掌握了这几条规律，500多个常用入声字，绝大多数可以推断出来。

2. 根据声母和韵母排除入声字

（1）普通话中带鼻音韵母的字为阳声韵字，肯定不是入声字，如安、恒、龙、豚、庄、敬等。

（2）普通话中韵母为－i（前）的字，都不是入声字，如兹、紫、自、疵、瓷、次、斯、私等。

（3）普通话中韵母为uei、uɑi的字，大多不是入声字，如推、辉、醉、薇、谁、快、淮、乖、外，只有uɑi韵母的个别字例外，如“率”。

3. 根据形声字的声符类推入声字

形声字造字之初，声符表声，所以可以根据声符是否为入声来推断形声字是否为入声。如“合”中古是韵尾为b［p］的入声字，则凡以“合”为声符的字大都是入声字，如盒、答、鸽、塔等；又如“出”中古是韵尾为d［t］的入声字，则凡以“出”为声符的字大都是入声字，如拙、茁、倔、掘等；再如“卖”中古是韵尾为g［k］的入声字，则凡以“卖”为声符的字大都是入声字，如渎、读、椟、犊、牍、黩等。

（二）辨明调值

从调值看，同一调类的字，在不同方言中调值不一致，同为上声，有读214的，有读33的，有读35的，所以各种调值也要进行辨正训练。读准普通话的四种调值也是衡量普通话是否纯正的一个重要标准。

1. 单音节词语声调练习

（1）四声练习。

凹 班 钗 充 催 刀 耕 呼 街 州

熬　盘　柴　崇　垂　淘　横　胡　杰　妯
袄　板　彩　宠　璀　岛　耿　唬　姐　肘
傲　办　菜　冲　翠　道　更　户　界　皱
央　猫　压　闷　欢　称　湍　挑　枪　飞
阳　毛　芽　门　环　城　团　调　强　肥
养　卯　哑　本　缓　逞　暖　鸟　抢　绯
样　帽　亚　笨　换　秤　乱　跳　呛　费
偷　谆　刊　深　科　居　奔　囡　商　妞
头　馄　蓝　神　壳　局　人　蓝　堂　牛
否　吮　坎　沈　渴　举　忍　揽　赏　扭
透　顺　看　肾　课　聚　认　烂　尚　拗

（2）上声练习。

显　柄　柏　柬　柳　洒　狠　眨　矩　砍
祖　禹　籽　绑　绞　统　要　胆　尺　引
手　斗　比　水　火　长　且　主　好　以
北　古　只　可　史　处　左　打　本　母
底　往　所　抹　板　果　浅　狗　组　者
虎　表　转　采　雨　顶　举　保　养　咬
品　响　哪　很　总　指　挑　挤　挺　某
洗　点　省　醒　种　秒　草　语　选　首
鬼　倒　党　准　晚　氧　海　笔　粉　紧
脑　请　赶　起　酒　铁　假　得　敢　猛

2. 双音节词语声调练习

（1）相同声调练习。

宣称　专车　公关　新居　诗篇　高深　开刀　栖息
繁忙　杂文　合营　提名　闲暇　停泊　怀疑　玲珑
勇敢　友好　靶场　笔法　首尾　许可　水井　甩手
次序　变化　镜框　跨越　应试　现象　物业　落户

（2）不同声调练习。

法师　从小　假如　风趣　腹腔　更换　勾引　喜欢
国难　黑板　换取　浓度　雌蕊　膨胀　当即　爱戴
强调　靠山　杀害　劲旅　声调　缘分　输送　眉目
苦战　老式　脸红　逃荒　忙乱　新颖　血泊　疾控
依然　盈利　平稳　起哄　正规　中外　斜面　排除
尊严　生计　失守　药品　斯文　有趣　投影　土地

温饱　　先导　　信托　　行径　　脂粉　　青铜　　油脂　　无锡

3. 四音节词语声调练习

鞠躬尽瘁　　根深蒂固　　司空见惯　　安居乐业　　天经地义
标新立异　　非同小可　　诸如此类　　风驰电掣　　出人意料
包罗万象　　新陈代谢　　胸有成竹　　风起云涌　　精益求精
心旷神怡　　出类拔萃　　目不转睛　　梦寐以求　　奋不顾身
举足轻重　　了如指掌　　理直气壮　　矫揉造作　　此起彼伏
岂有此理　　无可奈何　　名副其实　　啼笑皆非　　畅所欲言

4. 绕口令练习

（1）山羊上山山碰山羊角，水牛下水水没水牛腰，羊入杨林羊吃杨树芽儿，毛驴驮草草压毛驴腰，沙马趟河沙打沙马腿，妈妈骑马马慢妈妈骂马，妞妞哄牛牛拧妞妞拧牛，姥姥喝酪酪落姥姥捞酪，舅舅架鸠鸠飞舅舅揪鸠，书童磨墨墨抹书童一脸墨，梅香添煤煤爆梅香两眉煤。

（2）珍珍绣锦枕，绣枕用金针，双蝶枕上争，珍珍的锦枕赠亲人。

（3）娃挖瓦，娃挖蛙，娃挖瓦挖蛙，挖蛙挖出瓦。娃挖蛙，娃挖瓦，娃挖蛙挖瓦，挖瓦挖出蛙。

第三章　普通话音变

说话或朗读时，不可能一个个音节按原有的声音发出来，因为要把音节组成词、句连续发出。在连续的语流中，音节之间、音素之间、声调之间相互影响，就会产生语音变化，这就是音变。普通话语音中常见的音变现象有变调、轻声、儿化、语气词“啊”的音变等。

第一节　变调

在语流中，有些音节的声调受前后音节声调的影响，会发生有规律的变化，与单读时调值不同，这种声调的变化叫做变调，又称连读变调。

一、上声的变调

普通话上声是降升调，调值214。上声只有在单独念或处于词语、句子末尾时才读原调，如“袄、磊、抢，你说得很好！”在阴平、阳平、上声、去声等声调之前都会发生变调。

（一）上声在非上声调，即阴平、阳平、去声前，调值由214调变为21调，由降升调变为低降调，或称“半上”，即“上后非上前半上”

1. $214+55\rightarrow21+55$

北京	本金	草编	产生	反光	纺织	改观	广州
好听	火车	讲师	烤漆	恐慌	可惜	美声	普通
损失	手机	舞厅	小说	眼光	祖先	展出	转播

2. $214+35\rightarrow21+35$

保持	草莓	导游	仿佛	拱门	海防	几何	考察
朗读	履行	美元	免除	奶油	偶然	匹敌	谴责
水平	坦然	统筹	写实	选集	眼前	早晨	祖国

3. $214+51\rightarrow21+51$

百姓	比赛	采购	等待	法律	访问	感动	鼓励
广告	火箭	考试	纽带	省力	暑热	挑逗	土地
武汉	伟岸	雪恨	醒目	选派	野性	倚靠	整动

（二）两个上声相连，前一个上声的调值由214调变为35调，由降升调变为阳平调：214＋214→35＋214，即“上上连读前变阳”

把柄　吵醒　胆小　诋毁　粉笔　感慨　管理　果敢
海岛　海港　减免　懒散　理想　了解　母语　品种
水桶　手表　守法　蜀锦　铁塔　舞蹈　选美　咫尺

（三）三个上声音节相连，需要根据词语的内部结构层次来变调

1. 当词语的结构是“单音节＋双音节”时，第一个上声变为21调，第二个上声变为阳平35调，第三个上声保持214调不变，即214＋（214＋214）→21＋35＋214

炒米粉　厂党委　海产品　好本领　很勇敢
孔乙己　老保守　老场所　老厂长　李小姐
冷处理　买水果　米老鼠　女导演　女领导
女选手　品美酒　撒火种　史可法　铁水桶
小两口　小拇指　演小品　有理想　纸老虎

2. 当词语的结构是“双音节＋单音节”或三个音节为并列结构时，前两个上声变为阳平35调，第三个上声保持214调不变，即（214＋214）＋214→35＋35＋214

保守党　保养卡　表演奖　草稿纸　胆小鬼
导火索　管理法　虎骨酒　举手礼　蒙古语
碾米厂　跑马场　手写体　水彩笔　体检表
洗澡水　勇敢者　演讲稿　总统府　展览馆
甲乙丙　索马里　水火土　稳准狠　早午晚

（四）上声在轻声音节前，因轻声音节本调的不同，变调也不同

1. 在本调是非上声的轻声音节前大多数也变为半上21调，即214＋55/35/51→21＋55/35/51

比方　打听　打量　骨头　讲究　姐夫　搅和
老实　买卖　脑袋　暖和　起来　使唤　体面
晚上　尾巴　我们　哑巴　暖和　眼睛　养活
影子　早上　怎么　枕头　主意

2. 在本调是上声的轻声音节前大多数变为半上21调，还有一部分变为阳平35调

（1）214＋214→21＋214，例如：

耳朵　鼓捣　姐姐　姥姥
马虎　奶奶　婶婶　显摆

(2) 214 + 214→35 + 214，例如：

把手　等等　讲讲　可以　老鼠　老虎　懒散　哪里
捧起　水里　小鬼　小姐　想法　想想　嘴里　整理

二、去声的变调

去声和阴平、阳平、上声等声调相连时，仍读原调。两个去声音节相连时，前一个如果不是重读音节就变为“半去”，即 53 调。若三个或四个去声音节相连时，前面几个去声都变为 53 调，最后的去声音节读原调。例如：

变化　报废　大会　电话　电扇　饭菜　放假　概要
汉字　号召　化验　介绍　教室　借鉴　快乐　快速
立刻　面壁　内力　气力　日历　算术　束缚　跳跃
位置　笑料　遇难　炸药　照相　自愿　正确　注意
奥运会　大跃进　大陆架　创造性　电视剧　放射性
计算器　看电视　卖设备　亚运会　越剧界　扩大会
练剑术　录像带　破落户　热效应　日界线　跳跃器
上议院　戏剧性　现代化
变幻莫测　创造纪录　意气用事　胜利闭幕　万事俱备

三、“一”的变调

“一”的本调为阴平 55 调，单念或在词句末尾，以及在序数中时念本调，例如：统一、划一、以防万一、天下第一、三七二十一，“一”的变调有三种。

（一）去声音节前，一律读阳平 35 调

一半　一并　一旦　一带　一道　一定　一度　一对
一付　一概　一共　一路　一律　一趟　一瞬　一世
一切　一日　一味　一线　一样　一再　一阵　一致
一会儿　一辈子　一刹那　一下子　一块儿
一触即发　一目了然　一唱一和　一臂之力　一落千丈

（二）非去声（阴平、阳平、上声）音节前，读去声 51 调

阴平音节前：一朝　一夕　一心　一生　一些　一般
阳平音节前：一齐　一同　一直　一连　一群　一条
上声音节前：一早　一晚　一起　一览　一己　一体

（三）“一”夹在重叠动词中间，读为轻声

拜一拜　尝一尝　遛一遛　读一读　看一看　瞧一瞧
试一试　说一说　想一想　写一写　问一问　走一走

四、“不”的变调

“不”的本调为去声，单念或处于词尾、句尾时读原调，在非去声音节前也读原调。例如：

单念或处于词尾、句尾时：不　我不　他说不
阴平音节前：不多　不高　不甘　不轻　不屈　不欢
阳平音节前：不成　不值　不行　不和　不曾　不纯
上声音节前：不少　不好　不朽　不敢　不齿　不爽

（一）“不”在去声音节前变读为阳平 35 调

不必　不对　不错　不是　不够　不过　不怪　不坏
不快　不去　不算　不受　不弱　不肖　不幸　不懈

（二）“不”夹在词语中间，变读为轻声

差不多　走不开　做不来　用不着　挡不住　起不来
时不时　行不行　去不去　羞不羞　怪不怪　准不准

五、形容词重叠的变调

（一）单音节形容词重叠，重叠部分如果儿化，不管原来是什么声调，重叠部分都要变读为阴平 55 调；重叠部分不儿化，则保持原调不变

慢慢儿　快快儿　好好儿　高高儿　亮亮儿　早早儿
美美的　甜甜的　热热的　酸酸的　白白的　远远的

（二）“ABB”式的形容词，后边的叠音后缀都读成阴平 55 调

绿油油　红彤彤　湿漉漉　闹嚷嚷　沉甸甸　亮堂堂
文绉绉　黑漆漆　明晃晃　孤零零　羞答答　热辣辣

（三）“AABB”式重叠后的形容词，第二个音节读轻声，后两个音节读阴平 55 调

认认真真　清清楚楚　高高兴兴　舒舒服服　马马虎虎
漂漂亮亮　热热闹闹　晕晕乎乎　老老实实　干干净净
大大方方　支支吾吾　慌慌张张　别别扭扭　慢慢腾腾

第二节 轻声

普通话的每一个音节都有它的声调，可是在词或句子里许多音节常常失去原有的声调而读成又轻又短的调子，这就是轻声。例如“木头”、“豆腐”中的“头”和“腐”原来的声调分别为阳平和上声，而在这些词中失去了原来的声调，成为一个轻声音节。轻声不是一种独立的调类，它是连读时产生的一种音变现象。

一、轻声的音高

轻声音节的变化主要表现为音长变短，音色又短又模糊，音强变弱，音高不固定。音高受前一个字声调的影响而不同，一般而言，上声字后面的轻声音节音高比较高，阴平、阳平字后面的轻声音节音高偏低，去声字后面的轻声音节音高最低，用五度标调法表示如下：

（一）阴平字＋轻声字→ 2 度（半低调）

包袱	帮手	窗户	提防	方便	跟头	公公	机灵
家伙	眯缝	铺盖	商量	天上	稀罕	胭脂	知识

（二）阳平字＋轻声字→ 3 度（中调）

白净	别的	柴火	锄头	房子	蛤蟆	红火	能耐
婆婆	人家	拾掇	头发	蚊子	席子	爷爷	宅子

（三）上声字＋轻声字→ 4 度（高调）

比方	尺子	打点	点心	耳朵	骨头	伙计	喇嘛
马虎	脑袋	手上	火候	爽快	养活	小气	指甲

（四）去声字＋轻声字→ 1 度（低调）

爱人	棒槌	刺猬	动弹	怪物	告诉	嫁妆	厚道
见识	利落	那么	漂亮	相声	益处	罩子	自在

二、轻声引起的音色变化

轻声音节有时会引起声母、韵母中辅音、元音音色的变化。

（一）轻声音节对声母的影响

轻声音节中不送气的清塞音、塞擦音声母常常受到前一个音节的影响，变读为浊塞音、塞擦音声母，例如：

耳朵　　哥哥　　鼻子　　尖子　　嘴巴　　萝卜　　绿的　　四个

清塞音、塞擦音声母 d［t］、g［k］、z［ts］、b［p］变成了浊塞音、塞擦音声母 d［d］、g［g］、z［dz］、b［b］。

（二）轻声音节对韵母的影响

轻声对韵母的影响较为普遍和明显，大体可以分为两种情形：

1. 轻声音节的元音比较含混，向央元音靠近，有的变成了央元音

桌子　　棉花　　妈妈　　溜达　　回来　　出去

爽快　　眉毛　　打扮　　买卖　　快活　　跳蚤

2. 轻声音节失去韵母，只剩下声母

豆腐　　意思　　咱们　　什么

三、变读轻声的规律

一般而言，古语词、新词语、科学术语中没有轻声，轻声多出现在人们口头常用且已长久使用的词语中，并且大都同词汇上和语法上的虚义成分有关系。另外，还有一些口语中常用的双音节词，习惯上将后一音节读成轻声。

（一）语气词“啊、吧、啦、嘛、吗、呢、呀”等读轻声

唱啊　　走吧　　行啦　　好嘛　　去吗　　谁呢　　对呀

想啊　　哭吧　　来啦　　吃嘛　　喝吗　　她呢　　说呀

（二）结构助词“的、地、得”，时态助词“着、了、过”等读轻声

吃的　　狠狠地　　拿得起　　说着　　走了　　来过

捡的　　高高地　　信得过　　看着　　跑了　　去过

（三）与名词有关的成分

1. 名词后缀“子、儿、头、们、巴、家”等读轻声

狮子　　风儿　　馒头　　我们　　嘴巴　　姑娘家

裤子　　眼儿　　苦头　　他们　　锅巴　　女人家

2. 名词后表示方位的词或语素“上、下、里、边、头、面”等读轻声

身上　　乡下　　家里　　里边　　上头　　前面

地上　　底下　　水里　　外边　　后头　　后面

注意：“国内”、“省外”、“校内”、“门外”等词中的“内”、“外”习惯上不读轻声。

3. 重叠名词的末一个音节读轻声

叔叔　　婶婶　　伯伯　　姑姑　　舅舅　　姥姥

哥哥　　姐姐　　娃娃　　星星　　蝈蝈　　蛐蛐

4. 量词“个”常常读轻声

哪个　开个会　跳个舞　笑个不停　差个两三岁

两个　见个面　说个话　喝个痛快　走个几十里

（四）与动词、形容词有关的成分

1. 重叠动词的末一个音节读轻声

听听　说说　读读　写写　看看　跑跑

试试　转转　笑笑　瞧瞧　想想　问问

2. 口语化的 AABB 式重叠形容词的第二个音节读轻声

稳稳当当　痛痛快快　冒冒失失　凉凉快快　凑凑合合

含含糊糊　和和气气　团团圆圆　老老实实　干干净净

3. 动词、形容词后边的趋向动词“上、下、来、去、过、开、出去、出来、下来、进去、起来、下去”等读轻声

捎上　过来　说过　跑出去　暗下来　热起来

放下　拿去　走开　拿出来　放进去　冷下去

4. 表强调的动词补语“住”常常读轻声

把住　抱住　打住　拿住　记住　停住　禁得住

站住　问住　稳住　握住　抓住　捉住　看不住

（五）数词：重叠动词中间的“一”读轻声

放一放　尝一尝　读一读　聊一聊　摸一摸　瞧一瞧

试一试　谈一谈　问一问　想一想　笑一笑　走一走

（六）与代词有关的成分

1. 有些作宾语的人称代词（除作重音外）读轻声

看我　瞧你　请你　揍他　看她　叫它

2. 部分代词词缀读轻声

你们　咱们　什么　怎么　多么　要么

哪里　这里　怎么着　那么着

（七）副词：词语中间的“不”读轻声

冷不冷　酸不酸　打不开　好不好　吃不消

像不像　对不起　差不多　了不起　怪不得

（八）部分四字格拟声词的第二个音节读轻声

丁零当啷　噼里啪啦　滴里嘟噜　叽里咕噜

叽叽喳喳　啰里啰唆　稀里哗啦　呜哩哇啦

（九）一部分双音节词中有虚化趋势的语素读轻声

光溜　滑溜　顺溜　老实　结实　踏实

欢实　严实　闺女　侄女　孙女　东家

行家	亲家	娘家	公家	折腾	翻腾
扑腾	客气	运气	福气	和气	脾气
好处	坏处	用处	害处	师父	姨父
姑父	神父	热乎	晕乎	玄乎	在乎

（十）一些口语中常用的双音节词的第二个音节，习惯上读轻声，缺乏规律性

凑合	地方	妖精	明白	云彩	搅和
大夫	咳嗽	萝卜	下水	簸箕	蚂蚱
糨糊	别扭	伙计	抽屉	提防	胳臂
馄饨	聪明	能耐	柴火	便宜	行李
琢磨	蛤蟆	牡丹	包袱	凉快	关系
护士	招呼	消息	力量	阔气	忘记

四、轻声的作用

绝大多数轻声词读轻声和不读轻声在意义上没有区别，只是习惯上要求读轻声。有少数轻声词或词组靠轻声音节与非轻声音节区别词性和意义。

（一）区别意义

孙子（重）——古代的军事家
孙子（轻）——儿子的儿子

本事（重）——文学作品主题所根据的故事情节
本事（轻）——本领

上头（重）——喝酒过量而头晕
上头（轻）——上面

这种情形有很多：

鸭头——丫头　　文子——蚊子
狼头——榔头　　东西——东西
虾子——瞎子　　龙头——笼头
孢子——包子　　老子——老子

（二）区别词性

地道（重）——地下通道，名词
地道（轻）——纯正，形容词

买卖（重）——动词
买卖（轻）——名词

这种情形也有很多：

对头——对头　　利害——厉害

大意——大意　　报仇——报酬

五、绕口令练习

1. 打南边来了个哑巴，腰里别了个喇叭；打北边来了个喇嘛，手里提了个獭犸。提着獭犸的喇嘛要拿獭犸换别着喇叭的哑巴的喇叭；别着喇叭的哑巴不愿拿喇叭换提着獭犸的喇嘛的獭犸。不知是别着喇叭的哑巴打了提着獭犸的喇嘛一喇叭；还是提着獭犸的喇嘛打了别着喇叭的哑巴一獭犸。喇嘛回家炖獭犸；哑巴嘀嘀哒哒吹喇叭。

2. 打南边来个瘸子，担了一挑子茄子，手里拿着个碟子，地下钉着木头橛子。没留神那橛子绊倒了瘸子，弄撒了瘸子茄子，砸了瘸子碟子，瘸子毛腰拾茄子。北边来个醉老爷子，腰里掖着烟袋别子，过来要买瘸子茄子，瘸子不卖给醉老爷子茄子，老爷子一生气抢了瘸子茄子，瘸子毛腰捡茄子拾碟子，拔橛子，追老爷子，老爷子不给瘸子茄子，拿起烟袋别子，也不知老爷子的烟袋别子打了瘸子茄子，还是瘸子橛子打了老爷子烟袋别子。

3. 天上有个日头，地下有块石头，嘴里有个舌头，手上有五个手指头。不管是天上的热日头，地下的硬石头，嘴里的软舌头，手上的手指头，还是热日头，硬石头，软舌头，手指头，反正都是练舌头。

4. 婆婆和嬷嬷，来到山坡坡，婆婆默默采蘑菇，嬷嬷默默拔萝卜。婆婆拿了一个破簸箕，嬷嬷带了一个薄笸箩，婆婆采了半簸箕小蘑菇，嬷嬷拔了一笸箩大萝卜。婆婆采了蘑菇换饽饽，嬷嬷卖了萝卜买馍馍。

附录：普通话水平测试用必读轻声词语表

1. 本表根据《普通话水平测试用普通话词语表》编制。

2. 本表供普通话水平测试第二项——读多音节词语（100 个音节）测试使用。

3. 本表共收词 546 条（其中“子”尾词 206 条），按汉语拼音字母顺序排列。

4. 条目中的非轻声音节只标本调，不标变调；条目中的轻声音节，注音不标调号，如：“明白 míngbai”。

1 爱人 àiren
2 案子 ànzi
3 巴掌 bāzhang
4 把子 bǎzi
5 把子 bàzi
6 爸爸 bàba
7 白净 báijing
8 班子 bānzi
9 板子 bǎnzi
10 帮手 bāngshou
11 梆子 bāngzi
12 膀子 bǎngzi
13 棒槌 bàngchui
14 棒子 bàngzi
15 包袱 bāofu
16 包涵 bāohan
17 包子 bāozi
18 豹子 bàozi
19 杯子 bēizi
20 被子 bèizi
21 本事 běnshi
22 本子 běnzi
23 鼻子 bízi
24 比方 bǐfang
25 鞭子 biānzi
26 扁担 biǎndan
27 辫子 biànzi
28 别扭 bièniu
29 饼子 bǐngzi
30 拨弄 bōnong
31 脖子 bózi
32 簸箕 bòji
33 补丁 bǔding
34 不由得 bùyóude
35 不在乎 bùzàihu
36 步子 bùzi
37 部分 bùfen
38 财主 cáizhu
39 裁缝 cáifeng
40 苍蝇 cāngying
41 差事 chāishi
42 柴火 cháihuo
43 肠子 chángzi
44 厂子 chǎngzi
45 场子 chǎngzi
46 车子 chēzi
47 称呼 chēnghu
48 池子 chízi
49 尺子 chǐzi
50 虫子 chóngzi
51 绸子 chóuzi
52 除了 chúle
53 锄头 chútou
54 畜生 chùsheng
55 窗户 chuānghu
56 窗子 chuāngzi
57 锤子 chuízi
58 刺猬 cìwei
59 凑合 còuhe
60 村子 cūnzi
61 耷拉 dāla
62 答应 dāying
63 打扮 dǎban
64 打点 dǎdian
65 打发 dǎfa
66 打量 dǎliang
67 打算 dǎsuan
68 打听 dǎting
69 大方 dàfang
70 大爷 dàye
71 大夫 dàifu
72 带子 dàizi
73 袋子 dàizi
74 单子 dānzi
75 耽搁 dānge
76 耽误 dānwu
77 胆子 dǎnzi
78 担子 dànzi
79 刀子 dāozi
80 道士 dàoshi
81 稻子 dàozi
82 灯笼 dēnglong
83 凳子 dèngzi
84 提防 dīfang
85 笛子 dízi
86 底子 dǐzi
87 地道 dìdao
88 地方 dìfang
89 弟弟 dìdi
90 弟兄 dìxiong
91 点心 diǎnxin
92 调子 diàozi
93 钉子 dīngzi
94 东家 dōngjia
95 东西 dōngxi
96 动静 dòngjing
97 动弹 dòngtan
98 豆腐 dòufu
99 豆子 dòuzi
100 嘟囔 dūnang
101 肚子 dǔzi
102 肚子 dùzi
103 缎子 duànzi
104 队伍 duìwu
105 对付 duìfu

106 对头 duìtou
107 多么 duōme
108 蛾子 ézi
109 儿子 érzi
110 耳朵 ěrduo
111 贩子 fànzi
112 房子 fángzi
113 废物 fèiwu
114 份子 fènzi
115 风筝 fēngzheng
116 疯子 fēngzi
117 福气 fúqi
118 斧子 fǔzi
119 盖子 gàizi
120 甘蔗 gānzhe
121 杆子 gānzi
122 杆子 gǎnzi
123 干事 gànshi
124 杠子 gàngzi
125 高粱 gāoliang
126 膏药 gāoyao
127 稿子 gǎozi
128 告诉 gàosu
129 疙瘩 gēda
130 哥哥 gēge
131 胳膊 gēbo
132 鸽子 gēzi
133 格子 gézi
134 个子 gèzi
135 根子 gēnzi
136 跟头 gēntou
137 工夫 gōngfu
138 弓子 gōngzi
139 公公 gōnggong
140 功夫 gōngfu
141 钩子 gōuzi
142 姑姑 gūgu
143 姑娘 gūniang
144 谷子 gǔzi
145 骨头 gǔtou
146 故事 gùshi
147 寡妇 guǎfu
148 褂子 guàzi
149 怪物 guàiwu
150 关系 guānxi
151 官司 guānsi
152 罐头 guàntou
153 罐子 guànzi
154 规矩 guīju
155 闺女 guīnü
156 鬼子 guǐzi
157 柜子 guìzi
158 棍子 gùnzi
159 锅子 guōzi
160 果子 guǒzi
161 蛤蟆 háma
162 孩子 háizi
163 含糊 hánhu
164 汉子 hànzi
165 行当 hángdang
166 合同 hétong
167 和尚 héshang
168 核桃 hétao
169 盒子 hézi
170 红火 hónghuo
171 猴子 hóuzi
172 后头 hòutou
173 厚道 hòudao
174 狐狸 húli
175 胡萝卜 húluóbo
176 胡琴 húqin
177 糊涂 hútu
178 护士 hùshi
179 皇上 huángshang
180 幌子 huǎngzi
181 活泼 huópo
182 火候 huǒhou
183 伙计 huǒji
184 机灵 jīling
185 脊梁 jǐliang
186 记号 jìhao
187 记性 jìxing
188 夹子 jiāzi
189 家伙 jiāhuo
190 架势 jiàshi
191 架子 jiàzi
192 嫁妆 jiàzhuang
193 尖子 jiānzi
194 茧子 jiǎnzi
195 剪子 jiǎnzi
196 见识 jiànshi
197 毽子 jiànzi
198 将就 jiāngjiu
199 交情 jiāoqing
200 饺子 jiǎozi
201 叫唤 jiàohuan
202 轿子 jiàozi
203 结实 jiēshi
204 街坊 jiēfang
205 姐夫 jiěfu
206 姐姐 jiějie
207 戒指 jièzhi
208 金子 jīnzi
209 精神 jīngshen
210 镜子 jìngzi

211 舅舅 jiùjiu
212 橘子 júzi
213 句子 jùzi
214 卷子 juànzi
215 咳嗽 késou
216 客气 kèqi
217 空子 kòngzi
218 口袋 kǒudai
219 口子 kǒuzi
220 扣子 kòuzi
221 窟窿 kūlong
222 裤子 kùzi
223 快活 kuàihuo
224 筷子 kuàizi
225 框子 kuàngzi
226 阔气 kuòqi
227 喇叭 lǎba
228 喇嘛 lǎma
229 篮子 lánzi
230 懒得 lǎnde
231 浪头 làngtou
232 老婆 lǎopo
233 老实 lǎoshi
234 老太太 lǎotàitai
235 老头子 lǎotóuzi
236 老爷 lǎoye
237 老子 lǎozi
238 姥姥 lǎolao
239 累赘 léizhui
240 篱笆 líba
241 里头 lǐtou
242 力气 lìqi
243 厉害 lìhai
244 利落 lìluo
245 利索 lìsuo
246 例子 lìzi
247 栗子 lìzi
248 痢疾 lìji
249 连累 liánlei
250 帘子 liánzi
251 凉快 liángkuai
252 粮食 liángshi
253 两口子 liǎngkǒuzi
254 料子 liàozi
255 林子 línzi
256 翎子 língzi
257 领子 lǐngzi
258 溜达 liūda
259 聋子 lóngzi
260 笼子 lóngzi
261 炉子 lúzi
262 路子 lùzi
263 轮子 lúnzi
264 萝卜 luóbo
265 骡子 luózi
266 骆驼 luòtuo
267 妈妈 māma
268 麻烦 máfan
269 麻利 máli
270 麻子 mázi
271 马虎 mǎhu
272 码头 mǎtou
273 买卖 mǎimai
274 麦子 màizi
275 馒头 mántou
276 忙活 mánghuo
277 冒失 màoshi
278 帽子 màozi
279 眉毛 méimao
280 媒人 méiren
281 妹妹 mèimei
282 门道 méndao
283 眯缝 mīfeng
284 迷糊 míhu
285 面子 miànzi
286 苗条 miáotiao
287 苗头 miáotou
288 名堂 míngtang
289 名字 míngzi
290 明白 míngbai
291 蘑菇 mógu
292 模糊 móhu
293 木匠 mùjiang
294 木头 mùtou
295 那么 nàme
296 奶奶 nǎinai
297 难为 nánwei
298 脑袋 nǎodai
299 脑子 nǎozi
300 能耐 néngnai
301 你们 nǐmen
302 念叨 niàndao
303 念头 niàntou
304 娘家 niángjia
305 镊子 nièzi
306 奴才 núcai
307 女婿 nǚxu
308 暖和 nuǎnhuo
309 疟疾 nüèji
310 拍子 pāizi
311 牌楼 páilou
312 牌子 páizi
313 盘算 pánsuan
314 盘子 pánzi
315 胖子 pàngzi

316 狍子 páozi
317 盆子 pénzi
318 朋友 péngyou
319 棚子 péngzi
320 脾气 píqi
321 皮子 pízi
322 痞子 pǐzi
323 屁股 pìgu
324 片子 piānzi
325 便宜 piányi
326 骗子 piànzi
327 票子 piàozi
328 漂亮 piàoliang
329 瓶子 píngzi
330 婆家 pójia
331 婆婆 pópo
332 铺盖 pūgai
333 欺负 qīfu
334 旗子 qízi
335 前头 qiántou
336 钳子 qiánzi
337 茄子 qiézi
338 亲戚 qīnqi
339 勤快 qínkuai
340 清楚 qīngchu
341 亲家 qìngjia
342 曲子 qǔzi
343 圈子 quānzi
344 拳头 quántou
345 裙子 qúnzi
346 热闹 rènao
347 人家 rénjia
348 人们 rénmen
349 认识 rènshi
350 日子 rìzi
351 褥子 rùzi
352 塞子 sāizi
353 嗓子 sǎngzi
354 嫂子 sǎozi
355 扫帚 sàozhou
356 沙子 shāzi
357 傻子 shǎzi
358 扇子 shànzi
359 商量 shāngliang
360 晌午 shǎngwu
361 上司 shàngsi
362 上头 shàngtou
363 烧饼 shāobing
364 勺子 sháozi
365 少爷 shàoye
366 哨子 shàozi
367 舌头 shétou
368 身子 shēnzi
369 什么 shénme
370 婶子 shěnzi
371 生意 shēngyi
372 牲口 shēngkou
373 绳子 shéngzi
374 师父 shīfu
375 师傅 shīfu
376 虱子 shīzi
377 狮子 shīzi
378 石匠 shíjiang
379 石榴 shíliu
380 石头 shítou
381 时候 shíhou
382 实在 shízai
383 拾掇 shíduo
384 使唤 shǐhuan
385 世故 shìgu
386 似的 shìde
387 事情 shìqing
388 柿子 shìzi
389 收成 shōucheng
390 收拾 shōushi
391 首饰 shǒushi
392 叔叔 shūshu
393 梳子 shūzi
394 舒服 shūfu
395 舒坦 shūtan
396 疏忽 shūhu
397 爽快 shuǎngkuai
398 思量 sīliang
399 算计 suànji
400 岁数 suìshu
401 孙子 sūnzi
402 他们 tāmen
403 它们 tāmen
404 她们 tāmen
405 台子 táizi
406 太太 tàitai
407 摊子 tānzi
408 坛子 tánzi
409 毯子 tǎnzi
410 桃子 táozi
411 特务 tèwu
412 梯子 tīzi
413 蹄子 tízi
414 挑剔 tiāoti
415 挑子 tiāozi
416 条子 tiáozi
417 跳蚤 tiàozao
418 铁匠 tiějiang
419 亭子 tíngzi
420 头发 tóufa

421 头子 tóuzi
422 兔子 tùzi
423 妥当 tuǒdang
424 唾沫 tuòmo
425 挖苦 wāku
426 娃娃 wáwa
427 袜子 wàzi
428 晚上 wǎnshang
429 尾巴 wěiba
430 委屈 wěiqu
431 为了 wèile
432 位置 wèizhi
433 位子 wèizi
434 蚊子 wénzi
435 稳当 wěndang
436 我们 wǒmen
437 屋子 wūzi
438 稀罕 xīhan
439 席子 xízi
440 媳妇 xífu
441 喜欢 xǐhuan
442 瞎子 xiāzi
443 匣子 xiázi
444 下巴 xiàba
445 吓唬 xiàhu
446 先生 xiānsheng
447 乡下 xiāngxia
448 箱子 xiāngzi
449 相声 xiàngsheng
450 消息 xiāoxi
451 小伙子 xiǎohuǒzi
452 小气 xiǎoqi
453 小子 xiǎozi
454 笑话 xiàohua
455 谢谢 xièxie
456 心思 xīnsi
457 星星 xīngxing
458 猩猩 xīngxing
459 行李 xíngli
460 性子 xìngzi
461 兄弟 xiōngdi
462 休息 xiūxi
463 秀才 xiùcai
464 秀气 xiùqi
465 袖子 xiùzi
466 靴子 xuēzi
467 学生 xuésheng
468 学问 xuéwen
469 丫头 yātou
470 鸭子 yāzi
471 衙门 yámen
472 哑巴 yǎba
473 胭脂 yānzhi
474 烟筒 yāntong
475 眼睛 yǎnjing
476 燕子 yànzi
477 秧歌 yāngge
478 养活 yǎnghuo
479 样子 yàngzi
480 吆喝 yāohe
481 妖精 yāojing
482 钥匙 yàoshi
483 椰子 yēzi
484 爷爷 yéye
485 叶子 yèzi
486 一辈子 yībèizi
487 衣服 yīfu
488 衣裳 yīshang
489 椅子 yǐzi
490 意思 yìsi
491 银子 yínzi
492 影子 yǐngzi
493 应酬 yìngchou
494 柚子 yòuzi
495 冤枉 yuānwang
496 院子 yuànzi
497 月饼 yuèbing
498 月亮 yuèliang
499 云彩 yúncai
500 运气 yùnqi
501 在乎 zàihu
502 咱们 zánmen
503 早上 zǎoshang
504 怎么 zěnme
505 扎实 zhāshi
506 眨巴 zhǎba
507 栅栏 zhàlan
508 宅子 zháizi
509 寨子 zhàizi
510 张罗 zhāngluo
511 帐篷 zhàngpeng
512 丈夫 zhàngfu
513 丈人 zhàngren
514 帐子 zhàngzi
515 招呼 zhāohu
516 招牌 zhāopai
517 折腾 zhēteng
518 这个 zhège
519 这么 zhème
520 枕头 zhěntou
521 芝麻 zhīma
522 知识 zhīshi
523 侄子 zhízi
524 指甲 zhǐjia（zhījia）
525 指头 zhǐtou（zhítou）

526 种子 zhǒngzi
527 珠子 zhūzi
528 竹子 zhúzi
529 主意 zhǔyi（zhúyi）
530 主子 zhǔzi
531 柱子 zhùzi
532 爪子 zhuǎzi
533 转悠 zhuànyou
534 庄稼 zhuāngjia
535 庄子 zhuāngzi
536 壮实 zhuàngshi
537 状元 zhuàngyuan
538 锥子 zhuīzi
539 桌子 zhuōzi
540 字号 zìhao
541 自在 zìzai
542 粽子 zòngzi
543 祖宗 zǔzong
544 嘴巴 zuǐba
545 作坊 zuōfang
546 琢磨 zuómo

第三节　儿化

“儿化”指的是一个音节中，韵母带上卷舌色彩的一种特殊音变现象，这种卷舌化了的韵母就叫做“儿化韵”。《汉语拼音方案》规定原韵母之后加上一个 r 来表示儿化，如花儿 huār、鸟儿 niǎor、狗儿 gǒur、盆儿 pénr 等。

一、韵母儿化音变的规律

韵母儿化后发音的变化有两种情况：一是韵母不变，只是在读该音节时，韵母同时加一个卷舌动作；二是韵母因儿化的发音出现增音或减音现象。

（一）韵腹或韵尾是 ɑ、o、e、ê（只作为韵母的一部分）、u 的韵母儿化，只要在原韵母之后加上卷舌动作。这类韵母共有 13 个，即 ɑ、o、e、u、iɑ、uɑ、uo、ie、üe、ɑo、iɑo、ou、iou。具体如下

原韵母	儿化音变读音	举例		
ɑ	ɑr［ar］	戏法儿	小马儿	马扎儿
o	or［or］	围脖儿	石墨儿	粉末儿
e	er［ɤr］	山歌儿	蛋壳儿	逗乐儿
u	ur［ur］	水珠儿	小兔儿	枣核儿
iɑ	iɑr［iar］	一下儿	豆芽儿	一家儿
uɑ	uɑr［uar］	香瓜儿	笑话儿	爆米花儿
uo	uor［uor］	大伙儿	书桌儿	干活儿
ie	ier［iɛr］	台阶儿	小鞋儿	柳叶儿
üe	üer［yɛr］	名角儿	木橛儿	新月儿

（续上表）

原韵母	儿化音变读音	举例
ɑo	ɑor［aur］	灯泡儿　小刀儿　草帽儿
iɑo	iɑor［iaur］	走调儿　麦苗儿　面条儿
ou	our［our］	网兜儿　小猴儿　两口儿
iou	iour［iour］	小妞儿　打球儿　抓阄儿

其他如：

刀把儿　号码儿　在哪儿　找茬儿　打杂儿　板擦儿　掉价儿
一下儿　脑瓜儿　大褂儿　麻花儿　牙刷儿　饱嗝儿　酒窝儿
火锅儿　邮戳儿　模特儿　逗乐儿　唱歌儿　打嗝儿　在这儿
饭盒儿　半截儿　活页儿　旦角儿　主角儿　碎步儿　没谱儿
梨核儿　泪珠儿　有数儿　媳妇儿　绝招儿　红包儿　灯泡儿
半道儿　手套儿　叫好儿　口罩儿　口哨儿　蜜枣儿　鱼漂儿
火苗儿　跑调儿　豆角儿　开窍儿　衣兜儿　老头儿　年头儿
小偷儿　门口儿　纽扣儿　线轴儿　小丑儿　加油儿　顶牛儿

（二）韵尾是 i 的韵母儿化，包括 ɑi、ei、uɑi、uei 等韵母，失落韵尾，变成主要元音加上卷舌动作。具体如下

原韵母	儿化音变读音	举例
ɑi	ɑir［ar］	小孩儿　盖盖儿　车牌儿
ei	eir［ər］	刀背儿　宝贝儿　小辈儿
uɑi	uɑir［uar］	一块儿　快快儿　糖块儿
uei	ueir［uər］	香味儿　一会儿　汽水儿

其他如：

名牌儿　鞋带儿　壶盖儿　加塞儿　刘海儿
冒牌儿　摸黑儿　乖乖儿　跑腿儿　耳垂儿
墨水儿　围嘴儿　串味儿　吊坠儿

（三）韵尾是 n 的韵母，包括 an、ian、uan、üan、en、in、uen、ün。韵母 an、ian、uan、üan，儿化时失落韵尾，主要元音加上卷舌动作。韵母 en、in、uen、ün，儿化时失落韵尾，主要元音后加上［ər］。具体如下

原韵母	儿化音变读音	举例
an	anr［ar］	脸蛋儿　老伴儿　笔杆儿
ian	ianr［iar］	差点儿　心眼儿　聊天儿
uan	uanr［uar］	茶馆儿　一串儿　火罐儿
üan	üanr［yar］	手绢儿　圆圈儿　小院儿
en	enr［ər］	大婶儿　窍门儿　满分儿
in	inr［iər］	皮筋儿　脚印儿　有劲儿
uen	uenr［uər］	没准儿　胖墩儿　打盹儿
ün	ünr［yər］	花裙儿　合群儿

其他如：

快板儿　蒜瓣儿　脸盘儿　收摊儿　栅栏儿　包干儿　门槛儿
小辫儿　照片儿　扇面儿　一点儿　雨点儿　拉链儿　冒尖儿
坎肩儿　牙签儿　露馅儿　饭馆儿　打转儿　拐弯儿　好玩儿
玩儿命　玩儿完　大腕儿　烟卷儿　人缘儿　老本儿　花盆儿
嗓门儿　把门儿　哥们儿　纳闷儿　后跟儿　别针儿　一阵儿
走神儿　杏仁儿　刀刃儿　小琴儿　准信儿　麒麟儿　笔芯儿
砂轮儿　开春儿　冰棍儿　小人儿书　高跟儿鞋　迷你裙儿

（四）韵尾是 ng 的韵母，包括 ang、iang、uang、eng、ing、ueng、ong、iong。儿化时，韵尾 ng 同前面的主要元音合成鼻化音，发音时鼻腔、口腔同时共鸣成音，并加上卷舌动作。其中，韵母 ing 儿化，失落韵尾，加上［ər］同时鼻化，具体如下

原韵母	儿化音变读音	举例
ang	angr［ãr］	帮忙儿　偏方儿　茶缸儿
iang	iangr［iãr］	好样儿　小巷儿　透亮儿
uang	uangr［uãr］	镜框儿　蛋黄儿　小床儿
eng	engr［ə̃r］	脖颈儿　水坑儿　细绳儿

（续上表）

原韵母	儿化音变读音	举例
ing	ingr［iː ə̃r］	青杏儿　电影儿　小瓶儿
ueng	uengr［uə̃r］	瓮儿
ong	ongr［ũr］	没空儿　小虫儿　窟窿儿
iong	iongr［yə̃r］	小熊儿

其他如：

药方儿　赶趟儿　香肠儿　瓜瓤儿　空当儿　鼻梁儿
念想儿　花样儿　打晃儿　天窗儿　钢镚儿　裤缝儿
取灯儿　跳绳儿　瓜藤儿　提成儿　板凳儿　打鸣儿
小名儿　小命儿　花瓶儿　图钉儿　门铃儿　眼镜儿
蛋清儿　火星儿　人影儿　门洞儿　抽空儿　酒盅儿
胡同儿　小葱儿　果冻儿

（五）i、ü 两韵母儿化，在原韵母之后加上［ər］音，i、ü 仍保留。具体如下

原韵母	儿化音变读音	举例
i	ir［iər］	脸皮儿　小鸡儿　垫底儿
ü	ür［yər］	侄女儿　小曲儿　有趣儿

其他如：

针鼻儿　肚脐儿　玩意儿　米粒儿　小米儿
凉皮儿　猪蹄儿　小鱼儿　痰盂儿　孙女儿
蛐蛐儿　金桔儿　棉絮儿　毛驴儿

（六）－i（前）、－i（后）两韵母儿化，两韵母同时失落变成［ər］。具体如下

原韵母	儿化音变读音	举例
－i（前）	－i（前）r［ər］	棋子儿　挑刺儿　细丝儿
－i（后）	－i（后）r［ər］	树枝儿　顶事儿　小侄儿

其他如：

瓜子儿　写字儿　石子儿　没词儿　挨呲儿

小四儿　　萝卜丝儿　　墨汁儿　　草纸儿　　锯齿儿

梳齿儿　　猪食儿　　心事儿　　记事儿

由上可知，韵母儿化的变化可归纳为四种类型：

①“原”：原韵母不变，直接加卷舌动作，如第一种情况；②“失”：原韵母中的韵尾失落，在主要元音上加卷舌动作，如第二种情况；③“换”：更换主要元音，并加卷舌动作，如第四种、第六种情况；④“加”：在原韵母后面加央元音［ə］和卷舌动作，如第五种情况。

二、儿化的作用

北京话里儿化词很多，许多儿化现象与词的意义、词性有密切的关系。

（一）区别词义和词性

画（动词）——画儿（名词）

尖（形容词）——尖儿（名词）

盖（动词）——盖儿（名词）

弯（形容词、动词）——弯儿（名词）

头（脑袋）——头儿（领头人；物体的顶端或末端；事物的起点或终点）

眼（眼睛）——眼儿（小孔）

信（信件）——信儿（音信、消息）

听信（听到而相信）——听信儿（等候消息）

白面（面粉）——白面儿（作为毒品的海洛因）

心肝（良心、正义感）——心肝儿（最亲密、最心爱的人）

记事（记录事情）——记事儿（有记忆能力）

小人（古代指地位低下的人；人格卑鄙的人）——小人儿（未成年人）

（二）表示细小轻微的意思

小刀儿　　小鸟儿　　小猫儿　　小鱼儿　　小偷儿　　窟窿眼儿

花盆儿　　杏仁儿　　针尖儿　　棉球儿　　芝麻官儿　　三十来斤儿

（三）表示喜爱、亲切的感情色彩

小孩儿　　小侄儿　　外孙儿　　小脸蛋儿　　小两口儿　　小脚丫儿

小手儿　　小曲儿　　小狗儿　　小不点儿　　头发丝儿　　红嘴唇儿

三、绕口令练习

“儿化韵”可结合卷舌元音“er”一起练习。

1. 我们那儿有个王小三儿，在门口儿摆着一个小杂货摊儿，卖的是酱油、火柴和烟卷儿、草纸，还有关东烟儿，红糖、白糖、花椒、大料瓣儿，鸡子儿、挂面、酱、醋和油盐，冰糖葫芦一串儿又一串儿，花生、瓜子儿还有酸杏干儿。王小三儿，不识字儿，算账、记账，他净闹稀罕事儿，街坊买了他六个大鸡子儿，他就在账本上画了六个大圆圈儿。过了两天，人家还了他的账，他又在圆圈上画了一大道儿，可到了年底他又跟人家去讨账钱儿，鸡子儿的事早就忘在脑后边儿。人家说："我们还了账。"他说人家欠了他一串儿糖葫芦儿，没有给他钱儿。

2. 圆桌儿、方凳儿没有腿儿，墨水瓶儿里没墨水儿，花瓶里有花儿没有叶儿，练习本儿上写字儿没有准儿，甘蔗好吃净是节儿，西瓜挺大没有味儿，坛儿里的小米儿长了虫儿，鸡毛掸子成了棍儿，水缸沿儿上系围嘴儿，耗子打更猫打盹儿，新买的小褂儿没钉扣儿，奶奶想说没有劲儿。

3. 小哥俩儿，红脸蛋儿，手拉手儿，一块儿玩儿。小哥俩儿，一个班儿，一路上学唱着歌儿。学造句，一串串儿，唱新歌儿，一段段儿，学画画儿，不贪玩儿。画小猫儿，钻圆圈儿，画小狗儿，蹲庙台儿，画只小鸡儿吃小米儿，画条小鱼儿吐水泡儿。小哥俩，对脾气儿，上学念书不费劲儿，真是父母的好宝贝儿。

附录：普通话水平测试用儿化词语表

说明：

1. 本表参照《普通话水平测试用普通话词语表》及《现代汉语词典》编制，加 * 的是以上二者未收，根据测试需要而酌增的条目。

2. 本表仅供普通话水平测试第二项——读多音节词语（100 个音节）测试使用。本表儿化音节，在书面上一律加"儿"，但并不表明所列词语在任何语用场合都必须儿化。

3. 本表共收词 189 条，按儿化韵母的汉语拼音顺序排列。

4. 本表列出原形韵母和所对应的儿化韵，用 > 表示条目中儿化音节的注音，只在基本形式后面加 r，如"一会儿 yīhuìr"，不标语音上的实际变化。

一

ɑ > ɑr	刀把儿 dāobàr	号码儿 hàomǎr
	戏法儿 xìfǎr	在哪儿 zàinǎr
	找茬儿 zhǎochár	打杂儿 dǎzár
	板擦儿 bǎncār	
ɑi > ɑr	名牌儿 míngpáir	鞋带儿 xiédàir
	壶盖儿 húgàir	小孩儿 xiǎoháir
	加塞儿 jiāsāir	

an > ar	快板儿 kuàibǎnr	老伴儿 lǎobànr
	蒜瓣儿 suànbànr	脸盘儿 liǎnpánr
	脸蛋儿 liǎndànr	收摊儿 shōutānr
	栅栏儿 zhàlánr	包干儿 bāogānr
	笔杆儿 bǐgǎnr	门槛儿 ménkǎnr
二		
ang > ar（鼻化）	药方儿 yàofāngr	赶趟儿 gǎntàngr
	香肠儿 xiāngchángr	瓜瓤儿 guārángr
三		
ia > iar	掉价儿 diàojiàr	一下儿 yīxiàr
	豆芽儿 dòuyár	
ian > iar	小辫儿 xiǎobiànr	照片儿 zhàopiānr
	扇面儿 shànmiànr	差点儿 chàdiǎnr
	一点儿 yīdiǎnr	雨点儿 yǔdiǎnr
	聊天儿 liáotiānr	拉链儿 lāliànr
	冒尖儿 màojiānr	坎肩儿 kǎnjiānr
	牙签儿 yáqiānr	露馅儿 lòuxiànr
	心眼儿 xīnyǎnr	
四		
iang > iar（鼻化）	鼻梁儿 bíliángr	透亮儿 tòuliàngr
	花样儿 huāyàngr	
五		
ua > uar	脑瓜儿 nǎoguār	大褂儿 dàguàr
	麻花儿 máhuār	笑话儿 xiàohuar
	牙刷儿 yáshuār	
uai > uar	一块儿 yīkuàir	
uan > uar	茶馆儿 cháguǎnr	饭馆儿 fànguǎnr
	火罐儿 huǒguànr	落款儿 luòkuǎnr
	打转儿 dǎzhuànr	拐弯儿 guǎiwānr
	好玩儿 hǎowánr	大腕儿 dàwànr
六		
uang > uar（鼻化）	蛋黄儿 dànhuángr	打晃儿 dǎhuàngr
	天窗儿 tiānchuāngr	

七		
üan > üar	烟卷儿 yānjuǎnr	手绢儿 shǒujuànr
	出圈儿 chūquānr	包圆儿 bāoyuánr
	人缘儿 rényuánr	绕远儿 ràoyuǎnr
	杂院儿 záyuànr	
八		
ei > er	刀背儿 dāobèir	摸黑儿 mōhēir
en > er	老本儿 lǎoběnr	花盆儿 huāpénr
	嗓门儿 sǎngménr	把门儿 bǎménr
	哥们儿 gēmenr	纳闷儿 nàmènr
	后跟儿 hòugēnr	高跟儿鞋 gāogēnrxié
	别针儿 biézhēnr	一阵儿 yīzhènr
	走神儿 zǒushénr	大婶儿 dàshěnr
	小人儿书 xiǎorénrshū	杏仁儿 xìngrénr
	刀刃儿 dāorènr	
九		
eng > er（鼻化）	钢镚儿 gāngbèngr	夹缝儿 jiāfèngr
	脖颈儿 bógěngr	提成儿 tíchéngr
十		
ie > ier	半截儿 bànjiér	小鞋儿 xiǎoxiér
üe > üer	旦角儿 dànjuér	主角儿 zhǔjuér
十一		
uei > uer	跑腿儿 pǎotuǐr	一会儿 yīhuìr
	耳垂儿 ěrchuír	墨水儿 mòshuǐr
	围嘴儿 wéizuǐr	走味儿 zǒuwèir
uen > uer	打盹儿 dǎdǔnr	胖墩儿 pàngdūnr
	砂轮儿 shālúnr	冰棍儿 bīnggùnr
	没准儿 méizhǔnr	开春儿 kāichūnr
ueng > uer（鼻化）	＊ 小瓮儿 xiǎowèngr	
十二		
-i（前）> er	瓜子儿 guāzǐr	石子儿 shízǐr
	没词儿 méicír	挑刺儿 tiāocìr
-i（后）> er	墨汁儿 mòzhīr	锯齿儿 jùchǐr
	记事儿 jìshìr	

十三

i > ier	针鼻儿 zhēnbír	垫底儿 diàndǐr
	肚脐儿 dùqír	玩意儿 wányìr
in > ier	有劲儿 yǒujìnr	送信儿 sòngxìnr
	脚印儿 jiǎoyìnr	

十四

ing > ier（鼻化）	花瓶儿 huāpíngr	打鸣儿 dǎmíngr
	图钉儿 túdīngr	门铃儿 ménlíngr
	眼镜儿 yǎnjìngr	蛋清儿 dànqīngr
	火星儿 huǒxīngr	人影儿 rényǐngr

十五

ü > üer	毛驴儿 máolǘr	小曲儿 xiǎoqǔr
	痰盂儿 tányúr	
ün > üer	合群儿 héqúnr	

十六

e > er	模特儿 mótèr	逗乐儿 dòulèr
	唱歌儿 chànggēr	挨个儿 āigèr
	打嗝儿 dǎgér	饭盒儿 fànhér
	在这儿 zàizhèr	

十七

u > ur	碎步儿 suìbùr	没谱儿 méipǔr
	儿媳妇儿 érxífur	梨核儿 líhúr
	泪珠儿 lèizhūr	有数儿 yǒushùr

十八

ong > or（鼻化）	果冻儿 guǒdòngr	门洞儿 méndòngr
	胡同儿 hútòngr	抽空儿 chōukòngr
	酒盅儿 jiǔzhōngr	小葱儿 xiǎocōngr
iong > ior（鼻化）	* 小熊儿 xiǎoxióngr	

十九

ao > aor	红包儿 hóngbāor	灯泡儿 dēngpàor
	半道儿 bàndàor	手套儿 shǒutàor
	跳高儿 tiàogāor	叫好儿 jiàohǎor
	口罩儿 kǒuzhàor	绝着儿 juézhāor
	口哨儿 kǒushàor	蜜枣儿 mìzǎor

二十

iao > iaor	鱼漂儿 yúpiāor	火苗儿 huǒmiáor
	跑调儿 pǎodiàor	面条儿 miàntiáor
	豆角儿 dòujiǎor	开窍儿 kāiqiàor

二十一

ou > our	衣兜儿 yīdōur	老头儿 lǎotóur
	年头儿 niántóur	小偷儿 xiǎotōur
	门口儿 ménkǒur	纽扣儿 niǔkòur
	线轴儿 xiànzhóur	小丑儿 xiǎochǒur

二十二

iou > iour	顶牛儿 dǐngniúr	抓阄儿 zhuājiūr
	棉球儿 miánqiúr	加油儿 jiāyóur

二十三

uo > uor	火锅儿 huǒguōr	做活儿 zuòhuór
	大伙儿 dàhuǒr	邮戳儿 yóuchuōr
	小说儿 xiǎoshuōr	被窝儿 bèiwōr
o > or	耳膜儿 ěrmór	粉末儿 fěnmòr

第四节　语气词“啊”的音变

一、句末语气词“啊”

句末语气词“啊”附着在句中别的词语后面，常常可以跟语调一起共同表达多种语气，如感叹语气、疑问语气、祈使语气、陈述语气等。语气词“啊”是元音开头，特别容易受前一音节的影响而产生变读，这是语音同化的结果，反映到书面上，就可能改变字形。

二、语气词“啊”的音变规律

句末语气词“啊”，由于受前一音节末尾音素的影响，常常发生同化、增音等音变现象，其规范的读音和写法都有所不同。具体情况如下：

（一）前一音节韵腹或韵尾是 ɑ、o、e、i、ü 时，读 yɑ，写作“呀”。这类韵母共有 14 个，即 ɑ、o、e、i、ü、iɑ、uɑ、uo、ie、üe、ɑi、uɑi、ei、uei

不要怕呀！　　　　快说呀！

好难上的坡呀！
她是刘三姐呀！
你知道什么呀！
这小子真是倔呀！
要注意身体呀！
快过来呀！
会不会下雨呀？
这件事真奇怪呀！
回家呀！
谁呀？
多美的花呀！
安慰安慰呀！

（二）前一音节韵腹或韵尾是 u 时（包括 ao、iao），读 wa，写作“哇”。这类韵母共有 5 个，即 u、ao、iao、ou、iou

你在哪儿住哇？
写得多好哇！
你为什么笑哇？
别叫哇！
你真逗哇！
快走哇！
说得真溜哇！
喝酒哇！

（三）前一音节韵尾是 n 时，读 na，写作“哪”。这类韵母共有 8 个，即 an、ian、uan、üan、en、uen、in、ün

天多蓝哪！
真是个幸福的女人哪！
这花真鲜艳哪！
你去问哪！
美名传哪！
买的可是黄金哪！
咱们有缘哪！
好晕哪！

（四）前一音节韵尾是 ng 时，读 nga，写作“啊”。这类韵母共有 8 个，即 ang、iang、uang、eng、ueng、ing、ong、iong

党啊！亲爱的母亲！
这就是请君入瓮啊！
大家尽情地唱啊！
夜多么静啊！
别抢啊！
别动啊！
真狂啊！
那时都穷啊！
好冷啊！
这人真凶啊！

（五）前一音节韵母是 -i（前）时，读 za，仍写作“啊”

这是谁写的字啊？
她可真自私啊！
你北京去过几次啊？
多美的屋子啊！

（六）前一音节韵母是 -i（后）时，读 ra，写作“啊”

多么好的同志啊！
这究竟是怎么回事啊？
快点吃啊！
是啊！

以上所述可以归纳成下表：

“啊”前面音节的韵母	“啊”前面音节末尾的音素	“啊”的音变	汉字写法
ɑ、o、e、iɑ、uɑ、uo、ie、üe	ɑ、o、e、ê	yɑ	呀
i、ɑi、uɑi、ei、uei、ü	i、ü	yɑ	呀
u、ou、iou、ɑo、iɑo	u	wɑ	哇
ɑn、iɑn、uɑn、üɑn、en、uen、in、ün	n	nɑ	哪
ɑng、iɑng、uɑng、eng、ueng、ing、ong、iong	ng	ngɑ	啊
-i（前）	-i（前）	zɑ	啊
-i（后）	-i（后）	rɑ	啊

第四章　普通话水平测试应试指南

第一节　字词测试应试指南

一、字词测试题介绍

（一）测查内容

普通话水平测试的第一题是“读单音节字词”，共 100 个音节（不含轻声、儿化音节），目的是测查应试人声母、韵母、声调读音的标准程度；第二题是“读多音节词语”，共 100 个音节，其中包含双音节词语 45 个，三音节词语 2 个，四音节词语 1 个，目的是测查应试人声母、韵母、声调和变调、轻声、儿化读音的标准程度。

（二）基本要求

普通话水平测试读单音节字词题和读多音节词语题评分标准包括 3 个方面：声母发音标准程度、韵母发音标准程度和声调调值的标准程度，所以应试人应该力求达到：

（1）声母发音标准，即声母的发音部位和发音方法正确，恰当把握气流强弱程度，熟悉清浊之分。

（2）韵母发音标准，即能够准确把握每个韵母发音的舌位高低、前后，唇形的圆展度以及韵头、韵腹、韵尾各自的发音方法。

（3）声调调值正确，即能够读准普通话的 4 个基本调值以及普通话连读变调的调值。

二、字词测试应试策略

针对本题的测查内容和标准，我们建议通过练读声母、韵母、声调、多音字、易错字词来应考。

（一）识记普通话常用字字音

识记现代汉语普通话常用字字音，是正确读单音节字词和多音节词语的基本要求，识记常用字字音尤其要注意辨析“多音字”和“容易读错的字”。

1. 辨读多音字

普通话 3 500 个常用字中，多音字的数量不少于 10%。多音字的读音与词语的意义、用法等有紧密联系，所以可以依据意义、词性等识记。

（1）据“意”定音，即在具体语境中以意义作为依据确定字音。例如：“创”，意义与“伤”有关时，读 chuāng，如创伤、创痕、重创，而表“创造”义时，则读 chuàng，如创造、开创、创建。“看”，表示“瞧、望”的意思时，读 kàn，如看望、看见、看客，而表示“监视、照料、守卫”的意思时，读 kān，如看护、看守。有些多音字表某种意义的字音用量很少，可识记用量少的字音，余者归类记忆。例如：“遂”除在“半身不遂”中读 suí 外，其余都读 suì，如遂心、遂意；“炮”除在“如法炮制”中读 páo 外，一般读 pào，如炮弹、枪炮。

（2）以“性”定音，即词性不同读音相异。例如：“泊”，名词读 pō，如水泊、血泊、湖泊，动词读 bó，如停泊、泊位；处，名词读 chù，如住处、处所，动词读 chǔ，如处理、处事。

附录：普通话常用多音字表

A 部

阿　①ā　阿罗汉　阿姨
　　②ē　阿谀　阿胶

挨　①āi　挨个　挨近
　　②ái　挨打　挨骂

艾　①ài　方兴未艾
　　②yì　自怨自艾

熬　①āo　熬白菜
　　②áo　熬夜　煎熬

拗　①ào　拗口
　　②niù　执拗

B 部

扒　①bā　扒开　扒拉
　　②pá　扒手　扒草

吧　①bā　酒吧　吧唧
　　②ba　（语气助词）

把　①bǎ　把握　把持　把柄
　　②bà　把子　刀把儿

耙　①bà　耙地
　　②pá　耙子

柏　①bǎi　柏树　松柏　柏油
　　②bó　柏林

伯　①bǎi　叔伯　大伯子
　　②bó　伯父　老伯

膀　①bǎng　肩膀　臂膀
　　②pāng　膀肿
　　③páng　膀胱

磅　①bàng　磅秤　过磅
　　②páng　磅礴

剥　①bāo　剥皮　剥花生
　　②bō　剥削　剥夺

薄　①báo　薄饼　薄脆
　　②bó　薄弱　单薄　稀薄

堡　①bǎo　碉堡　堡垒
　　②bǔ　瓦窑堡　吴堡
　　③pù　十里堡

暴 ①bào 暴露 暴动
②pù 一暴（曝）十寒
背 ①bèi 脊背 背景 背叛
②bēi 背包 背枪
奔 ①bēn 奔跑 奔波
②bèn 投奔 奔头儿
绷 ①bēng 绷带
②běng 绷着个脸
辟 ①bì 复辟 邪辟
②pì 开辟 辟谣
臂 ①bì 手臂 臂膀
②bei 胳臂
扁 ①biǎn 扁担 扁桃体
②piān 扁舟
便 ①biàn 方便 便利
②pián 便宜
骠 ①biāo 黄骠马
②piào 骠勇
别 ①bié 分别 别离
②biè 别扭
瘪 ①biē 瘪三
②biě 干瘪 瘪谷
并 ①bīng （太原市别称）
②bìng 合并 并列
泊 ①bó 淡泊 停泊 泊位
②pō 湖泊 血泊
卜 ①bo 萝卜
②bǔ 占卜 卜辞
膊 ①bó 赤膊
②bo 胳膊
簸 ①bǒ 颠簸
②bò 簸箕

C 部

参 ①cān 参加 参军
②shēn 人参 党参
③cī 参差
藏 ①cáng 埋藏 储藏
②zàng 宝藏 藏青
侧 ①cè 侧面
②zhāi 侧歪
叉 ①chā 叉子 叉车
②chá 叉住
③chǎ 叉腿
④chà 劈叉
查 ①chá 检查 查验
②zhā 姓查
差 ①chā （书面组词）偏差 差错
②chà （口语单用）差点儿 差不离
③chāi 出差 差使
④cī 参差
刹 ①chà 刹那 古刹
②shā 刹车
禅 ①chán 禅师 禅宗
②shàn 禅让
颤 ①chàn 颤动 颤抖
②zhàn 颤栗
长 ①cháng 长短 长途
②zhǎng 生长 长成
场 ①cháng 场院 扬场
②chǎng 广场 专场
裳 ①cháng 绿衣黄裳
②shang 衣裳
朝 ①cháo 朝代 朝向
②zhāo 朝霞 朝阳
吵 ①chǎo 吵闹 争吵
②chāo 吵吵
车 ①chē 火车 汽车
②jū （象棋棋子名称）

称　①chèn　称心　对称
②chēng　称呼　名称
③chèng　称重
乘　①chéng　乘车　乘法
②shèng　千乘之国
澄　①chéng　澄清　澄澈
②dèng　水澄清
匙　①chí　汤匙
②shi　钥匙
冲　①chōng　冲锋　冲击
②chòng　冲模　冲劲儿
仇　①chóu　仇敌　仇视
②qiú　姓仇
臭　①chòu　臭气　臭名
②xiù　乳臭　铜臭
处　①chǔ（动词义）处罚　处置
处理
②chù（名词义）处所　妙处
畜　①chù（名物义）畜生
②xù （动作义）畜养　畜牧
揣　①chuāi　揣在怀里
②chuǎi　揣摩　揣测
③chuài　挣揣
传　①chuán　宣传　传播
②zhuàn　传记　列传
创　①chuàng　创作　创造
②chuāng　重创　创伤
绰　①chuò　绰绰有余
②chāo　绰起棍子
刺　①cì　刺杀　刺猬
②cī　刺溜
伺　①cì　伺候
②sì　伺机　环伺
攒　①cuán　攒动　攒机
②zǎn　积攒　攒钱
撮　①cuō　一撮儿盐
②zuǒ　一撮毛

D 部

答　①dá　报答　答复
②dā　答理　答应
打　①dǎ　打击　打算
②dá　一打（十二个）
大　①dà　大小　大厦
②dài　大夫　山大王
待　①dāi　待一会儿
②dài　等待　待遇
逮　①dài　（书面组词）逮捕
②dǎi　（口语单用）逮蚊子
逮小偷
担　①dān　担水　担保
②dàn　担子
单　①dān　单独　简单
②chán　单于
③shàn　单县　姓单
弹　①dàn　子弹　弹丸
②tán　弹性　弹簧
当　①dāng（过去的时间）当年
当月　当天
②dàng（同一年、月、日）当年
当月　当天
倒　①dǎo　颠倒　推倒
②dào　倒水　倒退
提　①dī　提防　提溜
②tí　提高　提取
得　①dé　得意　得到
②de　好得很
③děi　可得注意
翟　①dí　墨翟
②zhái　姓翟
地　①dì　土地　地方

②de 慢慢地走
的 ①de 好的 你的
②dī 的士 的哥
③dí 的确 的当
④dì 目的 众矢之的
钉 ①dīng 钉子 图钉
②dìng 钉扣子
斗 ①dǒu 一斗米
②dòu 战斗 斗争
都 ①dōu 都来了
②dū 都市 首都
读 ①dú 读书 阅读
②dòu 句读
肚 ①dù 肚子 肚兜
②dǔ 羊肚儿
度 ①duó 忖度 揣度
②dù 程度 度量
顿 ①dùn 停顿 顿首
②dú 冒顿（汉初匈奴族的君主名）
囤 ①dùn 粮囤
②tún 囤积 囤聚
垛 ①duǒ 门垛子
②duò 麦垛
E 部
恶 ①è 恶劣 凶恶
②wù 厌恶 可恶
③ě 恶心
④wū 叹词
F 部
发 ①fā 发表 打发
②fà 理发 结发
番 ①fān 三番五次
②pān 番禺（地名）
繁 ①fán 繁华 繁复
②pó 姓繁
坊 ①fāng 牌坊
②fáng 作坊 染坊
菲 ①fēi 芳菲
②fěi 菲薄
分 ①fēn 区分 分数
②fèn 部分 水分
缝 ①féng 缝合 缝纫
②fèng 缝隙 裂缝
佛 ①fó 佛祖 佛学
②fú 仿佛
否 ①fǒu 否定 是否
②pǐ 否极泰来
夫 ①fū 夫人 丈夫
②fú（文言虚词）
父 ①fù 父亲
②fǔ 田父
服 ①fú 服毒 服药
②fù （量词）一服药
脯 ①fǔ 果脯 肉脯
②pú 胸脯
G 部
咖 ①gā 咖喱
②kā 咖啡
嘎 ①gā 嘎吱
②gá 嘎调
③gǎ 嘎子（同“生子”）
干 ①gān 干燥 干涉
②gàn 干活 干部
杆 ①gān 旗杆 栏杆
②gǎn 枪杆 笔杆儿
岗 ①gǎng 岗位 查岗
②gāng（同“冈”）
膏 ①gāo 牙膏 膏药
②gào 膏油

镐　①gǎo　镐头
　　②hào　镐京（古地名）
搁　①gē　耽搁　搁浅
　　②gé　搁不住
蛤　①gé　蛤蜊
　　②há　蛤蟆
葛　①gé　葛巾　瓜葛
　　②gě（姓氏）
个　①gè　个体　个人
　　②gě　自个儿
给　①gěi　送给　给力
　　②jǐ　补给　给予
更　①gēng　更换　更事
　　②gèng　更加　更好
供　①gōng　供给　供销
　　②gòng　口供　上供
枸　①gǒu　枸杞
　　②gōu　枸橘
　　③jǔ　枸橼（yuán）
勾　①gōu　勾销　勾画
　　②gòu　勾当
估　①gū　估计　估量
　　②gù　估衣（唯一例词）
骨　①gū　骨碌　骨朵（仅此两例）
　　②gǔ　骨肉　骨干
谷　①gǔ　谷子　谷雨
　　②yù　吐谷浑（族名）
观　①guān　观察　旁观
　　②guàn　寺观
冠　①guān　（名物义）冠冕　衣冠
　　②guàn　冠军
广　①guǎng　广阔　推广
　　②ān（同“庵”，多用于人名）
柜　①guì　柜子　衣柜
　　②jǔ　柜柳
桧　①guì　（树名）
　　②huì　（用于人名）
过　①guō　姓过
　　②guò　经过　过程

H 部

哈　①hā　哈萨克　哈腰　哈哈
　　②hǎ　哈达　姓哈
　　③hà　哈什玛
汗　①hán　可汗
　　②hàn　汗水　汗颜
巷　①hàng　巷道
　　②xiàng　街巷　巷子
吭　①háng　引吭高歌
　　②kēng　吭声
号　①háo　呼号　号叫
　　②hào　称号　号召
和　①hé　和睦　和谐
　　②hè　应和　和诗
　　③hú（麻将牌戏用语，意为赢）
　　④huó　和面　和泥
　　⑤huò　洗了一和两和（量词）
貉　①hé　（书面）一丘之貉
　　②háo　（口语）貉绒　貉子
　　③mò　貉姓
喝　①hē　喝水　喝酒
　　②hè　喝彩　喝令
横　①héng　横行　纵横
　　②hèng　蛮横　横财
虹　①hóng　（书面组词）彩虹
　　②jiàng　（口语单用）出虹了
划　①huá　划船　划算
　　②huà　划分　计划
晃　①huǎng　明晃晃　晃眼
　　②huàng　摇晃　晃动
会　①huì　会合　都会

②kuài 会计 财会
混 ①hún 混浊 混蛋
②hùn 混合 混乱
哄 ①hōng 哄堂
②hǒng 哄骗
③hòng 起哄
豁 ①huō 豁口
②huò 豁亮 豁达

J部

稽 ①jī 稽留
②qǐ 稽首
奇 ①jī 奇偶
②qí 奇怪 奇异
缉 ①jī 通缉 缉拿
②qī 缉鞋口
几 ①jī 茶几 几案
②jǐ 几何 几个
济 ①jǐ 济宁 济济
②jì 救济 共济
纪 ①jǐ（姓氏）
②jì 纪念 纪律
偈 ①jì 偈语
②jié （书面）（勇武）
系 ①jì 系紧缰绳 系好缆绳
②xì 系数 系统
茄 ①jiā 雪茄
②qié 茄子
夹 ①jiā 夹攻 夹杂
②jiá 夹裤 夹袄
③gā 夹肢窝
家 ①jiā 家庭
②jie 整天家
贾 ①jiǎ 姓贾
②gǔ 商贾
假 ①jiǎ 真假 假借
②jià 假期 假日
价 ①jià 价钱
②jiè （旧时称派遣传送东西或传达事情的人）
③jie 成天价
间 ①jiān 中间 晚间
②jiàn 间断 间谍
监 ①jiān 监督 监视
②jiàn 太监
槛 ①jiàn 兽槛
②kǎn 门槛
渐 ①jiān 东渐于海
②jiàn 逐渐
将 ①jiāng 将军 将来
②jiàng 将校 将兵
③qiāng （书面）将进酒
降 ①jiàng 降落 降临
②xiáng 投降 降兵
嚼 ①jiáo （口语）嚼舌 嚼碎
②jué （书面）咀嚼
③jiào 倒嚼
侥 ①jiǎo 侥幸
②yáo 僬侥（传说中的矮人）
角 ①jiǎo 角落 号角
②jué 角色 角斗
缴 ①jiǎo 缴械
②zhuó （系在箭上的丝绳）
脚 ①jiǎo 根脚 脚本
②jué 脚儿（角儿，角色）
剿 ①jiǎo 围剿 剿匪
②chāo 剿说
教 ①jiāo 教书 教给
②jiào 教导 教派
节 ①jié 季节
②jiē 节骨眼

校　①jiào　校场　校勘
　　②xiào　学校　院校
解　①jiě　解除　解渴
　　②jiè　解元　押解
　　③xiè　解县　姓解
结　①jiē　结果　结实
　　②jié　结网　结合
芥　①jiè　芥菜　芥末
　　②gài　芥蓝
藉　①jiè　枕藉　慰藉
　　②jí　狼藉
尽　①jìn　尽力
　　②jǐn　尽管
禁　①jìn　禁止
　　②jīn　情不自禁
劲　①jìn　干劲　劲头
　　②jìng　强劲　劲草
颈　①jǐng　头颈
　　②gěng　脖颈子
句　①jù　句子
　　②gōu　（古同“勾”）
据　①jù　根据　据说
　　②jū　拮据
卷　①juàn　卷宗　试卷
　　②juǎn　卷起来
觉　①jué　感觉　觉察
　　②jiào　睡觉　午觉
倔　①jué　倔强
　　②juè　倔头倔脑
浚　①jùn　疏浚
　　②xùn　浚县（地名）
矜　①jīn　矜夸　矜持
　　②qín　（古代指矛柄）
仅　①jǐn　仅有
　　②jìn　仅万人（将近）

龟　①jūn　龟裂
　　②guī　乌龟
　　③qiū　龟兹
咀　①jǔ　咀嚼
　　②zuǐ　（指嘴）
菌　①jūn　细菌　霉菌
　　②jùn　香菌　菌子
　　（同蕈 xùn）

K 部

咯　①kǎ　咯血
　　②lo　（语气叹词）
　　③gē　咯吱
卡　①kǎ　卡车　卡片
　　②qiǎ　关卡　卡子
看　①kān　看守　看管
　　②kàn　看待　看茶
扛　①káng　扛枪
　　②gāng　扛鼎
坷　①kē　坷垃
　　②kě　坎坷
壳　①ké　（口语）贝壳　脑壳
　　②qiào　（书面）地壳　甲壳
咳　①ké　咳嗽
　　②hāi　咳声叹气
可　①kě　可恨　可以
　　②kè　可汗
克　①kè　克扣　克服
　　②kēi　（口语）（申斥）
空　①kōng　领空　空洞
　　②kòng　空白　空闲

L 部

拉　①lā　拉车　拉链
　　②lá　拉了一个口子
腊　①là　腊月　腊梅
　　②xī　（干肉）

啦 ①la （语气助词）
②lā 啦啦队
蓝 ①lán 蓝藻 蓝图
②lan 苤(piě) 蓝
烙 ①lào 烙印 烙铁
②luò 炮(páo) 烙
勒 ①lè （书面组词）勒令 勒索
②lēi （口语单用）勒紧点儿
乐 ①lè 快乐 乐趣
②yuè 音乐 乐器
擂 ①léi 擂鼓
②lèi 擂台 打擂
累 ①lèi 劳累 累心
②léi 累赘
③lěi 牵累 累次
棱 ①léng 棱角 棱镜
②líng 穆棱(地名)
蠡 ①lí 管窥蠡测
②lǐ 蠡县
丽 ①lí 丽水(地名)
②lì 美丽
哩 ①li （语气助词）
②lī 哩哩啦啦
俩 ①liǎ （口语，不带量词）咱俩 俩人
②liǎng 伎俩
凉 ①liáng 凉快 冰凉
②liàng 凉一凉
量 ①liáng 丈量 计量
②liàng 量入为出
撩 ①liāo 撩起来
②liáo 撩拨
燎 ①liáo 燎原
②liǎo 把头发燎了
踉 ①liáng 跳踉(跳跃)
②liàng 踉跄(走路不稳)
潦 ①liáo 潦草 潦倒
②lǎo （书面）积潦（积水）
淋 ①lín 淋浴 淋漓
②lìn 淋硝 淋盐
令 ①lìng 命令 令堂
②lǐng 一令纸
③líng 令狐
溜 ①liū 溜冰 溜达
②liù 溜一会
六 ①liù 第六
②lù 六合（地名）
馏 ①liú 蒸馏
②liù （口语单用）馏饭
镏 ①liú 镏金（涂金）
②liù 金镏（金戒）
碌 ①liù 碌碡
②lù 庸碌 劳碌
笼 ①lóng （名物义）笼子 牢笼
②lǒng （动作义）笼络 笼统
搂 ①lǒu 搂抱
②lōu 搂柴火
陆 ①lù 陆地
②liù （“六”的大写）
偻 ①lóu 佝偻
②lǚ 伛偻
露 ①lù （书面）露天 露骨
②lòu （口语）露头 露马脚
捋 ①lǚ 捋胡子
②luō 捋袖子
绿 ①lǜ （口语）绿地 绿茵
②lù （书面）绿林 鸭绿江
抡 ①lūn 抡拳
②lún 抡材（选拔）
纶 ①lún 涤纶 棉纶

②guān　纶巾
论　①lùn　理论
②lún　论语（书名）
络　①luò　络绎　经络
②lào　络子
落　①luò　（书面组词）落魄　着落
②lào　（常用口语）落枕　落色
③là　（遗落义）丢三落四　落下

M 部

蚂　①mǎ　蚂蚁
②mā　蚂螂
③mà　蚂蚱
吗　①ma　（语气助词）
②má　有吗事（方言）
③mǎ　吗啡
脉　①mò　脉脉（仅此一例）
②mài　脉络　山脉
埋　①mái　埋伏　埋藏
②mán　埋怨
谩　①màn　谩骂
②mán　欺谩
冒　①mào　冒险　假冒
②mò　冒顿（汉初匈奴族的君主名）
么　①ma　（语气助词，一搬写作“吗”）
②me　什么
没　①méi　没有　没事
②mò　没落　没收
闷　①mèn　愁闷　郁闷
②mēn　闷热
蔓　①màn　（书面）蔓延　枝蔓
②wàn　（口语）瓜蔓　压蔓
氓　①máng　流氓
②méng　（古指百姓）
蒙　①mēng　蒙骗　蒙头转向
②méng　蒙昧　承蒙
③měng　蒙古
眯　①mí　眯眼（迷眼）
②mī　眯眼（合眼）
糜　①mí　糜烂
②méi　糜子
靡　①mí　靡费　奢靡
②mǐ　委靡　披靡
秘　①bì　秘鲁　秘姓
②mì　秘密　秘诀
泌　①mì　（口语）分泌
②bì　（书面）泌阳
模　①mó　模范　模型
②mú　模具　模样
摩　①mó　摩擦　摩挲（用手抚摸）
② mā　摩挲（sa）（轻按着并移动）
磨　①mó　磨炼　磨难
②mò　磨坊　石磨
抹　①mǒ　涂抹　抹黑
②mò　抹墙　抹石灰
③mā　抹桌子
牟　①móu　牟取　牟利
②mù　牟平（地名）
姥　①mǔ　（老妇）
②lǎo　姥姥
缪　①móu　绸缪
②miù　纰缪
③miào　缪姓

N 部

哪　①nǎ　哪儿　哪里
②něi　哪一年
③na　（语气助词）
④né　哪吒

那 ①nà 那里
②nèi 那个
③nā 姓那
④nǎ 旧同“哪”
难 ①nán 困难 艰难
②nàn 灾难 难兄难弟
囊 ①nāng 囊膪
②náng 囊肿
呢 ①ní 呢子
②ne （语气助词）
泥 ①ní 泥土 水泥
②nì 泥墙
溺 ①nì 溺死
②niào （同“尿”）
尿 ①niào 撒尿
②suī 尿脬
宁 ①níng 安宁 宁静
②nìng 宁可 宁姓
拧 ①nǐng 拧螺丝
②nìng 拧脾气
③níng 拧毛巾
弄 ①nòng 玩弄 戏弄
②lòng 弄堂
疟 ①nüè （书面）疟疾
②yào （口语）发疟子
娜 ①nuó 袅娜 婀娜
②nà （用于人名）安娜
O 部
哦 ①ó （叹词）
②ò （叹词）
③é 吟哦
P 部
排 ①pái 排除 排行
②pǎi 排子车
迫 ①pǎi 迫击炮
②pò 逼迫 迫使
胖 ①pán 心广体胖
②pàng 肥胖 胖墩
刨 ①páo 刨除 刨土
②bào 刨床 刨冰
炮 ①páo 炮制 炮格（烙）
②pào 火炮 高炮
③bāo 炮羊肉
跑 ①pǎo 跑步 飞跑
②páo 虎跑（地名）
泡 ①pào 泡沫 浸泡
②pāo 泡儿
喷 ①pēn 喷射 喷泉
②pèn 喷香
③pen 嚏喷
劈 ①pī 劈木头
②pǐ 劈柴
片 ①piàn 片面 一片
②piān 唱片儿 相片儿
漂 ①piāo 漂泊 漂流
②piǎo 漂白
③piào 漂亮
缥 ①piāo 缥缈
②piǎo （书面）（青白色；青白色丝织品）
撇 ①piē 撇开 撇弃
②piě 撇球
屏 ①píng 屏风 屏幕
②bǐng 屏除
③bīng 屏营
魄 ①pò 魄力 气魄
②tuò 落魄（拓）
仆 ①pū 前仆后继
②pú 仆从 奴仆
朴 ①pǔ 俭朴 质朴

②pō　朴刀
③pò　厚朴　朴树
④piáo　姓朴
铺　①pū　铺张　铺开
②pù　铺子　店铺
埔　①pǔ　黄埔
②bù　大埔（地名）
瀑　①pù　瀑布
②bào　瀑河（水名）
曝　①pù　一曝十寒
②bào　曝光
Q 部
妻　①qī　妻子
②qì　（以女嫁人）
铅　①qiān　铅笔　铅球
②yán　铅山
浅　①qiǎn　浅近　肤浅
②jiān　浅浅（流水声）
纤　①qiàn　拉纤
②xiān　纤维　纤细
呛　①qiāng　呛着了
②qiàng　够呛
栖　①qī　两栖　栖息
②xī　栖栖　（书面）（形容不安定）
蹊　①qī　蹊跷
②xī　蹊径
荨　①qián　（书面）荨麻
②xún　（口语）荨麻疹
强　①qiáng　强渡　强取
②qiǎng　勉强　强迫
③jiàng　倔强
抢　①qiǎng　抢夺　争抢
②qiāng　呼天抢地
悄　①qiāo　悄悄儿的　悄悄话
②qiǎo　悄然　悄寂
翘　①qiào　（口语）翘尾巴
②qiáo　翘首　连翘
切　①qiē　切磋　切割
②qiè　急切　切实
亲　①qīn　亲近　亲密
②qìng　亲家
区　①qū　区别
②ōu　姓区
曲　①qū　大曲　弯曲
②qǔ　曲调　曲艺
圈　①quān　圆圈
②juàn　猪圈
③juān　圈住
卷　①quàn　入场券
②xuàn　拱券
雀　①què　麻雀　雀斑
②qiāo　雀子
③qiǎo　家雀儿
R 部
任　①rén　任丘　任姓
②rèn　任务　任命
嚷　①rǎng　大嚷　大叫
②rāng　嚷嚷
S 部
撒　①sā　撒网　撒手
②sǎ　撒种
散　①sǎn　懒散　零散（不集中、分散）
②sàn　散布　散失
丧　①sāng　丧乱　丧钟
②sàng　丧失　丧权
扫　①sǎo　扫地　打扫
②sào　扫帚
色　①sè　（书面）色彩　色泽

②shǎi （口语）落色儿 褪色儿

塞 ①sè （书面，动作义）堵塞 阻塞

②sāi （口语，名动义）活塞 塞车

③sài 塞翁失马 边塞

煞 ①shā 煞尾 收煞

②shà 煞白 恶煞

厦 ①shà 广厦 大厦

②xià 厦门

杉 ①shān （书面）红杉 水杉

②shā （口语）杉篙 杉木

苫 ①shān 草苫子

②shàn 苫布

扇 ①shān 扇动

②shàn 扇子 蒲扇

上 ①shàng 上面 上去

②shǎng 上声

稍 ①shāo 稍微 稍稍

②shào 稍息

少 ①shǎo 多少 少数

②shào 少年 年少

蛇 ①shé 毒蛇 蛇行

②yí 委蛇

折 ①zhé 转折 折服 骨折

②shé 折本 树枝折了

③zhē 折腾 折跟头

舍 ①shě 舍弃 抛舍

②shè 校舍 退避三舍

省 ①shěng 省略 简省

②xǐng 反省 省悟

盛 ①shèng 茂盛 兴盛

②chéng 盛饭

什 ①shén 什么

②shí 什物 什锦

石 ①shí 石头 顽石

②dàn 一石米

食 ①shí 食品 觅食

②sì （拿东西给人吃）

氏 ①shì 姓氏

②zhī 月氏（汉朝西域国名）

适 ①shì 适合

②kuò 南宫适（古人名）

识 ①shí 识别 识字

②zhì 标识 博闻强识

似 ①shì 似的

②sì 相似

螫 ①shì （书面）螫针

②zhē （口语）（与蜇同义）

熟 ①shú （书面）熟练 熟悉

②shóu （口语）饭熟了

属 ①shǔ 种属 亲属

②zhǔ 属望 属文 属意

术 ①shù 技术 术语

②zhú 白术

说 ①shuì 游说 说客

②shuō 说话 说辞

数 ①shuò 数见不鲜

②shǔ 数落 数说

③shù 数字 数目

刷 ①shuā 刷子 粉刷

②shuà 刷白

衰 ①shuāi 衰弱

②cuī 等衰

率 ①shuài 率领 坦率

②lǜ 效率 频率

擞 ①sòu 把炉子擞一擞

②sǒu 抖擞

宿 ①sù 宿舍 住宿

②xiǔ 半宿（用以计夜）

③xiù　星宿　二十八宿
遂　①suí　不遂
②suì　遂心　未遂
莎　①suō　莎草
②shā　（用于人名）
缩　①suō　退缩　缩减
②sù　缩砂密（植物名）
T 部
踏　①tà　踏步　践踏
②tā　踏实
沓　①tà　杂沓　复沓
②dá　沓子
台　①tái　台上　亭台
②tāi　天台（地名）
苔　①tái　（书面）苍苔　苔藓
②tāi　（口语）舌苔
趟　①tāng　趟水
②tàng　一趟
陶　①táo　陶冶　熏陶
②yáo　皋陶（古人名）
体　①tǐ　身体　体裁
②tī　体己
挑　①tiāo　挑水　挑担子
②tiǎo　挑拨
通　①tōng　通过　恒通
②tòng　说了一通
同　①tóng　同样　相同
②tòng　胡同
吐　①tǔ　吐痰　吞吐
②tù　呕吐
褪　①tuì　褪色
②tùn　把袖子褪下来
驮　①tuó　驮粮食
②duò　驮子
拓　①tuò　开拓　拓展
②tà　拓片　拓印
调　①tiáo　调皮　调配（调和配合）
②diào　调换　调配（调动分配）
帖　①tiē　妥帖　帖伏
②tiě　请帖　字帖儿
③tiè　碑帖　字帖
W 部
瓦　①wǎ　瓦蓝　砖瓦
②wà　瓦刀
万　①wàn　万岁　数万
②mò　万俟（qí 复姓）
蔓　①wàn　瓜蔓
②màn　蔓延　蔓藤
③mán　蔓菁
为　①wéi　行为　为所欲为
②wèi　为了　因为
圩　①wéi　圩子
②xū　圩场
委　①wēi　委蛇（＝逶迤）
②wěi　委曲　委托
尾　①wěi　尾巴　结尾
②yǐ　马尾儿
尉　①wèi　尉官　尉氏（县名）
②yù　尉迟（姓）　尉犁（地名）
蔚　①wèi　蔚蓝
②yù　蔚县（地名）
涡　①wō　漩涡
②guō　涡河（水名）
乌　①wū　乌黑　乌鸦
②wù　乌拉（草名）
X 部
洗　①xǐ　洗涤　清洗
②xiǎn　姓洗
吓　①xià　吓唬　吓人
②hè　威吓　恐吓

鲜 ①xiān 鲜美 鲜明
②xiǎn 鲜见 鲜为人知
铣 ①xǐ 铣床
②xiǎn 铣铁
相 ①xiāng 相处 相对
②xiàng 相片 相机
行 ①xíng 举行 发行
②háng 行市 行伍
削 ①xuē（书面） 剥削
②xiāo（口语）削皮
肖 ①xiào 肖像
②xiāo 姓肖
芯 ①xīn 灯芯
②xìn 芯子
兴 ①xīng 兴旺 兴起
②xìng 兴趣 兴致
吁 ①xū 长吁短叹
②yù 呼吁
嘘 ①xū 嘘唏
②shī （叹词）
旋 ①xuán 旋转
②xuàn 旋风
血 ①xuè （书面组词）贫血 心血
②xiě （口语常用）鸡血 流了点血
熏 ①xūn 熏染 熏陶
②xùn 被煤气熏着了（中毒）

Y 部

呀 ①yā （叹词）
②ya （语气助词）
哑 ①yā 哑哑（象声词）
②yǎ 哑然 哑场
轧 ①yà 轧棉花
②zhá 轧钢
殷 ①yān 殷红
②yīn 殷实 殷切
③yǐn 殷殷（象声词，形容雷声）
饮 ①yǐn 饮食 饮料
②yìn 饮马
咽 ①yān 咽喉
②yàn 狼吞虎咽
③yè 呜咽
燕 ①yān 姓燕
②yàn 燕子
要 ①yào 需要 要领
②yāo 要求
耶 ①yé （文言虚词）
②yē 耶稣
钥 ①yào （口语）钥匙
②yuè （书面）锁钥
叶 ①yè 叶落归根
②xié 叶韵（和谐义）
遗 ①yí 遗失 遗留
②wèi 遗赠
应 ①yīng 应届 应许
②yìng 应付 应承
佣 ①yōng 雇佣 佣工
②yòng 佣金 佣钱
有 ①yǒu 没有
②yòu （古同“又”的“再加上”义）
予 ①yú （古人自称，同“余”）
②yǔ 授予 给予
熨 ①yù 熨帖
②yùn 熨烫
与 ①yǔ 赠与
②yù 参与
雨 ①yǔ 下雨 雨水
②yù 雨雪
晕 ①yūn 晕倒 头晕

　　②yùn　月晕　晕车

Z部

载　①zǎi　登载　转载　千载难逢

　　②zài　装载　载重　载歌载舞

脏　①zāng　肮脏　脏话

　　②zàng　内脏　脏腑

择　①zé　选择　抉择

　　②zhái　择菜　择席　择不开（仅此三词）

曾　①zēng　曾祖　曾孙

　　②céng　曾经　曾几何时

扎　①zhā　扎根　扎实　驻扎

　　②zhá　挣扎

　　③zā　包扎　扎裤脚　一扎啤酒

炸　①zhá　炸糕　炸鸡　油炸

　　②zhà　炸弹　炸药

占　①zhān　占卜　占星

　　②zhàn　占领　占据

粘　①zhān　（动词义）粘贴　粘连

　　②nián　（形容词）粘乎

涨　①zhǎng　涨潮　涨幅

　　②zhàng　脑涨　涨红了脸

着　①zhāo　高着儿　着数（一般写作“招”）

　　②zháo　着急　着迷

　　③zhuó　着落　着重

　　④zhe　站着　想着

召　①zhào　召开　召集

　　②shào　姓召

爪　①zhǎo　爪牙　张牙舞爪

　　②zhuǎ　爪子

这　①zhè　这个　这边

　　②zhèi　这（一）个

正　①zhēng　正月　正旦（农历正月初一）

　　②zhèng　正常　正旦（戏中称女主角）

症　①zhēng　症结

　　②zhèng　急症　症状　症候

挣　①zhēng　挣扎

　　②zhèng　挣钱　挣脱枷锁

殖　①zhí　繁殖　生殖　殖民

　　②shi　骨殖

只　①zhī　只身　一只

　　②zhǐ　只有　只好　只管

峙　①zhì　对峙

　　②shì　繁峙（地名）

中　①zhōng　中国　人中（穴位）

　　②zhòng　中奖　中肯

种　①zhǒng　种类　种族　种子

　　②zhòng　耕种　种植　播种

重　①zhòng　重量　重要　重点

　　②chóng　重复　重叠　重新

轴　①zhóu　画轴　轴心

　　②zhòu　压轴戏

著　①zhù　著名　著述

　　②zhe　（同“着”，助词）

　　③zhúo　（同“着”，动词）穿著　附著

转　①zhuǎn　转运　转折　转变

　　②zhuàn　转动　转速　旋转

椎　①zhuī　脊椎　颈椎　胸椎

　　②chuí　铁椎　椎心泣血

仔　①zǐ　仔细　仔鸡

　　②zǎi　牛仔　打工仔

　　③zī　仔肩

钻　①zuān　钻研　钻孔

　　②zuàn　钻末　钻石

作　①zuō　作坊　铜器作

　　②zuò　工作　习作

2. 辨读容易读错的字词

对于常用字中容易误读的字词，我们也要格外留意，可以根据误读的原因来把握这些字词。

(1) 辨声旁正读音。

形声字中声旁表音，但是由于语音的古今演变，声旁往往不能准确地表示形声字的读音。如果根据声旁去读，就很容易出错。对于这些字，要注意分辨识记，如下面括号前的字一定要注意（括号内为正确读音）。

良莠（yǒu）不齐	馋涎（xián）欲滴	栉（zhì）风沐雨
振聋发聩（kuì）	一蹴（cù）而就	同仇敌忾（kài）
唾（tuò）手可得	无裨（bì）于事	蚍（pí）蜉撼树
面面相觑（qù）	苦心孤诣（yì）	恪（kè）守不渝
竭（jié）泽而渔	刚愎（bì）自用	耳濡（rú）目染

(2) 辨形似正读音。

受形近字的影响，有时视觉越位，容易误读为形近字的读音，时间一长，就会形成一种错误的定势思维，这些字要注意通过辨析其形体纠正发音。例如：

病入膏肓（huāng）	暴殄（tiǎn）天物	负隅（yú）顽抗
鬼鬼祟祟（suì）	怙恶不悛（quān）	居心叵（pǒ）测
如火如荼（tú）	恃（shì）才放旷	未雨绸缪（móu）
揠（yà）苗助长	偃（yǎn）旗息鼓	煮豆燃萁（qí）

(3) 据意义正读音。

多音多义在汉语中相当普遍，意义不同，读音也会有别，这也会给读音造成一定的障碍，要用心识记。例如：

直言贾（gǔ）祸	自给（jǐ）自足	妄自菲（fěi）薄
鬼使神差（chāi）	如法炮（páo）制	弱不禁（jīn）风
大腹便便（pián）	丢三落（là）四	囤（tún）积居奇

(4) 记异读正读音。

异读词是指习惯上有两个或几个不同的读音，应根据《普通话异读词审音表》审定的读音加以规范。例如：

教室（jiàoshì）误读为（jiàoshǐ）	质量（zhìliàng）误读为（zhǐliàng）
比较（bǐjiào）误读为（bǐjiǎo）	兴奋（xīngfèn）误读为（xìngfèn）
逮捕（dàibǔ）误读为（dǎibǔ）	钥匙（yàoshi）误读为（yuèshi）

附录：普通话易读错词语表

A 部
1. 挨紧 āi
2. 挨饿受冻 ái
3. 白皑皑 ái
4. 狭隘 ài
5. 不谙水性 ān
6. 熬菜 āo
7. 煎熬 áo
8. 鏖战 áo
9. 拗断 ǎo
10. 拗口 ào

B 部
1. 纵横捭阖 bǎi hé
2. 稗官野史 bài
3. 扳平 bān
4. 同胞 bāo
5. 炮羊肉 bāo
6. 剥皮 bāo
7. 薄纸 báo
8. 并行不悖 bèi
9. 蓓蕾 bèi lěi
10. 奔波 bēn
11. 投奔 bèn
12. 迸发 bèng
13. 包庇 bì
14. 麻痹 bì
15. 奴颜婢膝 bì xī
16. 刚愎自用 bì
17. 复辟 bì
18. 濒临 bīn
19. 针砭 biān
20. 屏气 bǐng
21. 摒弃 bǐng
22. 剥削 bō xuē
23. 波涛 bō
24. 菠菜 bō
25. 停泊 bó
26. 淡薄 bó
27. 哺育 bǔ

C 部
1. 粗糙 cāo
2. 嘈杂 cáo
3. 参差 cēn cī
4. 差错 chā
5. 偏差 chā
6. 差距 chā
7. 搽粉 chá
8. 猹 chá
9. 刹那 chà
10. 差遣 chāi
11. 谄媚 chǎn
12. 忏悔 chàn
13. 羼杂 chàn
14. 场院 cháng
15. 一场雨 cháng
16. 赔偿 cháng
17. 徜徉 cháng
18. 绰起 chāo
19. 风驰电掣 chè
20. 乘机 chéng
21. 瞠目结舌 chēng
22. 惩前毖后 chéng
23. 惩依 chéng chāng
24. 驰骋 chěng
25. 鞭笞 chī
26. 痴呆 chī
27. 痴心妄想 chī
28. 白痴 chī
29. 踟蹰 chí chú
30. 奢侈 chǐ
31. 整饬 chì
32. 炽热 chì
33. 不啻 chì
34. 叱咤风云 chì zhà
35. 忧心忡忡 chōng
36. 憧憬 chōng
37. 崇高 chóng
38. 惆怅 chóu chàng
39. 踌躇 chóu chú
40. 相形见绌 chù
41. 黜免 chù
42. 揣摩 chuǎi
43. 椽子 chuán
44. 创伤 chuāng
45. 凄怆 chuàng
46. 啜泣 chuò
47. 辍学 chuò
48. 宽绰 chuò
49. 瑕疵 cī
50. 伺候 cì
51. 烟囱 cōng
52. 从容 cóng
53. 淙淙流水 cóng
54. 一蹴而就 cù
55. 璀璨 cuǐ
56. 忖度 cǔn duó
57. 蹉跎 cuō tuó

58. 挫折 cuò

D 部

1. 呆板 dāi
2. 答应 dā
3. 逮老鼠 dǎi
4. 逮捕 dài
5. 殚精竭虑 dān
6. 虎视眈眈 dān
7. 肆无忌惮 dàn
8. 档案 dàng
9. 当（本）年 dàng
10. 追悼 dào
11. 提防 dī
12. 瓜熟蒂落 dì
13. 缔造 dì
14. 掂掇 diān duo
15. 玷污 diàn
16. 装订 dìng
17. 订正 dìng
18. 恫吓 dòng hè
19. 句读 dòu
20. 兑换 duì
21. 踱步 duó

E 部

1. 阿谀 ē yú
2. 婀娜 ē nuó
3. 扼要 è

F 部

1. 菲薄 fěi
2. 沸点 fèi
3. 氛围 fēn
4. 肤浅 fū
5. 敷衍塞责 fū yǎn sè
6. 仿佛 fú
7. 凫水 fú
8. 篇幅 fú
9. 辐射 fú
10. 果脯 fǔ
11. 随声附和 fù hè

G 部

1. 准噶尔 gá
2. 大动干戈 gē
3. 诸葛亮 gě
4. 脖颈 gěng
5. 提供 gōng
6. 供销 gōng
7. 供给 gōng jǐ
8. 供不应求 gōng yìng
9. 供认 gòng
10. 口供 gòng
11. 佝偻 gōu lóu
12. 勾当 gòu
13. 骨朵 gū
14. 骨气 gǔ
15. 蛊惑 gǔ
16. 商贾 gǔ
17. 桎梏 gù
18. 粗犷 guǎng
19. 皈依 guī
20. 瑰丽 guī
21. 刽子手 guì
22. 聒噪 guō

H 部

1. 哈达 hǎ
2. 尸骸 hái
3. 罕见 hǎn
4. 引吭高歌 háng
5. 沆瀣一气 hàng xiè
6. 干涸 hé
7. 一丘之貉 hé
8. 上颌 hé
9. 喝彩 hè
10. 负荷 hè
11. 蛮横 hèng
12. 飞来横祸 hèng
13. 发横财 hèng
14. 一哄而散 hòng
15. 糊口 hú
16. 囫囵吞枣 hú lún
17. 华山 huà
18. 病入膏肓 huāng
19. 豢养 huàn
20. 怙恶不悛 hù quān
21. 讳疾忌医 huì jí
22. 诲人不倦 huì
23. 阴晦 huì
24. 污秽 huì
25. 混水摸鱼 hún
26. 混淆 hùn xiáo
27. 和泥 huó
28. 搅和 huò
29. 豁达 huò
30. 霍乱 huò

J 部

1. 茶几 jī
2. 畸形 jī
3. 羁绊 jī
4. 羁旅 jī
5. 放荡不羁 jī
6. 无稽之谈 jī
7. 跻身 jī
8. 通缉令 jī
9. 汲取 jí
10. 即使 jí
11. 开学在即 jí
12. 疾恶如仇 jí
13. 嫉妒 jí
14. 棘手 jí

15. 贫瘠 jí
16. 狼藉 jí
17. 一触即发 jí
18. 脊梁 jǐ
19. 人才济济 jǐ
20. 给予 jǐ yǔ
21. 觊觎 jì yú
22. 成绩 jì
23. 事迹 jì
24. 雪茄 jiā
25. 信笺 jiān
26. 歼灭 jiān
27. 草菅人命 jiān
28. 缄默 jiān
29. 渐染 jiān
30. 眼睑 jiǎn
31. 间断 jiàn
32. 矫枉过正 jiǎo
33. 缴纳 jiǎo
34. 校对 jiào
35. （开花）结果 jiē
36. （事情）结果 jié
37. 结冰 jié
38. 反诘 jié
39. 拮据 jié jū
40. 攻讦 jié
41. 桔梗 jié
42. 押解 jiè
43. 情不自禁 jīn
44. 根茎叶 jīng
45. 长颈鹿 jǐng
46. 杀一儆百 jǐng
47. 强劲 jìng
48. 劲敌 jìng
49. 劲旅 jìng
50. 痉挛 jìng
51. 抓阄 jiū
52. 针灸 jiǔ
53. 韭菜 jiǔ
54. 内疚 jiù
55. 既往不咎 jiù
56. 狙击 jū
57. 咀嚼 jǔ jué
58. 循规蹈矩 jǔ
59. 矩形 jǔ
60. 沮丧 jǔ
61. 龃龉 jǔ yǔ
62. 前倨后恭 jù
63. 镌刻 juān
64. 隽永 juàn
65. 角色 jué
66. 口角 jué
67. 角斗 jué
68. 角逐 jué
69. 倔强 jué jiàng
70. 崛起 jué
71. 猖獗 jué
72. 一蹶不振 jué
73. 诡谲 jué
74. 矍铄 jué
75. 攫取 jué
76. 细菌 jūn
77. 龟裂 jūn
78. 俊杰 jùn
79. 崇山峻岭 jùn
80. 竣工 jùn
81. 隽秀 jùn

K 部

1. 同仇敌忾 kài
2. 不卑不亢 kàng
3. 坎坷 kě
4. 可汗 kè hán
5. 恪守 kè
6. 倥偬 kǒng zǒng
7. 会计 kuài
8. 窥探 kuī
9. 傀儡 kuǐ

L 部

1. 邋遢 lā tā
2. 拉家常 lā
3. 丢三落四 là
4. 书声琅琅 láng
5. 唠叨 láo
6. 落枕 lào
7. 奶酪 lào
8. 勒索 lè
9. 勒紧 lēi
10. 擂鼓 léi
11. 羸弱 léi
12. 果实累累 léi
13. 罪行累累 lěi
14. 擂台 lèi
15. 罹难 lí
16. 潋滟 liàn
17. 量杯 liáng
18. 量入为出 liàng
19. 撩水 liāo
20. 撩拨 liáo
21. 寂寥 liáo
22. 瞭望 liào
23. 趔趄 liè qie
24. 恶劣 liè
25. 雕镂 lòu
26. 贿赂 lù
27. 棕榈 lǘ
28. 掠夺 lüè

M 部

1. 抹桌子 mā

2. 阴霾 mái
3. 埋怨 mán
4. 耄耋 mào dié
5. 联袂 mèi
6. 闷热 mēn
7. 扪心自问 mén
8. 愤懑 mèn
9. 蒙头转向 mēng
10. 蒙头盖脑 méng
11. 靡费 mí
12. 萎靡不振 mǐ
13. 静谧 mì
14. 分娩 miǎn
15. 酩酊 mǐng dǐng
16. 荒谬 miù
17. 脉脉 mò
18. 抹墙 mò
19. 蓦然回首 mò
20. 牟利 móu
21. 模样 mú

N 部

1. 羞赧 nǎn
2. 呶呶不休 náo
3. 泥淖 nào
4. 口讷 nè
5. 气馁 něi
6. 拟人 nǐ
7. 隐匿 nì
8. 拘泥 nì
9. 亲昵 nì
10. 拈花惹草 niān
11. 宁死不屈 nìng
12. 泥泞 nìng
13. 忸怩 niǔ ní
14. 执拗 niù
15. 驽马 nú
16. 虐待 nüè

O 部

1. 偶然 ǒu

P 部

1. 扒手 pá
2. 迫击炮 pǎi
3. 心宽体胖 pán
4. 蹒跚 pán
5. 滂沱 pāng tuó
6. 彷徨 páng
7. 炮制 páo
8. 咆哮 páo xiào
9. 炮烙 páo luò
10. 胚胎 pēi
11. 喷喷香 pèn
12. 抨击 pēng
13. 澎湃 péng pài
14. 纰漏 pī
15. 毗邻 pí
16. 癖好 pǐ
17. 否极泰来 pǐ
18. 媲美 pì
19. 扁舟 piān
20. 大腹便便 pián
21. 剽窃 piāo
22. 饿殍 piǎo
23. 乒乓 pīng pāng
24. 湖泊 pō
25. 居心叵测 pǒ
26. 糟粕 pò
27. 解剖 pōu
28. 前仆后继 pū
29. 奴仆 pú
30. 风尘仆仆 pú
31. 玉璞 pú
32. 匍匐 pú fú
33. 瀑布 pù
34. 一曝十寒 pù

Q 部

1. 休戚与共 qī
2. 蹊跷 qī qiāo
3. 祈祷 qí
4. 颀长 qí
5. 歧途 qí
6. 绮丽 qǐ
7. 修葺 qì
8. 休憩 qì
9. 关卡 qiǎ
10. 悭吝 qiān
11. 掮客 qián
12. 潜移默化 qián
13. 虔诚 qián
14. 天堑 qiàn
15. 戕害 qiāng
16. 强迫 qiǎng
17. 勉强 qiǎng
18. 强求 qiǎng
19. 牵强附会 qiǎng
20. 襁褓 qiǎng
21. 翘首远望 qiáo
22. 讥诮 qiào
23. 怯懦 qiè
24. 提纲挈领 qiè
25. 锲而不舍 qiè
26. 惬意 qiè
27. 衾枕 qīn
28. 倾盆大雨 qīng
29. 引擎 qíng
30. 亲家 qìng
31. 曲折 qū
32. 祛除 qū

33. 黢黑 qū
34. 水到渠成 qú
35. 清癯 qú
36. 瞿塘峡 qú
37. 通衢大道 qú
38. 龋齿 qǔ
39. 兴趣 qù
40. 面面相觑 qù
41. 债券 quàn
42. 商榷 què
43. 逡巡 qūn
44. 麇集 qún

R 部

1. 围绕 rào
2. 荏苒 rěn rǎn
3. 稔知 rěn
4. 妊娠 rèn shēn
5. 仍然 réng
6. 冗长 rǒng

S 部

1. 缫丝 sāo
2. 稼穑 jià sè
3. 堵塞 sè
4. 刹车 shā
5. 芟除 shān
6. 潸然泪下 shān
7. 禅让 shàn
8. 讪笑 shàn
9. 赡养 shàn
10. 折本 shé
11. 慑服 shè
12. 退避三舍 shè
13. 海市蜃楼 shèn
14. 舐犊之情 shì
15. 教室 shì
16. 有恃无恐 shì
17. 狩猎 shòu
18. 倏忽 shū
19. 束缚 shù fù
20. 刷白 shuà
21. 游说 shuì
22. 吸吮 shǔn
23. 瞬息万变 shùn
24. 怂恿 sǒng yǒng
25. 塑料 sù
26. 簌簌 sù
27. 虽然 suī
28. 鬼鬼祟祟 suì
29. 婆娑 suō

T 部

1. 趿拉 tā
2. 鞭挞 tà
3. 叨光 tāo
4. 熏陶 táo
5. 体己 tī
6. 孝悌 tì
7. 倜傥 tì tǎng
8. 恬不知耻 tián
9. 殄灭 tiǎn
10. 轻佻 tiāo
11. 调皮 tiáo
12. 妥帖 tiē
13. 请帖 tiě
14. 字帖 tiè
15. 恸哭 tòng
16. 如火如荼 tú
17. 湍急 tuān
18. 颓废 tuí
19. 蜕化 tuì
20. 囤积 tún

W 部

1. 逶迤 wēi yí
2. 违反 wéi
3. 崔嵬 wéi
4. 冒天下之大不韪 wěi
5. 为虎作伥 wèi chāng
6. 龌龊 wò chuò
7. 斡旋 wò
8. 深恶痛绝 wù jué

X 部

1. 膝盖 xī
2. 檄文 xí
3. 狡黠 xiá
4. 厦门 xià
5. 纤维 xiān wéi
6. 翩跹 xiān
7. 屡见不鲜 xiān
8. 垂涎三尺 xián
9. 勾股弦 xián
10. 鲜见 xiǎn
11. 肖像 xiào
12. 采撷 xié
13. 叶韵 xié
14. 纸屑 xiè
15. 机械 xiè
16. 省亲 xǐng
17. 不朽 xiǔ
18. 铜臭 xiù
19. 星宿 xiù
20. 长吁短叹 xū
21. 自诩 xǔ
22. 抚恤金 xù
23. 酗酒 xù
24. 煦暖 xù
25. 眩晕 xuàn yùn

26. 炫耀 xuàn
27. 洞穴 xué
28. 戏谑 xuè
29. 驯服 xùn
30. 徇私舞弊 xùn

Y 部

1. 倾轧 yà
2. 揠苗助长 yà
3. 殷红 yān
4. 湮没 yān
5. 筵席 yán
6. 百花争妍 yán
7. 河沿 yán
8. 偃旗息鼓 yǎn
9. 奄奄一息 yǎn
10. 赝品 yàn
11. 佯装 yáng
12. 怏怏不乐 yàng
13. 安然无恙 yàng
14. 杳无音信 yǎo
15. 窈窕 yǎo tiǎo
16. 发疟子 yào
17. 耀武扬威 yào
18. 因噎废食 yē
19. 揶揄 yé yú
20. 陶冶 yě
21. 呜咽 yè
22. 摇曳 yè
23. 拜谒 yè
24. 笑靥 yè
25. 甘之如饴 yí
26. 颐和园 yí
27. 迤逦 yǐ lǐ
28. 旖旎 yǐ nǐ
29. 自怨自艾 yì
30. 游弋 yì
31. 后裔 yì
32. 奇闻轶事 yì
33. 络绎不绝 yì
34. 造诣 yì
35. 友谊 yì
36. 肄业 yì
37. 光彩熠熠 yì
38. 一望无垠 yín
39. 荫凉 yìn
40. 应届 yīng
41. 应承 yìng
42. 应用文 yìng
43. 应试教育 yìng
44. 邮递员 yóu
45. 黑黝黝 yǒu
46. 良莠不齐 yǒu
47. 迂回 yū
48. 向隅而泣 yú
49. 愉快 yú
50. 始终不渝 yú
51. 逾越 yú
52. 年逾古稀 yú
53. 娱乐 yú
54. 伛偻 yǔ lǚ
55. 舆论 yú
56. 尔虞我诈 yú
57. 囹圄 yǔ
58. 参与 yù
59. 驾驭 yù
60. 家喻户晓 yù
61. 熨帖 yù
62. 寓情于景 yù
63. 鹬蚌相争 yù
64. 卖儿鬻女 yù
65. 断壁残垣 yuán
66. 苑囿 yuàn yòu
67. 头晕 yūn
68. 允许 yǔn
69. 晕船 yùn
70. 酝酿 yùn niàng

Z 部

1. 扎小辫 zā
2. 柳荫匝地 zā
3. 登载 zǎi
4. 载重 zài
5. 载歌载舞 zài
6. 怨声载道 zài
7. 拒载 zài
8. 暂时 zàn
9. 臧否 zāng pǐ
10. 宝藏 zàng
11. 确凿 záo
12. 啧啧称赞 zé
13. 咋舌 zé
14. 谮言 zèn
15. 憎恶 zēng wù
16. 赠送 zèng
17. 驻扎 zhā
18. 咋呼 zhā
19. 挣扎 zhá
20. 札记 zhá
21. 择菜 zhái
22. 占卜 zhān
23. 客栈 zhàn
24. 破绽 zhàn
25. 精湛 zhàn
26. 颤栗 zhàn
27. 高涨 zhǎng
28. 涨价 zhǎng

29. 着慌 zháo
30. 沼泽 zhǎo
31. 召开 zhào
32. 肇事 zhào
33. 折腾 zhē
34. 贬谪 zhé
35. 蛰伏 zhé
36. 动辄得咎 zhé jiù
37. 铁砧 zhēn
38. 甄别 zhēn
39. 日臻完善 zhēn
40. 箴言 zhēn
41. 缜密 zhěn
42. 赈灾 zhèn
43. 症结 zhēng
44. 拯救 zhěng
45. 症候 zhèng
46. 诤友 zhèng
47. 挣脱 zhèng
48. 脂肪 zhī
49. 踯躅 zhí zhú
50. 近在咫尺 zhǐ
51. 博闻强识 zhì
52. 款识 zhì
53. 质量 zhì
54. 脍炙人口 zhì
55. 鳞次栉比 zhì
56. 对峙 zhì
57. 中听 zhōng
58. 中肯 zhòng
59. 刀耕火种 zhòng
60. 胡诌 zhōu
61. 啁啾 zhōu
62. 压轴 zhòu
63. 贮藏 zhù
64. 莺啼鸟啭 zhuàn
65. 撰稿 zhuàn
66. 谆谆 zhūn
67. 弄巧成拙 zhuō
68. 灼热 zhuó
69. 卓越 zhuó
70. 啄木鸟 zhuó
71. 着陆 zhuó
72. 穿着打扮 zhuó
73. 恣意 zì
74. 浸渍 zì
75. 作坊 zuō
76. 柞蚕 zuò

（二）运用理论指导字词发音

通过学习普通话语音分析这一章，应试人应该学会运用相关的理论知识，包括声母、韵母、声调、音变等理论指导自己的字词发音，克服语音偏误，提高测试成绩。在此基础上，还要坚持发音训练，包括加强声母发音训练、韵母发音训练、声调发音训练、变调训练、轻声训练以及儿化训练等。此外，还要特别注意自己的方言与普通话之间的差异，进行辨正训练。具体训练题目可参考本书第二章和第三章内容，在此不再赘述。

三、字词测试实例训练

练习一

1. 读单音节字词（100 个音节，限时 3.5 分钟）

发　齿　召　胖　骑　拎　挪　蠢　刹　嗜
抄　纲　瞎　饼　挫　屡　薄　日　缫　尚
芽　鸣　拽　拒　抹　儿　透　藏　爹　凉
踹　趣　德　骇　着　瞪　苗　琼　快　绢
符　灾　版　横　搅　泳　瑞　玄　瑟　哀
谈　牛　铺　髓　群　饿　备　干　脓　柳

服 灌 寻 自 肥 黯 肿 厩 出 轮
尊 辞 黑 陈 绒 免 抓 捆 司 岛
伸 密 否 旷 之 告 仁 敌 评 托
黄 乃 叩 封 戒 巷 桂 薛 乐 同

2. 读多音节词语（100 个音节，限时 2.5 分钟）

久远 家禽 悄然 交融 叙述 弱点 怀抱 明白
古代 在哪儿 取舍 夸耀 嫩绿 他人 花生 王国
团体 亏损 灯笼 耳垂儿 抢险 烟卷 顷刻 铁路
训练 黄昏 喜欢 增长 对比 跑调儿 提防 全身
挫折 虽说 快乐 罢工 破裂 派遣 村庄 粉末儿
被告 敏感 姊妹 磁场 扭转 金丝猴 爵士乐

练习二

1. 读单音节字词（100 个音节，限时 3.5 分钟）

播 们 挑 量 合 秦 宣 揣 软 涩
面 憋 黑 砣 司 乱 蛆 凶 床 润
损 裆 扁 肥 褪 高 很 权 褶 扒
泼 否 蛹 耕 慌 群 痣 笙 宰 宋
鲵 纺 广 排 枕 贰 钻 救 穷 榻
嘭 纽 邹 铸 金 彼 刺 捉 刷 幼
虐 看 瞟 得 霞 讲 甩 促 腌 追
栓 应 剧 平 到 跨 栋 俩 催 相
卖 跌 列 阔 掘 冥 池 顺 翁 存
题 某 块 临 蝉 啮 徐 乳 撒 恽

2. 读多音节词语（100 个音节，限时 2.5 分钟）

赔款 表示 大夫 腊味 怪罪 比拟 门口
娘胎 海港 碎步儿 拼命 蘑菇 渗透 开学
留念 旦角儿 繁荣 描写 丢人 旅行 锅贴儿
春天 儿女 内行 沥青 成功 窘况 伺候
一会儿 巡逻 强化 捐赠 操场 批准 绕远
宿舍 沿用 日期 军装 掐算 爪子 润泽
佛教 厕所 噪音 生长 母亲 快餐

练习三

1. 读单音节字词（100 个音节，限时 3.5 分钟）

矮 翁 色 词 秒 咱 世 齿 拽 敲
絮 久 恒 垮 柑 辣 艇 饶 贴 都

移 岸 草 滋 若 谁 叉 枕 讯 囚
军 逛 开 给 抡 酿 贴 肉 潘 莽
浮 靶 庞 粉 段 唐 旅 牛 质 抠
伪 枷 劝 乡 唇 少 贼 存 桑 姚
我 渊 野 司 佐 褥 爽 穿 助 卸
寝 计 掰 您 坑 俩 褪 掂 扉 惹
观 迸 决 掩 舜 喝 外 穷 样 戎
濒 闯 踝 涯 划 凭 钟 人 虐 丸

2. 读多音节词语（100 个音节，限时 2. 5 分钟）

安静 选手 迅速 爱人 跟随 熬夜 谅解 温暖
打听 包袱 所有 村镇 和约 发抖 号码 绸子
伤痕 离开 卡车 地球 舞蹈 米粒儿 翻腾 军装
干燥 勇猛 内心 全程 个头儿 宾客 年轻 籍贯
数落 面积 考虑 外乡 仓促 使唤 摆摊儿 尊崇
盼望 描写 被迫 弱小 英雄 虐待 压强 率领
儿童

练习四

1. 读单音节字词（100 个音节，限时 3. 5 分钟）

虐 开 折 总 裆 费 扒 蚌 匹 膜
碑 碰 舔 防 发 美 坟 字 叠 俩
根 索 丢 酥 临 翁 宁 卵 跨 慌
犬 絮 均 雄 处 闫 悬 快 乖 舜
秦 襄 镖 酒 剜 价 迁 晕 略 霞
撞 捐 穷 赃 熏 铐 鳃 裁 色 涛
而 哑 吹 农 蛙 订 驮 尺 是 扑
垫 条 染 舱 邹 纫 匀 瞟 劣 曾
递 率 嗑 蚕 梦 广 弱 停 姚 繁
灭 汞 晾 抓 次 混 抽 漱 环 挣

2. 读多音节词语（100 个音节，限时 2. 5 分钟）

发酵 状况 捆绑 大伙儿 色调 蘑菇 擂台 否定
国家 检阅 容貌 淡雅 捐赠 裙子 宣传 美好
外语 仍然 慷慨 凉水 小曲儿 亲戚 同意 挖掘
勇敢 雌蕊 痘疾 偶像 训练 复印 穷人 黄瓜
构思 耳环 快板儿 摧毁 旅游 整修 存在 品种
喷射 捏造 列车 时辰 挺拔 桑树 压迫 表演

仓促

练习五

1. 读单音节字词（100 个音节，限时 3.5 分钟）

酸 预 取 擦 婿 扭 钻 甩 农 抓
敏 耗 翁 所 馋 晾 册 表 哼 烫
诀 烤 防 若 悦 梗 飘 虽 血 群
憋 贷 抬 惹 瘟 女 根 否 促 粘
伐 日 扛 远 履 妄 离 凿 耍 聘
们 仍 锹 醉 尺 拽 拧 琼 闰 掠
稍 岔 拟 掂 抠 租 射 霸 俩 秤
眷 陨 癣 虐 偏 砍 掐 令 黑 缺
灯 遍 勋 酿 透 瑞 劝 飓 熊 播
丢 柒 荣 佣 迥 作 均 搞 怔 履

2. 读多音节词语（100 个音节，限时 2.5 分钟）

参考 船长 艺术家 聪明 她们 红军 煤炭
工厂 发烧 嘟囔 祸患 效率 别针儿 责怪
大娘 喷洒 保温 产品 佛学 童话 男女
做活儿 缘故 谬论 穷困 今日 完整 决定性
斜坡 疲倦 爱国 能量 英雄 口罩儿 让位
叶子 封锁 核算 而且 转脸 人群 飞快
牙签儿 首饰 此起彼伏

练习六

1. 读单音节字词（100 个音节，限时 3.5 分钟）

老 腮 洽 恩 曹 刷 恒 踪 夏 拨
闽 建 娶 捉 肥 病 苦 扬 外 子
糠 嫌 略 耳 颇 陈 袜 体 爱 戳
蒋 贼 迅 鳖 日 举 叼 述 习 窦
枝 裙 睬 宾 瑟 仍 苑 推 皱 感
咂 手 汪 寡 浓 羽 雄 劝 丰 幻
滕 盏 怀 广 烦 若 掌 鹿 曰 磁
积 篾 隋 关 嘱 耐 麻 诵 惹 挥
领 瓢 久 兰 靠 团 窘 谜 滚 方
盆 妙 屯 丢 偿 宴 嘴 栓 宝 捏

2. 读多音节词语（100 个音节，限时 2.5 分钟）

电压 火候 争论 拥有 难怪 被窝儿 维持 跨度

谬误	贫穷	资格	媒人	规律	官邸	情况	客气
军阀	名称	教师	缺少	从而	好歹	乡村	佛寺
合作社	新娘	上层	跳高儿	东欧	撇开	选拔	妇女
小瓮儿	云端	头脑	刽子手	温柔	诊所	疲倦	水灾
昂然	状态	处理	临终	专家	凉快	潜移默化	

练习七

1. 读单音节字词（100 个音节，限时 3.5 分钟）

券　允　凡　笋　拎　雪　负　搜　最　禾
谬　帮　灭　郭　绒　窃　许　刁　虫　恨
零　些　字　清　法　炉　缉　夺　产　词
扔　浴　擦　桃　闭　支　楼　姜　甩　雄
窄　驳　炯　旁　歪　蹦　偏　辱　方　条
嫁　鸟　盘　扯　纳　短　昂　镁　您　袜
押　贼　蜂　袄　团　逗　雷　够　脊　筐
讼　伸　稿　破　遣　廓　裘　跃　酌　光
凝　眯　怒　香　史　搔　僻　艇　刷　往
钧　孔　殿　水　而　改　宽　魂　蹭　枕

2. 读多音节词语（100 个音节，限时 2.5 分钟）

沙漠	主人翁	去年	红娘	似乎	平民	群落	穷苦
肚脐儿	设备	旋转	接洽	包涵	干脆	日益	障碍
测量	婴儿	开玩笑	铁索	脑子	配偶	作怪	伤员
利用	打垮	痛快	凛冽	邮戳儿	创造	票据	苍白
沸腾	佛经	酒盅儿	坚持	整个	霜冻	分成	先生
绿化	角色	温柔	导体	宾馆	循环	鳞次栉比	

练习八

1. 读单音节字词（100 个音节，限时 3.5 分钟）

蛇　洼　构　产　败　抿　耗　隔　软　无
册　痴　月　旁　乖　内　癣　恰　袄　香
抖　腊　许　陪　脚　题　翁　鼻　跨　诀
态　栓　气　茧　方　痕　捅　之　臀　江
砸　狱　霞　腮　自　窘　嫩　镭　反　梭
彩　珠　炒　窝　耍　坑　拟　遍　群　孔
疗　椎　堵　霖　捐　死　槐　墓　搓　扭
疮　儿　蔫　用　偶　冰　婆　邓　允　怯
捧　刘　铁　挥　吮　鸣　罪　逢　对　公

让	貂	磬	然	装	虫	摸	靠	蚕	面

2. 读多音节词语（100 个音节，限时 2.5 分钟）

规矩	作家	核算	急诊	增强	谩骂	细菌	篡改
履行	小老虎	魅力	英雄	穷尽	飞船	动画片	丧失
钟表	衰弱	拳头	红娘	佛法	腐朽	医院	政委
确定	从此	天鹅	因而	贫困	脖颈儿	尽管	节日
有趣儿	爽朗	来往	认真	稳当	寻找	热爱	分裂
葡萄糖	报酬	黑暗	门口儿	拍子	不快	吹奏	

练习九

1. 读单音节字词（100 个音节，限时 3.5 分钟）

眠	表	煤	劣	恩	乃	丢	按	曰	烫
取	洲	水	盒	犬	射	砍	鬓	姚	滩
甩	动	囊	浸	卵	困	钾	顾	雅	愣
槽	座	吻	升	德	喘	疲	拽	巡	叮
墙	次	团	捏	贼	纲	荣	癖	仪	怕
朽	菊	缩	柔	丝	迷	纷	卒	欠	蒸
梁	崔	怎	榻	宠	君	苦	怀	翁	纸
齐	挂	斜	登	袍	闰	绝	拍	炯	缫
莫	桶	拙	嫩	刚	扯	报	马	吠	刷
环	仿	日	汪	用	诸	罢	岭	播	邹

2. 读多音节词语（100 个音节，限时 2.5 分钟）

为了	森林	篡改	夸张	华贵	手绢儿	舞女	侵略
翱翔	描述	下降	撇开	佛典	猫头鹰	完备	快艇
叛变	灰色	皎洁	功能	状元	然而	彼此	恰如
培育	丰硕	酒盅儿	红火	迫使	油田	群体	揣测
贫穷	牛顿	撒谎	胸脯	程序	翅膀	农村	外力
大娘	底子	命运	爱国	展览	刀刃儿	矗立	在这儿

练习十

1. 读单音节字词（100 个音节，限时 3.5 分钟）

墙	换	戳	告	蹄	庄	陕	控	娃	段
锥	百	瞥	逆	添	壤	究	群	法	残
揩	末	厅	裂	宣	耳	瞎	瘦	温	揍
硼	晚	察	吞	持	比	昧	孙	日	脖
总	徐	粗	随	奉	汝	劝	黑	定	皆
谬	夺	享	杂	捞	滑	死	德	坏	此

瞧 女 冻 鸟 及 奶 罐 砂 扯 逛
粉 狼 抄 锦 绳 窘 驻 撅 或 揉
冢 悦 连 新 牙 藕 蕴 贴 吾 永
歪 进 篇 尝 坎 螯 筛 本 绫 勉

2. 读多音节词语（100 个音节，限时 2.5 分钟）

背后	特别	冲刷	战略	农民	唇齿音	馒头	浅显
加速	串亲戚	疲倦	标准	吹捧	红娘	飞船	恰好
夸张	配套	扎实	藏身	快乐	双方	明确	军队
未来	四周	挨个儿	英雄	跳蚤	力量	蜗牛	昂贵
仍然	原因	底子	难怪	麻醉	篡改	穷人	富翁
雨点儿	遵循	垂涎	陡坡	轻而易举	骨质增生		

第二节 选择判断应试指南

一、选择判断题介绍

（一）测查内容

选择判断题是普通话水平测试中的第三大题，限时 3 分钟，共 10 分。目的是重点考查应试人掌握普通话词汇、语法的规范程度。共分三个内容：①读出每组词中的普通话词语，选列 10 组普通话和方言说法不同的词语，由应试人判断哪种是普通话的词语；②名词搭配量词，列出多个量词，并列出 10 个名词，要求应试人分别与之搭配；③读出符合普通话语法的句子，选列 5 组普通话和方言在语序或表达方式上不一致的短语或短句，由应试人判定符合普通话语法规范的形式。需要注意的是，各考区可以根据实际情况选择考不考这一大题，因此，应试人在备考时应清楚自己所在考区是否考本大题。

（二）基本要求

本题的评分标准包括语音的标准程度以及词语和语法的规范程度，相应的基本要求如下：

1. 发音规范

要求语音标准，避免方言字音和方言语调的出现。

2. 词语和语法规范

要求应试人掌握《普通话水平测试用普通话与方言词语对照表》《普通话水平测试用常见量词、名词搭配表》和《普通话水平测试用普通话与方言常见语法差异对照表》，在规定时间内判断或选择出符合普通话词语或语法规范的表达形式。

二、选择判断应试策略

由于本题在某些考区不考，弹性较大，因此难度也就不会太高，应试人不必太担心，也不必倾注过多的时间与心血，只要平时坚持积累，注意区分方言和普通话的差异，测试时认真审题、沉着应对，就一定能够稳操胜券。

（一）正确使用词语

词语判断中的每组词语表达同一种概念，大多是日常用语，不会涉及太难、太冷门的词，大部分可以通过语言习惯很快做出选择。此外，应试人也应该在平时就根据方言和普通话的词汇差异，注意普通话用语的规范。方言和普通话的词汇差异主要体现在两个方面：①构词语素完全不同，例如：普通话“姑娘”，上海话为“囡儿”、厦门话为“查某团仔”、南昌话为“女崽子”、长沙话为“妹子”、梅州话为“细妹欸”；②部分语素相同，例如：普通话“别处”，上海话为“别个地方”、厦门话为“别位”、南昌话为“别哪里”、梅州话为“别何欸”。选择出来以后，直接读出答案（不必读序号），字音要规范、准确。普通话与方言词汇差异举例如下：

	普通话	方言			普通话	方言	
1	按	揿	揿	76	脑袋	头壳	脑壳
2	暗中	暗头里	暗肚里	77	你	侬	尔
3	袄	棉袖	袄子	78	女婿	囝婿	郎崽子
4	白菜	黄芽菜	芽白	79	暖和	暖热	热沸
5	白天	日里向	日时	80	胖子	阿肥	肥佬
6	傍晚	黄昏头	挨晚	81	片刻	一歇歇	一阵间
7	本来	本生	本底	82	拼搏	拍拼	搏命
8	必定	板定	定着	83	乒乓球	乒乓波	蛋壳子球
9	别人	别人家	别个	84	起初	开始辰光	初时
10	冰棍儿	棒冰	雪条	85	悄悄	偷偷叫	静静仔
11	不错	勿曾	无唉	86	勤劳	骨力	勤力
12	惭愧	唔好意思	羞人	87	轻视	看勿起	睇唔起
13	差点儿	差一眼	差点咖子	88	去年	旧年	去年子

（续上表）

	普通话	方言			普通话	方言	
14	钞票	铜钿	银纸	89	热水瓶	暖瓶	热水壶
15	衬衫	云衫	汗褂子	90	仍然	原旧	照原
16	抽屉	扯斗	书桌隔	91	如何	哪能介	点样
17	出洋相	落脸	出宝	92	撒谎	骗侬	扯白
18	床单	床巾	垫单	93	傻子	傻佬	哈宝
19	从小	自细	从细	94	商人	做生意个	生意佬
20	翠绿	碧碧绿	侵青	95	上午	上半日	上昼
21	打扰	惊吵	搅噪	96	少女	细佬女	女崽子
22	大拇指	大节头	手指公	97	身材	生做	身架子
23	大叔	爷叔	阿叔	98	生病	生毛病	唔舒服
24	当初	初时	开初	99	使劲	用力气	落力
25	倒霉	触霉头	衰	100	手绢	绢头	毛巾仔
26	灯泡儿	电珠	电灯胆	101	睡觉	睏觉	睡目
27	弟弟	阿弟	细佬	102	他	渠	伊
28	丢	落脱	唔见	103	太阳	热头	日头
29	对不起	对勿起	对唔住	104	通红	血血红	红贡贡
30	幸亏	亏煞	该哉	105	童年	小辰光	细时候
31	蹲	跔	跍	106	土豆	山药蛋	薯仔
32	额头	额角头	额壳	107	腿	髀	腿把子
33	儿童	小囡	细伢子	108	围巾	领巾	颈巾
34	发火	起毛	发气	109	为何	为怎样	点解
35	非常	老老	野诚	110	吸烟	吃香烟	吃烟
36	风筝	鹞子	纸鹞	111	夏天	热天家	热天子
37	夫妻	翁姥	两公婆	112	现在	难朝	现时
38	干净	清气	索利	113	小伙子	后生	后生仔
39	干活儿	做生活	作鬼	114	新郎	新官人	新侬官
40	刚才	堵则	才刚	115	幸好	亏煞	好彩
41	隔壁	隔壁头	间壁	116	学生	学生子	学生伢子

（续上表）

	普通话	方言			普通话	方言	
42	故意	特为	罢是	117	眼睛	眼乌珠	目珠
43	闺女	囡儿	妹子	118	厌恶	惹气	厌眼
44	毫不	一眼也勿	总无	119	要命	卜死	命
45	胡同儿	弄堂	巷仔	120	爷爷	老爹	爹爹
46	怀孕	拖身体	有身己	121	一辈子	一世侬	一世人
47	回来	倒来	来归	122	一点儿	一眼眼	蜀点仔
48	火柴	自来火	洋火	123	一共	共总	拢共
49	家具	房内	家私	124	衣裳	衫裤	衫
50	焦急	喉急	着革	125	以往	老早子	旧阵时
51	今天	今朝子	今旦日	126	婴儿	小毛头	毛它
52	经常	常桩	常时	127	玉米	珍珠米	包谷
53	警察	马达仔	差佬	128	元宵	汤团	圆子
54	舅舅	娘舅	母舅	129	运气	运道	气运
55	据说	据说讲	听倒话	130	在家	辣屋里	喺屋企
56	开水	滚水	滚汤	131	咱们	阿拉	我哋
57	看见	睇见	看倒	132	脏	流松	腌臜
58	可爱	好孛相	逗人爱	133	早晚	早晏	朝暗
59	恐怕	恐防	惊了	134	贼	贼骨头	贼老倌
60	垃圾	粪扫	屑子	135	怎么样	哪能介	点样
61	来年	开年	出年	136	丈夫	男个	老公
62	老板	头家	老细	137	着凉	着冷	冷亲
63	里边	里向头	入便	138	照片	像头	相片子
64	厉害	结棍	得人畏	139	这里	个搭	咯力
65	恋爱	拍拖	谈爱	140	针灸	打金针	扎干针
66	聊天儿	讲张	打牙较	141	整天	一日到夜	归两日
67	萝卜	菜头	萝白	142	正在	在咧	等欸
68	妈妈	姆妈	娘老子	143	知道	知影	知
69	馒头	面头	馍馍	144	中途	半当中	半路里

（续上表）

	普通话	方言			普通话	方言	
70	毛衣	绒线衫	绳子衣	145	自己	自家	家自
71	没事	无事	冒有事	146	自行车	脚踏车	单车
72	棉衣	棉裘	袄子	147	祖母	阿嫲	娭毑
73	明天	明朝子	听日	148	嘴巴	喙	嘴筒
74	哪里	何里	边处	149	昨天	昨昏	琴日
75	纳闷儿	想勿通	唔得决	150	做梦	眠梦	走混路子

（二）规范量词、名词搭配

要想正确搭配名词与量词，应试人就必须掌握普通话常用量词的用法，平时注意积累、规范，不要把方言中的名量词搭配带入普通话中，如广州话把“一根针”说成“一眼针”，有的晋语把“一辆车”说成“一挂车”，否则名量词的搭配就会混乱，测试时不仅影响准确率，还会降低速度。方言中少用的普通话量词尤其要注意学习，例如：

口：大钟　大锅　井　大缸　牙

张：大饼　脸　弓　网　犁　嘴

顶：蚊帐　轿子　帽子　帐篷

部：电话机　电影　汽车

门：大炮　学问　课程　亲戚

块：糖　手表　蛋糕　衣料　手帕

颗：珍珠　宝石　牙齿　地雷　图章　钉子

根：香蕉　油条　冰棍儿　葱　黄瓜　针

电线　甘蔗　骨头　神经　香肠

把：锁　钥匙　提琴　伞　茶壶

场（cháng）：雪　雨　病　大战

此外，由于不少名词可搭配的量词不止一个，题中也经常出现某个量词搭配多个名词，某些量词到最后也没有一个能与之搭配的名词的情况，所以，为了避免因错选一个而导致后面的名词无法找到与其匹配的量词的状况，测试时不要急于回答，应先通读全题，熟悉这 10 个量词与名词，做到心中有数，再开始答题。搭配确定后，用规范的语音读出来，注意变调、轻声、儿化等音变现象。

附录：普通话水平测试用常见量词、名词搭配表

说明：本表以量词为条目，共选收常见量词45条。可与表中所列多个量词搭配的名词，以互见形式出现。括号内的量词也可搭配括号前的名词。

1. 把	菜刀　剪刀　宝剑（口）　铲子　铁锹　尺子　扫帚　椅子　锁　钥匙
	伞（顶）　茶壶　扇子　提琴　手枪（支）
2. 本	书（部、套）　著作（部）　字典（部）　杂志（份）　账
3. 部	书（本、套）　著作（本）　字典（本）
	电影（场）　电视剧　交响乐（场）
	电话机　摄像机（架、台）
	汽车（辆、台）
4. 场（阳平）	雨　雪　冰雹　大风
	病　大战　官司
5. 场	电影（部）　演出（台）　话剧（台）　杂技（台）　节目（台、套）　交响乐（部）
	比赛（节、项）　考试
6. 道	河（条）　瀑布（条）
	山（座）　山脉（条）　闪电　伤痕（条）
	门（扇）　墙（面）
	命令（项、条）　试题（份、套）　菜（份）
7. 滴	水　血　油　汗水　眼泪
8. 顶	伞（把）　轿子　帽子　蚊帐　帐篷
9. 对	夫妻　舞伴　耳朵（双、只）　眼睛（双、只）　翅膀（双、只）　球拍（副、只）
	沙发（套）　枕头　电池（节）
10. 朵	花　云（片）　蘑菇

（续上表）

11. 份	菜（道）　午餐　报纸（张）　杂志（本）　文件　礼物（件） 工作（项）　事（件）
	试题（道、套）
12. 幅	布（块、匹）　被面　彩旗（面）　图画（张）　相片（张）
13. 副	对联　手套（双、只）　眼镜　球拍（对、只）
	脸（张）　扑克牌（张）　围棋　担架
14. 个	人　孩子
	盘子　瓶子
	梨　桃子　橘子　苹果　西瓜　土豆　西红柿
	鸡蛋　饺子　馒头
	玩具　皮球
	太阳　月亮　白天　上午
	国家　社会　故事
15. 根	草（棵）　葱（棵）　藕（节）　甘蔗（节）
	胡须　头发　羽毛
	冰棍儿　黄瓜（条）　香蕉　油条　竹竿
	针　火柴　蜡烛（支）　香（支、盘）　筷子（双、支）　电线 绳子（条）　项链（条）
	辫子（条）
16. 家	人家　亲戚（门）
	工厂（座）　公司　饭店　商店　医院（所）　银行（所）
17. 架	飞机　钢琴（台）　摄像机（部、台）　鼓（面）
18. 间	房子（所、套、座）　屋子　卧室　仓库
19. 件	礼物（份）　行李　家具（套）
	大衣　衬衣　毛衣　衣服（套）　西装（套）
	工作（项）　公文　事（份）
20. 节	甘蔗（根）　藕（根）　电池（对）　车厢　课（门）　比赛（场、项）
21. 棵	树　草（根）　葱（根）　白菜

（续上表）

22. 颗	种子（粒） 珍珠（粒） 宝石（粒） 糖（块） 星星 卫星
	牙齿（粒） 心脏
	子弹（粒） 炸弹
	图钉 图章
23. 口	人 猪（头）
	大锅 大缸 大钟（座） 井 宝剑（把）
24. 块	糖（颗） 橡皮 石头 砖 肥皂（条） 手表（只）
	肉（片） 蛋糕 大饼（张） 布（幅、匹） 绸缎（匹） 手绢（条） 地（片）
	石碑（座）
25. 粒	米 种子（颗） 珍珠（颗） 宝石（颗） 牙齿（颗） 子弹（颗）
26. 辆	汽车（部、台） 自行车 摩托车 三轮车
27. 门	课（节） 课程 技术（项）
	亲戚（家） 婚姻
	大炮
28. 名	教师（位） 医生（位） 犯人
29. 面	墙（道） 镜子 彩旗（幅） 鼓（架） 锣
30. 盘	磨（扇） 香（根、支）
	磁带 录像带
31. 匹	马
	布（块、幅） 绸缎（块）
32. 片	树叶 药片 肉（块）
	阴凉 阳光 云（朵） 地（块）
33. 扇	门（道） 窗户 屏风 磨（盘）
34. 双	手（只） 脚（只） 耳朵（对、只） 眼睛（对、只） 翅膀（对、只）
	鞋（只） 袜子（只） 手套（副、只） 筷子（根、支）
35. 所	学校 医院（家） 银行（家） 房子（间、套、座）
36. 台	计算机 医疗设备（套） 汽车（部、辆） 钢琴（架） 摄像机（部、架）
	演出（场） 话剧（场） 杂技（场） 节目（场、套）

（续上表）

37. 套	衣服（件） 西装（件） 房子（间、所、座） 家具（件） 沙发（对） 餐具
	书（本、部） 邮票（张） 医疗设备（台）
	节目（场、台） 试题（道、份）
38. 条	绳子（根） 项链（根） 辫子（根） 裤子 毛巾 手绢儿（块） 肥皂（块）
	船（只） 游艇（只）
	蛇 鱼 狗（只） 牛（头、只） 驴（头、只） 黄瓜（根）
	河（道） 瀑布（道） 山脉（道） 道路 胡同儿 伤痕（道）
	新闻 信息 措施（项） 命令（道、项）
39. 头	牛（条、只） 驴（条、只） 骆驼（只） 羊（只） 猪（口）
	蒜
40. 位	客人 朋友 作家（名）
41. 项	措施（条） 制度 工作（份） 任务 技术（门） 运动 命令（道、条） 比赛（场、节）
42. 张	报纸（份） 图画（幅） 相片（幅） 邮票（套） 扑克牌（副） 光盘
	大饼（块） 脸（副） 嘴
	网 弓
	床 桌子
43. 只	鸟 鸡 鸭 老鼠 兔子 狗（条） 牛（头、条） 驴（头、条） 羊（头） 骆驼（头） 老虎
	蚊子 苍蝇 蜻蜓 蝴蝶
	手表（块） 杯子
	船（条） 游艇（条）
	鞋（双） 袜子（双） 手套（副、双） 袖子 球拍（对、副）
	手（双） 脚（双） 耳朵（对、双） 眼睛（对、双） 翅膀（对、双）
44. 支	笔 手枪（把） 蜡烛（根） 筷子（根、双） 香（根、盘）
	军队 歌

（续上表）

45. 座	山（道） 岛屿
	城市 工厂（家） 学校（所） 房子（间、所、套） 桥
	石碑（块） 雕塑 大钟（口）

（三）规范语序或表达形式

语序和表达形式判断的关键是正确辨别方言中的语法习惯与普通话规范的语法表达。方言与普通话在语序和表达形式方面的差异主要表现在：①表示一些语法意义的用词不同，例如：普通话“他向我走过来”，有方言为“他朝我走过来”。②词语组合形式不同，如状语、补语或宾语在句子中的位置有差异，例如：普通话“我打不过他”，有的湘方言为“我打他不过”；普通话“你先说”，粤方言为“你说先”。应试人复习时不要盲目背诵《普通话水平测试用普通话与方言常见语法差异对照表》，而要注意表中每个大类前的说明文字，找到普通话与自己所属方言区的表达方式的相异之处，举一反三，切勿眉毛胡子一把抓，把其他方言区的也记住，造成记忆混乱。作答时也不要急于回答，应纵览全部选项，选出最好的、最符合语法规范的答案，然后用标准语音读出正确的句子。

附录：普通话水平测试用普通话与方言常见语法差异对照表

说明：

1. 本材料供普通话水平测试第三项——选择、判断测试使用。

2. 内容大致按词法和句法分类排列，词法在前，句法在后。

3. 本材料各语法类别下所列若干组句子，仅为举例性质，远非普通话与方言语法差异的全部，而且同一格式的句子（或词语）尽量不多举，测试命题时可按同格式替换、类推。

4. 所列句子采用单一的选择题型，答案一般是普通话说法（题号右边标注＊）放在前边，方言说法（题号后标“方”的）放在后边，命题时排列顺序应随机变动。

5. a≠b＊，表示当 a b 两句表达的意思不同时，两句都是普通话的说法。a＝b 方，表示 a b 两句表达的意思相同时，b 句是方言说法。

一、词尾

普通话和各方言都有一些词尾，最常见的如“子”、“儿”、“头”等，但这些词尾用在什么词语里，普通话和方言有所不同。最常见的是“子”尾，普通话说“虾”，不带“子”，但江苏很多地方都说“虾子”。与此相反，普通话中的“袜子”，在吴方言大都说成“袜”或“洋袜”。普通话的“鼻子”，吴方言说成“鼻头”。江淮方言中名词的“子”尾特别多，儿化普遍比普通话少，甚至完全没有儿化。普通话中的“明年”、“麦穗儿”、“豆角儿”、“鸡”、“蝴蝶”、“脸盆”、“嘴唇”、“脚底板儿”、“肚脐眼儿”、“裤头儿”、“面条儿”等，在江淮方言中说成“明年子”、“麦穗子”、“豆角子”、“鸡子”、“蝴蝶子”、“脸盆子”、“嘴唇子”、“脚底板子”、“肚脐眼子”、“裤头子”、“面条子”等。普通话的“裤子”、“帽子”，山西某些地区说成“裤的”、“帽的”或“裤儿”、“帽儿”，“狐狸”说成“狐的”或“狐子”。山西方言还往往把儿化词语的“儿”尾去掉，前边的词语重叠。各方言中还有一些普通话中没有的词尾，如吴方言普遍有“厨房间”、“厕所间”、“客堂间”的说法，普通话都不带“间”字。南昌话中重叠副词的词尾“子”，相当于北京话的“儿”。总体上来说，方言中的词尾比普通话用得多。我们说普通话时，要多加注意，或去掉这些词尾，或改用普通话的词尾。

a. 腿变粗了。
b. 腿子变粗了。

（选对 a＊　b 方）

a. 我买了一顶帽子、一条裤子。
b. 我买了一顶帽的、一条裤的。
c. 我买了一顶帽儿、一条裤儿。

（选对 a＊　b c 方）

a. 有一窝鸡都让狐狸吃了。
b. 有一窝鸡都让狐的吃了。
c. 有一窝鸡都让狐子给吃了。

（选对 a＊　b c 方）

a. 灯丝儿又断了。
b. 灯丝的又断了。
c. 灯丝子又断的。

（选对 a＊　b c 方）

a. 门上有一个眼儿。
b. 门上有一个眼眼。

(选对 a *　b 方)

a. 把瓶子上的盖儿拧开。
b. 把瓶瓶上的盖盖拧开。

(选对 a *　b 方)

a. 我捉住它的小腿，把它带回去。
b. 我捉住它的小腿子，把它带回去。

(选对 a *　b 方)

a. 我就这样度过了童年。
b. 我就这样子度过了童年。

(选对 a *　b 方)

二、"这"

普通话中，指示代词"这"用来指代人和事物，表示近指，与"那"(远指)相对。在一些方言里常常没有"这"。

a. 这支笔是谁的?
b. 支笔是谁的?

(选对 a *　b 方)

a. 这朵花真好看。
b. 朵花真好看。

(选对 a *　b 方)

a. 这本书是我的。
b. 本书是我的。

(选对 a *　b 方)

三、数量

福建等一些方言的称数法与普通话的不太一样，说普通话时往往在数量上加以替代或省略。

a. 他今年二十一岁。
b. 他今年二一岁。

(选对 a *　b 方)

a. 我有一百一十八块钱。
b. 我有百一八块钱。

（选对 a＊　b 方）

a. 这大米有一千三百公斤。
b. 这大米有千三公斤。

（选对 a＊　b 方）

a. 这座山有一千九百五十米高。
b. 这座山有千九五米高。
c. 这座山有一千九五米高。

（选对 a＊　b c 方）

a. 距离考试还有一个多月。
b. 距离考试还有月把天/月把日。

（选对 a＊　b 方）

a. 我们写作业用了一个多钟头。
b. 我们写作业用了一点半钟头。
c. 我们写作业用了点半钟头。

（选对 a＊　b c 方）

a. 他审阅了二百一十三个方案。
b. 他审阅了二百十三个方案。

（选对 a＊　b 方）

四、“二”与“两”

在普通话里，“两”一般只作基数词，“二”除了作基数词外，还可以作序数词，但在一般量词如“层”的前面，“二”只能作序数词，“二层楼”是第二层楼的意思。“二”与“两”都作基数词的时候，意思是一样的，但是根据普通话的习惯，用法也有许多不同。一些方言的习惯说法也与普通话不一样。

a. 二比二（竞赛比分）。
b. 两比两。

（选对 a＊　b 方）

a. 他大约要两三个月才能回来。
b. 他大约要二三个月才能回来。

（选对 a＊　b 方）

a. 还有二两油。
b. 还有两两油。

（选对 a＊ b 方）

a. 下午两点多。
b. 下午二点多。

（选对 a＊ b 方）

a. 我家住在二层。
b. 我家住在两层。

（选对 a＊ b 方）

a. 两个人的世界。
b. 二个人的世界。

（选对 a＊ b 方）

五、“给”

动词“给”在湖北、湖南等地常说成“把”，南昌话把“给”说成“到”，同时在结构上也与普通话不同。

a. 把书给他。
b. 把书把给他。
c. 把书把他。

（选对 a＊ b c 方）

a. 给我一本书。
b. 拿一本书到我。

（选对 a＊ b 方）

六、“能”（善于）

“能”在普通话里有一种意思是表示“善于”，前边可以用程度副词“很”、“非常”修饰。有些方言区用“会”代替“能”，普通话“程度副词＋会”也有“善于”的意义，所以在这种情况下“能”和“会”通用。“程度副词＋不会”表示“不善于”，但“不能”的前面不可以用程度副词。前面没有程度副词的“不会”和“不能”意义不同。

a. 他很能说。
b. 他很会说。
c. 他很不会说话。

d. 他很不能说话。

（选对 a＊b＊c＊ d 方）

a. 妈妈很能干活。

b. 妈妈很会干活。

c. 妈妈很不会干活。

d. 妈妈很不能干活。

（选对 a＊b＊c＊ d 方）

a. 他不会不来。（一定会来）

b. 他不能不来。（一定要来）

（选对 a≠b＊ a＝b 方）

七、“能”（可以）

“能”在普通话中，还有“可以”的意思。四川等地在句中动词的后面加“得”表示可以、可能做某种动作，闽南方言用“会”来表示可以、可能做某种动作。

a. 这凳子能坐三个人。

b. 这凳子坐得三个人。

c. 这凳子会坐得三个人。

d. 这凳子会坐三个人。

（选对 a＊ b c d 方）

a. 你能走吗？能走。

b. 你会走吗？会。

c. 你走得不？走得。

（选对 a＊ a＝b 方 c 方）

a. 这条裤子你能穿。

b. 这条裤子你会穿。

c. 这条裤子你穿得。

（选对 a＊ a＝b 方 c 方）

a. 开了刀，他笑都不能笑。

b. 开了刀，他笑都笑不得。

（选对 a＊ b 方）

a. 他伤好了，能走路了。

b. 他伤没好，不能走路。

c. 他伤好了，会走路了。

d. 他伤没好，不会走路。

（选对 a＊　a＝c 方　b＝d 方）

a. 可以看，不可以摸。

b. 会看得，不会摸得。

（选对 a＊　b 方）

a. 路太滑，我不能开快车。

b. 路太滑，我不敢开快车。

（选对 a≠b＊　a＝b 方）

a. 他能听得懂。

b. 他会听得来。

c. 他听会来。

d. 他能听得知。

e. 他晓得听。

（选对 a＊　b c d e 方）

八、“来”、“去”

“来”、“去”在普通话句子中都有两种功能：一个是实义动词，一个是意义虚化，在动词后只表示一种趋向，但“来”、“去”所表示的趋向相反。在一些方言中常常在“去”之前衍生出一个“来”字，动词后的“去”又说成“来”。闽南话中“来去”还有“将要”的意思，表示一种意向，指现在正开始行动。

a. 我正要吃饭去。

b. 我正要去吃饭。

c. 我来去吃饭。

（选对 a＊b＊　c 方）

a. 我告诉他。

b. 我去告诉他。

c. 我来去告诉他。

（选对 a＊b＊　c 方）

a. 咱们逛街去。

b. 咱们去逛街。

c. 咱们来去逛街。

（选对 a＊b＊　c 方）

a. 我们去问他。

b. 我们来问他。

c. 我们问他去。

d. 我们去问他来。

（选对 a≠b＊“趋向不同” c＊ a=b 方 d 方）

a. 我们一起去看电影好吗？

b. 我们一起来去看电影好吗？

（选对 a＊ b 方）

九、“起来”

普通话里趋向动词“起来”常放在动词或形容词之后，表示动作或状态的开始，格式是“动词＋起＋宾语＋来”，有时也可以说成“宾语＋动词＋起来”。有些方言把“起来”放在宾语之后。

a. 下起雨来了。

b. 下雨起来了。

（选对 a＊ b 方）

a. 说起话来没个完。

b. 话说起来没个完。

c. 说话起来没个完。

（选对 a＊b＊ c 方）

十、形容词重叠

形容词在普通话中可以重叠，但单音节词重叠一般要在后面加上“的”字，如“红”重叠为“红红的”。但在湖北、浙江等地的一些方言里常常没有“的”，有的方言里甚至有三叠。普通话中状态形容词及其重叠形式和某些方言中的表示法也不同。另外要注意，性质形容词的重叠式和状态形容词不再受程度副词的修饰。

a. 他的手洗得很白。

b. 他的手洗得白白。

c. 他的手洗得白白白。

（选对 a＊ b c 方）

a. 血红血红的。

b. 血红红的。

c. 红蛮红的。
d. 红红哇的。

（选对 a＊　b c d 方）

a. 冷冰冰。
b. 冰冰冷。
c. 冷冰哒。
d. 冰嘎凉。

（选对 a＊　b c d 方）

a. 雪白雪白的。
b. 雪雪白的。
c. 雪白白的。

（选对 a＊　b c 方）

a. 喷喷香。
b. 香喷喷。
c. 喷香香。

（选对 a＊b＊　c 方）

a. 清清白白。
b. 清清白。
c. 清白清白。

（选对 a＊　b c 方）

a. 认认真真。
b. 认认真。

（选对 a＊　b 方）

a. 高高兴兴。
b. 高高兴。

（选对 a＊　b 方）

a. 大大方方。
b. 大大方。
c. 大方大方。

（选对 a＊a≠c＊　b 方）

a. 普普通通。
b. 普普通。

（选对 a＊　b 方）

十一、程度副词

普通话里“很”、“太”、“非常”等程度副词可以直接放在动词、形容词之前表示动作、性状的程度，但不能直接放在动词、形容词之后。有些方言（如四川话）却常把“很”直接放在动词、形容词之后表示程度。有些方言中虽然程度副词也可以直接放在动词、形容词之前，但所用的是不同于普通话的方言副词，如“好”、“好好”、“忒”、“过”、“老”、“异”等。

a. 菜太老了，不能吃了。
b. 菜老很啰，吃不得啰。

（选对 a＊　b 方）

a. 这花儿多好看啊！
b. 这花儿好好看啊！

（选对 a＊　b 方）

a. 这天真蓝啊！
b. 这天好好蓝啊！

（选对 a＊　b 方）

a. 冬天北方非常冷。
b. 冬天北方过冷。
c. 冬天北方老冷。
d. 冬天北方异冷。

（选对 a＊　b c d 方）

a. 我太紧张了。
b. 我过紧张了。
c. 我忒紧张了。
d. 我太过紧张了。

（选对 a＊　b c d 方）

a. 他非常可爱。
b. 他好好可爱。

（选对 a＊　b 方）

a. 这朵花真香。
b. 这朵花几香啊。
c. 这朵花老香。

（选对 a＊　b c 方）

a. 这菜太咸。
b. 这菜齁咸。

c. 这菜伤咸。

d. 这菜咸伤了。

e. 这菜老咸。

(选对 a＊　b c d e 方)

十二、范围副词

范围副词“都”、“全”在普通话中表意基本相同，在“都/全＋动词＋补语”的格式中表示“全部”，但在一些方言中表示该意义往往用“动＋动＋补语”的格式。

a. 你们都出去。

b. 你们全出去。

c. 你们全都出去。

d. 你们出出去。

(选对 a＊b＊c＊　d 方)

a. 都收起来。

b. 收收起来。

(选对 a＊　b 方)

十三、否定副词“不”

普通话里表示否定的副词“不”，在福建等地的一些方言中常常说成“没、没有”。

a. 他手表丢了找不到。

b. 他手表丢了没有地方找。

(选对 a≠b＊　a＝b 方)

a. 你去，我不去。

b. 你去，我没有去。

(选对 a＊　b 方)

a. 不，他不是这样唱的。

b. 没有，他不是这样唱的。

(选对 a＊　b 方)

a. 这菜不咸。

b. 这菜没有咸。

(选对 a＊　b 方)

a. 他不回家。

b. 他没有回家。

（选对 a≠b＊　a＝b 方）

a. 我吃不到荔枝。

b. 我吃没有荔枝。

（选对 a＊　b 方）

a. 妈妈说红的花多半不香。

b. 妈妈说红的花多半没有香。

（选对 a＊　b 方）

a. 他脑子不笨。

b. 他脑子没有笨。

（选对 a＊　a＝b 方）

十四、介词“被”

普通话常用介词“被”（口语里常用“叫”、“让”等）引进施事宾语，放在谓语动词前，构成表示被动意义的“被”字句。一些方言里表示被动意义的介词的位置跟普通话相同，但所用介词与普通话不同。如长沙话把“被”说成“捞”；临武话把“被”说成“阿”；山西话把“被”说成“招”、“得”；四川等地把“被”说成“遭”、“拿给”等；湖北等方言区把“让”说成“尽”、“把”等，甚至用“把”兼当“把”字句和“被”字句的公用词，如“弟弟把他哥哥打了”；福建等地口语里还常用“给”表示被动意义，有时会造成歧义。

a. 妹妹的书包被树枝挂破了。

b. 妹妹的书包遭树枝枝挂破啰。

（选对 a＊　b 方）

a. 我的书被别人借走了。

b. 我的书遭别人借走啰。

c. 我的书拿给别人借走了。

（选对 a＊　b c 方）

a. 我们被他骂了一顿。

b. 我们遭他骂了一顿。

c. 我们招他骂了一顿。

（选对 a＊　b c 方）

a. 大家都被他说乐了。

b. 大家都叫他说乐了。

c. 大家都招他说乐了。

d. 众人都得他说乐了。

（选对 a＊b＊　c d 方）

a. 别让他跑了。

b. 别尽他跑了。

c. 别被他跑了。

（选对 a＊　b c 方）

十五、介词："从"、"在"、"到"、"向"、"往"

"从"在普通话里是表示动作起始点的介词，常常跟宾语构成介词短语作状语。福建的一些地区方言常把"从"说成"对"、"走"等，山西的一些地区方言则说成"朝"、"赶"、"假"、"跟"、"以"、"拿"、"到"等。

普通话里常用介词"在"、"到"构成介词短语作谓语动词的状语或补语表示处所。有些方言区把"在"、"到"说成"咧"、"搭"、"搁"等，有的干脆省略掉介词，让谓语动词与后面的处所名词直接组合。

普通话里表示方向的介词"往"，山西地区说成"去"，介词"向"在福建地区说成"给"。

a. 从杭州出发。

b. 对杭州出发。

c. 起杭州出发。

（选对 a＊　b c 方）

a. 从这儿离开。

b. 走这儿离开。

c. 起这儿离开。

（选对 a＊　b c 方）

a. 我从太原来。

b. 我朝太原来。

c. 我赶太原来。

d. 我迎太原来。

e. 我假太原来。

f. 我以太原来。

g. 我拿太原来。

（选对 a＊　b c d e f g 方）

a. 面包掉在地上了。

b. 面包掉咧地上了。

c. 面包掉撂地上了。

（选对 a＊　b c 方）

a. 把花放到窗台上吧。

b. 把花放咧窗台上吧。

c. 把花放撂窗台上吧。

（选对 a＊　b c 方）

a. 你把钱放在桌子上吧！

b. 你把钱放桌子上吧！

c. 你把钱稳儿桌子上吧！

（选对 a＊　b c 方）

a. 在黑板上写字。

b. 搁黑板上写字。

c. 跟黑板上写字。

（选对 a＊　b c 方）

a. 你往东走，我往西走。

b. 你去东走，我去西走。

（选对 a＊　b 方）

a. 向老师借书。

b. 给老师借书。

（选对 a≠b＊　a＝b 方）

十六、动态助词："着"、"了"、"过"

普通话里表示动态的助词主要有"着"、"了"、"过"3个，它们附着在动词或形容词之后表示动词或形容词的某种语法意义。动态助词"着"用在动词、形容词后面，主要表示动作在进行或状态在持续，有时表示动作后的存在状态。"了"主要表示动作行为的完成。四川、湖北等地常把"着"或"了"说成"得有"，把"着"说成"倒"、"起"等。四川话还可以在动词后面带"起在"、"倒起"等，表示普通话里"着"的意思。福建方言区有些地方还把"了"说成"掉"。还有的方言里把"着"放在宾语之后。普通话动态助词"过"用在动词、形容词之后，主要表示动作的完成，或者表示曾经发生这样的动作、曾经具有这样的状态。有些方言区（如广东、福建）则常用"有＋动"或"有＋动＋过"的格式来表示。"有"字跟其他动词连用，在普通话里仅限于一些来自文言的客套话，例如："有请"、"有劳"、"有待"、"有赖"。

a. 我带着钱呢。
b. 我带得有钱。

(选对 a＊　b 方)

a. 他额头上又没有刻着字。
b. 他额头上又没有刻得有字。

(选对 a＊　b 方)

a. 他带着火柴呢。
b. 他带得有火柴呢。

(选对 a＊　b 方)

a. 给你留了包子。
b. 给你留得有包子。

(选对 a＊　b 方)

a. 今天走了五十里路。
b. 今天走得有五十里路。

(选对 a＊　b 方)

a. 他看着看着就睡着(zháo)了。
b. 他看倒看倒就睡着了。

(选对 a＊　b 方)

a. 我们都等着你呢!
b. 我们都在等倒你在!

(选对 a＊　b 方)

a. 他要做,你也只好看着。
b. 他要做,你也只好看起。
c. 他要做,你也只能看倒。

(选对 a＊　b c 方)

a. 师傅把着手教我。
b. 师傅把倒手教我。

(选对 a＊　b 方)

a. 坐着说不如站着干。
b. 坐起说不如站起干。

(选对 a＊　b 方)

a. 他还玩着呢。
b. 他还要起在。

(选对 a＊　b 方)

a. 提包在墙上挂着呢。

b. 包包在墙壁上挂起在。

（选对 a＊　b 方）

a. 气死了。

b. 气死掉。

（选对 a＊　b 方）

a. 妈妈在家等着你呢。

b. 妈妈在家等你着呢。

（选对 a＊　b 方）

a. 这件事我说过。

b. 这件事我有说。

c. 这件事我有说过。

（选对 a＊　b c 方）

a. 今天上午他来过。

b. 今天上午他有来。

c. 今天上午他有来过。

（选对 a＊　b c 方）

a. 老师为此表扬过我。

b. 老师为此有表扬过我。

（选对 a＊　b 方）

a. 爸爸早年做过苦力。

b. 爸爸早年有做过苦力。

（选对 a＊　b 方）

十七、结构助词："的"、"地"

普通话里的结构助词"的"、"地"，在有些方言里说成"葛"、"子"。在测试中有的人普通话发音很好，但往往在某些助词上露出方言词的痕迹。比如吴方言有一个用在句末的助词"葛"，出现频率很高，它大体相当于普通话的"的"，来自吴方言地区的人在说普通话时，常常会不自觉地把它变为"的"，例如："很好的。""他会来的。"这似乎没什么问题，因为有时普通话也这么说，但有时这种表达在交际中相对而言不够规范。

a. 这是你的字典。

b. 这是你葛字典。

（选对 a＊　b 方）

a. 我们慢慢地走。
b. 我们慢慢子走。

（选对 a＊　b 方）

a. 慢慢地吃。
b. 慢慢儿吃。
c. 慢慢子吃。

（选对 a＊b＊　c 方）

十八、语气词

普通话里语气词用在句尾，表示种种语气，根据所表示的语气的不同分为陈述语气词、疑问语气词、祈使语气词和感叹语气词。普通话里表示陈述语气的“嘛”，湖北话经常用“吵”、“着”、“子”等；表示陈述语气的“呢”，内蒙古等地用“的嘞”；疑问语气词“吧”，内蒙古方言中常用“哇”。有时不需要句末语气词，有的地方却加上语气词“的”；有时应该用语气词“了”，有的地方却用了“的”。

a. 先坐下，你别慌嘛。
b. 先坐下，你别慌吵。
c. 先坐下，你不慌着。

（选对 a＊　b c 方）

a. 你忙什么呀？
b. 你忙什么子？

（选对 a＊　b 方）

a. 姐姐看孩子呢。
b. 姐姐看孩子的嘞。
c. 姐姐看孩子的哩。

（选对 a＊　b c 方）

a. 这是上次看的电影吧？
b. 这是上次看的电影哇？

（选对 a＊　b 方）

十九、前缀

在普通话中没有前缀的地方，晋方言区的一些地方会加上前缀。

a. 开了一朵红花。

b. 开了一圪朵红花。

（选对 a＊　b 方）

a. 他可会哄人呢。

b. 他可会日哄人哩。

（选对 a＊　b 方）

a. 那是个能人，要一套有一套。

b. 那是个日能人，要一套有一套。

（选对 a＊　b 方）

a. 溅了一地水。

b. 不溅了一地水。

（选对 a＊　b 方）

二十、动不动、形不形

“动不动”、“形不形”，是普通话里的一种选择疑问句式，选择项是对一件事物的肯定和否定．常说成“A 不 A”、“AB 不 AB”或“A 没 A”、“AB 没 AB”等。烟台（老派）、威海、荣成、文登、乳山、牟平等县市，说成“是不 A”、“是不 AB”或“是没 A”、“是没 AB”。龙口、蓬莱、长岛等地说成“是 A”、“是 AB”等。湖北和山东有些地区（招远、长岛等）用动词、形容词重叠的形式来表示反复问的意义，构成“AA”、“AAB”形式。山东潍坊、济宁等地常用简略的形式表示疑问，在动词、形容词后面加上“不”构成“A 不”或“AB 不”的格式，“不”后面的形容词和动词一般不再出现。还有些地区（菏泽等）则直接在动词、形容词后加助词“啵”来表示疑问。淄博、青州、临朐、寿光等地通用的格式是“A 啊吧?”“A 啊不?”或者“AB 啊不?”

a. 你看不看电影?

b. 你是不看电影?

（选对 a＊　b 方）

a. 你家里有没有人?

b. 你家里是没有人儿?

（选对 a＊　b 方）

a. 天黑没黑?

b. 天是没黑?

（选对 a＊　b 方）

a. 菜咸不咸?
b. 菜实咸?
c. 菜阿咸?

(选对 a＊　b c 方)

a. 电影好看不好看?
b. 电影儿实好看?

(选对 a＊　b 方)

a. 你去不去?
b. 你实去?

(选对 a＊　b 方)

a. 这菊花香不香?
b. 这菊花香香?

(选对 a＊　b 方)

a. 他聪明不聪明?
b. 他聪聪明?

(选对 a＊　b 方)

a. 你去不去逛街?
b. 你去去逛街?

(选对 a＊　b 方)

a. 你们来过没来过?
b. 你们来来没呐?

(选对 a＊　b 方)

a. 他们坐不坐?
b. 他们坐不?

(选对 a＊　b 方)

a. 屋里热不热?
b. 屋里热啵?

(选对 a＊　b 方)

a. 行不行?
b. 中啊吧?
c. 中啊不?

(选对 a＊　b c 方)

a. 你有没有钱?
b. 你有钱啊吧?
c. 你不钱啊不?

(选对 a＊　b c 方)

a. 那东西重不重?

b. 那东西重咧不?

c. 那东西重啊不?

d. 那东西重咧不咧?

（选对 a＊　b c d 方）

二十一、“会不会”、“能不能”、“有没有”

普通话里用来表示疑问的句式“会不会”，在四川等地的一些方言中用“（动）得来（动）不来”、“（动）得来不”（表示问有没有能力做某事）或“得不得（动）”（表可能）这样的句式。普通话回答是在动词前面加“会”、“不会”来表示，而四川等地的方言一般用“（动）得来”、“（动）不来”（表示没有能力做某事），或者用“不得（动）”、“不得会（动）”（表可能）来表示。但像“合得来”、“合不来”；“谈得来”、“谈不来”等是一些方言和普通话里都有的说法，表达的意思也一样。普通话里表许可或可能的疑问句式“能不能（动）”、“能（动）不能（动）”，在有些方言里用“（动）得不”来表示，回答一般用“（动）得”表示肯定或许可，用“（动）不得”表示否定或不许可。普通话中“有没有”的意思，有的方言里用“得不得”来表示。

a. 这种舞你会不会跳?

b. 你会跳这种舞吗?

c. 这种舞你会跳不会跳?

d. 这种舞你跳得来跳不来?

e. 你跳得来这种舞不?

f. 这种舞你跳得来不?

（选对 a＊b＊c＊　d e f 方）

a. 我们不会说谎。

b. 我们说不来谎。

（选对 a＊　b 方）

a. 我不喜欢闻烟味儿。

b. 我闻不来烟味儿。

（选对 a＊　b 方）

a. 他不吃辣椒。

b. 他吃不来辣椒。

（选对 a＊　b 方）

a. ——他会不会不理我?

——不会，他不会。

b. ——他得不得不理我？

——不得，他不得。

（选对 a＊　b 方）

a. ——他会不会来？

——他不会来。

b. ——他得不得来？

——他不得来。

（选对 a＊　b 方）

a. 他不会强迫我们走。

b. 他不得会强迫我们走。

（选对 a＊　b 方）

a. ——他行不行？

——不行，真的不行。

b. ——他得不得行？

——不得行，真的不得行。

（选对 a＊　b 方）

a. ——你能不能走？

——我能走/我不能走。

b. ——你走得不？

——我走得/我走不得。

（选对 a＊　b 方）

a. 这东西能不能吃？

b. 这东西能吃不能吃？

c. 这东西吃得不？

（选对 a＊b＊　c 方）

二十二、“不知道”、“不认得”

普通话里的“不知道”、“不认得”等表示法，湖北有的地区说成“找不到”，有的地区则把“不认得”说成“认不到”或“不会认得到”，还有的地区把否定词“不”移到“知道”或“认得”之间，或者说成“晓不得”。

a. 这件事我不知道。

b. 这件事我知不道。

c. 这件事我晓不得。

（选对 a＊　b c 方）

a. 这个人我不认得。

b. 这个人我认不到。

c. 这个人我不会认得到。

（选对 a＊　b c 方）

a. 这道题怎么答，我不知道。

b. 这道题怎么答，我知不道。

c. 这道题怎么答，我找不到。

d. 这道题怎么答，我晓不得。

（选对 a＊　b c d 方）

a. 这事我真的不知道。

b. 这事我真的知不道。

c. 这事我真的找不到。

（选对 a＊　b c 方）

二十三、动＋宾＋补、动＋补＋宾

补语和宾语都在动词后面，两个成分同时出现时，涉及语序问题。这种顺序有的时候取决于补语，即不同的补语和中心语结合的紧密程度不同；有的时候又取决于宾语，即不同的宾语要求有不同的位置。表示结果、程度、可能的补语跟动词关系密切，一般紧接动词谓语后，总是在宾语前面。有些方言则把这个补语放在宾语之后（如粤、闽、客家等方言）。湖南有些方言也常在否定句中把宾语放在补语前边。

在一些方言里，否定副词和数量补语的语序也常有变化。作为数量补语，在普通话里一般既可放在宾语前，又可置于宾语后，形成“动＋补＋宾”和“动＋宾＋补”两种句式，但两者表示的意义稍有不同，“动＋补＋宾”更强调宾语。

a. 我说（比、打、跑）得过他。

b. 我说（比、打、跑）他得过。

c. 我说（比、打、跑）得他过。

（选对 a＊　b c 方）

a. 我说（比、打、跑）不过他。

b. 我说（比、打、跑）他不过。

c. 我说（比、打、跑）不他过。

（选对 a＊　b c 方）

a. 我想看他一下。
b. 我想看一下他。
c. 我想看他下子。

（选对 a≠b＊，其中 b 强调了“他”　a＝b 方 c 方）

a. 我找过他几次。
b. 我找过几次他。

（选对 a≠b＊，其中 b 强调了“他”　a＝b 方）

二十四、双宾语

a. 我给他三斤苹果。
b. 我给三斤苹果他。
c. 我苹果给他三斤。
d. 我给三斤苹果给他。
e. 我苹果三斤给他。

（选对 a＊　b c d e 方）

a. 送我一件衣服。
b. 送一件衣服我。
c. 送一件衣服给我。
d. 衣服一件送我。
e. 衣服送一件给我。

（选对 a＊c＊　b d e 方）

二十五、状＋动/形

普通话里，副词与动词、形容词组合时，副词放在被修饰、限制词语前作状语，而有些方言（如广东、广西、上海、福建一些地方的方言）则把它们放在被修饰、限制词语后作补语。

a. 别客气，你先走（去、洗、说、看、睡、吃）。
b. 别客气，你走（去、洗、说、看、睡、吃）先。
c. 别客气，你走（去、洗、说、看、睡、吃）头先。
d. 别客气，你走（去、洗、说、看、睡、吃）在先。

（选对 a＊　b c d 方）

a. 注意，少喝点酒对身体有好处。

b. 注意，喝少点酒对身体有好处。

（选对 a＊　b 方）

a. 上海快到了。

b. 上海到快了。

（选对 a＊　b 方）

a. 汽车快来了。

b. 汽车来快了。

（选对 a＊　b 方）

a. 他快吃完饭了。

b. 他饭吃好快了。

（选对 a＊　b 方）

a. 你再吃一碗。

b. 你吃一碗添。

（选对 a＊　b 方）

a. 他们还没扫干净。

b. 他们扫没没干净。

（选对 a＊　b 方）

二十六、状 + 动 + 补

在普通话里这种句式中的状语多为“多”或“少”，补语一般都是数量补语。在广西等地的一些方言里常常把在动词前的状语“多”、“少”放在动词后，这样，有的形成了错误的句子，有的形成了正确的句子，而且“多”、“少”等词在功能上发生了变化，句子的意义也发生了变化。

a. 你少说两句。

b. 你说少两句。

（选对 a＊　b 方）

a. 你多吃一点。

b. 你吃多一点。

（选对 a≠b＊　a＝b 方）

a. 多用一点时间来陪孩子。

b. 用多一点时间来陪孩子。

（选对 a＊　b 方）

a. 今天多送你一点礼物。
b. 今天给送多一点礼物。

（选对 a＊　b 方）

a. 请你多拿点儿。
b. 请你拿多点儿。

（选对 a≠b＊　a＝b 方）

a. 请你多喝两杯。
b. 请你喝多两杯。

（选对 a＊　b 方）

二十七、形/动＋补

普通话里“形/动＋补”格式，在湖北、山西等地的一些方言里有不同的表示法，有的格式上有差别，有的补语用词有所不同。

a. 衣服叫他弄脏了。
b. 衣服叫他弄脏了脏。

（选对 a＊　b 方）

a. 这本书给他弄丢了。
b. 这本书给他弄丢了丢。

（选对 a＊　b 方）

a. 天气热得很。
b. 天热得太太。
c. 天热得来来。

（选对 a＊　b c 方）

a. 他累得满头大汗。
b. 他累得汗流。
c. 他累得汗滴滴声。

（选对 a＊　b c 方）

a. 把桌子搬开了。
b. 把桌子搬转了。

（选对 a＊　b 方）

二十八、够＋形、动＋清楚＋了

普通话中有“够＋形”或“动＋清楚＋了”等格式，表示动作或状态达到一定程度。有些方言则用“有+形”或“动+有”的格式来表示这种意思。

a. 菜够咸了。

b. 菜有咸。

（选对 a＊　b 方）

a. 我听清楚了。

b. 我听有。

（选对 a＊　b 方）

二十九、补语

普通话里表示可能或不可能的动补结构“动+得/不+了”，其中补语“了（liǎo）”在一些方言里说成“倒”或“脱”，有时也说成“起”。普通话里用趋向动词“上”、“下”充当补语，在四川方言中常用“起”。有些动补结构在吴方言和江淮方言中常常重复动词，然后加补语。

a. 你们来得了来不了？

b. 你们来得倒来不倒？

（选对 a＊　b 方）

a. 我们走不了啦。

b. 我们走不倒啰。

（选对 a＊　b 方）

a. 这件事现在还定不了。

b. 这个事情现在还定不倒。

（选对 a＊　b 方）

a. 妹妹只吃得了半碗饭。

b. 妹妹只吃得倒半碗饭。

（选对 a＊　b 方）

a. 没有准备，我发不了言。

b. 没有准备，我发不起言。

（选对 a＊　b 方）

a. 我们拿不走。

b. 我们拿不起。

（选对 a＊　b 方）

a. 快把你的东西弄走。

b. 快把你的东西弄起走。

（选对 a＊　b 方）

a. 这稿子明天写得完吗?

b. 这稿子明天写得起吗?

c. 这稿子明天写不完。

d. 这稿子明天写得完。

e. 这稿子明天写不起。

f. 这稿子明天写得起。

（选对 a＊c＊d＊　b e f 方）

a. 你躲得了和尚躲不了庙。

b. 你躲得脱和尚躲不脱庙。

（选对 a＊　b 方）

a. 你站好。

b. 你站站好。

（选对 a＊　b 方）

a. 我一定要弄清楚。

b. 我一定要弄弄清楚。

（选对 a＊　b 方）

三十、比较句

普通话里表示比较的句式中有一类是用“比”字构成的，其基本格式为“甲＋比＋乙＋比较语”。广西等地有些方言不用“比”字，常用“过”字，其格式为“甲＋比较语＋过＋乙”，或者不用“比”、“过”一类介词，格式为“甲＋动词/形容词＋乙”。青岛、烟台、威海、潍坊、新泰等地区常用的结构为“甲＋形容词＋起＋乙”。而利津一带比较句常见的格式为“甲＋比较语＋的＋乙”。

有些方言区，如济南、泰安、临沂等地，比较句式与普通话相当，但常用“伴”、“给”、“跟”等代替介词“比”引进比较对象。还有些方言用“赶”、“跟”、“评”、“品”、“的”等引进比较对象。

普通话里表示比较的句式中还有一类是用动词“不如”构成的，格式为“甲不如乙＋比较语”。有些方言区，如山东菏泽、青州、临朐等地，把“不如”说成“不跟”。

a. 牛比猪大很多。

b. 牛大过猪很多。

（选对 a＊　b 方）

a. 四川省比广东省大。
b. 四川省大过广东省。

（选对 a＊　b 方）

a. 我唱歌比他好。
b. 我唱歌好过他。

（选对 a＊　b 方）

a. 骑车比走路快。
b. 骑车快过走路。

（选对 a＊　b 方）

a. 兔子跑得比乌龟快。
b. 兔子跑快乌龟。

（选对 a＊　b 方）

a. 你比我矮。
b. 你矮我。
c. 你比我过矮。
d. 你比较矮我。
e. 你比我较矮。

（选对 a＊　b c d e 方）

a. 我一米六，你一米八，我没有你高。
b. 我一米六，你一米八，我不比你高。

（选对 a＊　a＝b 方）

a. 一天更比一天好。
b. 一天强起一天。

（选对 a＊　b 方）

a. 哥哥长得不比我高。
b. 哥哥长得不高起我。
c. 哥哥长得不高过我。

（选对 a＊　b c 方）

a. 这本书不比那本好看。
b. 这本书不好看起那本。
c. 这本书不好看过那本。

（选对 a＊　b c 方）

a. 全班没有比他更聪明的了。
b. 全班儿没聪明起他。

（选对 a＊　b 方）

a. 他比我高。
b. 他赶我高。
c. 他跟我高。
d. 他评我高。
e. 他品我高。

(选对 a* b c d e 方)

a. 这个不比那个更好。
b. 这个不更强的那个。

(选对 a* b 方)

a. 他跑得不比我快。
b. 他跑得不快的我。
c. 他跑得不快过我。

(选对 a* b c 方)

a. 你穿着它不比我穿着好看。
b. 你穿着它不好看的我穿着。

(选对 a* b 方)

a. 这件衣服不如那件漂亮。
b. 这件衣服不跟那件漂亮。

(选对 a* b 方)

a. 我不如他。
b. 我不值他。
c. 我没有他有料。

(选对 a* b c 方)

a. 他不会比你差。
b. 他不得比你差。
c. 差，他就不得来。
d. 他不会差过你。

(选对 a* b c d 方)

三十一、"把"字句

"把 + 宾语 + 谓语 + 补语"这种"把"字句是普通话里很常见的一种句型。它用介词"把"将谓语动词后的受事宾语提到动词之前，表示对一种事物或现象的处置，谓语动词后常带趋向补语或处所补语。但有些方言区（如山东西部）常常把代词宾语放在动词之后或复合趋向动词（如出来、起来）

之间。

a. 我们把他抓起来。

b. 我们抓他起来。

（选对 a＊　b 方）

a. 我把他拉上去。

b. 我拉他上去。

c. 我拉上他去。

（选对 a＊　b c 方）

a. 我把他推到地上。

b. 我推他地下。

（选对 a＊　b 方）

a. 他把我关在门外了。

b. 他关我门外了。

（选对 a＊　b 方）

三十二、并列关系复句和关联词语

复句是由两个或两个以上意义相关的分句组成的较复杂的句子。复句里各个分句之间都有一定的关系，这种关系常常通过一定的关联词语来表示。几个分句分别说明或描写几件事情、几种情况或同一事物的几个方面，分句间的关系是并举的或者是对举的，这就是并列关系。普通话常用的关联词是“也”、“又”、“还”、“既……又……”、“一边……一边……”、“一方面……一方面……”等。有些方言则不同。

a. 咱们一边吃饭，一边说话。

b. 咱赶着吃饭，赶着说话。

c. 咱们一抹儿吃饭，一抹儿说话。

（选对 a＊　b c 方）

a. 一边看电视，一边打毛衣。

b. 一不嘞看电视，一不嘞打毛衣。

c. 一不瞧电视，一不地打毛衣。

（选对 a＊　b c 方）

三十三、取舍关系复句和关联词语

选择关系复句里有一类取舍复句，两个分句表示不同的事物，说话者已经决定选取其中一种，舍弃另一种，常用的关联词有“与其……不如……”、“宁可……也不……”等。有些方言使用不同的手段表示这种取舍关系。

a. 宁可我去，也不能叫你去。
b. 能我去，也不能叫你去。
c. 就算我去，也不能叫你去。
d. 就是我去，也不能叫你去。
e. 情愿我去，也不能叫你去。

（选对 a * b c d e 方）

三十四、假设关系复句和关联词语

假设关系复句是指一个分句假设一种情况，另一个分句说明假设的情况实现了就会有怎样的结果，常用“如果（假如、要是）……就……”等关联词语来表示这种关系。山东烟台、威海、荣成、牟平、龙口、蓬莱、长岛等地还有一种很独特的说法：“不着……就……”，它表达的含义比较复杂，相当于普通话的“如果不是因为……就……”。

a. 如果不是因为姐姐扶着我，我就跌倒在那儿了。
b. 不着姐姐扶着我，我就磕儿那去了。

（选对 a * b 方）

a. 如果不是因为你，妈妈就不来了。
b. 不着你，妈妈就不来了。

（选对 a * b 方）

a. 如果不是因为你碰它，盘子能打碎吗？
b. 不着你碰它，盘子能打了吗？

（选对 a * b 方）

三、选择判断实例训练

练习一

1. 词语判断：请判断并读出下列 10 组词语中的普通话词语（注意：下列每组词语各表达同一概念）

（1）如崭　现在　而家　今下　目下
（2）瞒人　边个　谁　啥侬　啥人
（3）为么子　做脉个　为哈　为什么　为什里　为啥　为怎样

（4）细小　细粒　幼细　异细

（5）后生子　后生家　后生仔　小伙子　后生崽里

（6）日里向　日里　白天　日上　日头　日时　日辰头

（7）婴儿　毛它　冒牙子　苏虾仔　婴仔　啊伢欸

（8）蚂蚁子　蚂蝇里　狗蚁　蚁公　蚂蚁

（9）这里　个搭　咯里　个里　呢处　即搭

（10）早上向　早晨　早间里　朝早　朝辰头

2. 量词、名词搭配：请按照普通话规范搭配并读出下列量名短语（例如：一条——鱼）

把　张　棵　支　扇　辆　条　间　头　所

汽车　钥匙　桌子　钞票　树　笔　猪　学校　门　葱

3. 语序或表达形式判断：请判断并读出下列符合普通说法的话句子（注意：下列每组说法各表达同一意思）

（1）A. 他大约要两三个月才能回来。

B. 他大约要二三个月才能回来。

（2）A. 他好好可爱。

B. 他非常可爱。

C. 他上可爱。

（3）A. 你去去逛街?

B. 你去不去逛街?

（4）A. 你矮我。

B. 你比我过矮。

C. 你比我矮。

D. 你比较矮我。

E. 你比我较矮。

（5）A. 那部电影我看过。

B. 那部电影我有看。

练习二

1. 词语判断：请判断并读出下列各组中的普通话词语（注意：下列每组词语各表达同一概念）

（1）勿断　不断　么断　无停

（2）吹牛三　吹牛　车大炮　吹大炮　戮口

（3）窿欸　洞　窿

（4）叶飞子　蝴蝶　尾页　蝴蝶子

(5) 盲公　　摸目敛　　盲人　　青盲的

(6) 忍不住　　忍唔住　　熬勿牢

(7) 脸都里　　哈腮　　喙角　　腮

(8) 骹头坞　　膝盖　　馒头　　头　　膝头骨

(9) 幼儿　　细哥敛　　幼囝　　细人子　　小小囝

(10) 呢便　　这边　　即爿　　个边

2. 量词、名词搭配：请搭配并读出下列符合普通话规范的量名短语（例如：一条——鱼）

条　把　件　匹　扇　头

菜刀　礼物　提琴　窗户　羊　大衣　绸缎　牛　布　屏风

3. 语序或表达形式判断：请判断并读出下列各组中的普通话语句（注意：下列每组说法各表达同一意思）

(1) A. 这座山有一千九五米高。
B. 这座山有一千九百五十米高。
C. 这座山有千九五米高。

(2) A. 他还要起在。
B. 他还玩着呢。

(3) A. 把桌子搬开了。
B. 把桌子搬转了。

(4) A. 你站站好。
B. 你站好。

(5) A. 他跑得不快过我。
B. 他跑得不快的我。
C. 他跑得不比我快。

练习三

1. 词语判断：请判断并读出下列每组词中的普通话词语（注意：下列每组词语各表达同一概念）

(1) 冰棍儿　　棒冰　　霜条　　雪条　　冰棒　　蜀步仔

(2) 一瞬间　　刹那　　一阵间　　一下子

(3) 抖颤　　打抖　　打噤　　颤抖

(4) 光火　　发火　　起毛　　发气

(5) 发誓　　罚咒　　咒誓　　发誓言

(6) 头壳　　脑壳　　脑袋　　头拿

(7) 兄嫂　　阿嫂　　嫂子

（8）特登　　特意　　特诚　　特使

（9）夜间　　暝时　　夜晚黑　　夜到头　　夜里向

（10）行车　　脚踏车　　单车　　线车

2. 量词、名词搭配：请搭配并读出下列符合普通话规范的量名短语（例如：一条——鱼）

堆　　个　　条　　只　　家

蚕　鸟　商店　黄土　人　香蕉　公司　黄瓜　杯子　草

3. 语序或表达形式判断：请判断并读出下列符合普通话说法的句子（注意：下列每组说法各表达同一意思）

（1）A. 我与人交往比较少。　　B. 我比较少与人交往。

（2）A. 今天我多穿一件衣服。　　B. 今天我穿多一件衣服。

（3）A. 今天来了太多人。　　B. 今天来的人太多。

（4）A. 多一点时间好。　　B. 时间多一点好。

（5）A. 我告诉你一件事。　　B. 我一件事告诉你。

练习四

1. 词语判断：请判断并读出下列每组词中的普通话词语（注意：下列每组词语各表达同一概念）

（1）舅父　　娘舅　　（2）姜　　生姜

（3）爽气　　爽快　　（4）棒冰　　冰棍儿

（5）翻本　　版本　　（6）篮子　　篮头

（7）逃学　　赖学　　（8）夜饭　　晚饭

（9）酒　　老酒　　（10）旧年　　去年

2. 量词、名词搭配：请搭配并读出下列符合普通话规范的量名短语（例如：一条——鱼）

辆　　口　　个　　副　　只

瓶子　蜜蜂　棋　鸡蛋　汽车　苍蝇　水缸　眼镜　井　马车

3. 语序或表达形式判断：请判断并读出下列符合普通话说法的句子（注意：下列每组说法各表达同一意思）

（1）A. 二比五。　　B. 两比五。

（2）A. 你的话能拿到台面上说吗？　　B. 你的话能拿到桌面儿上说吗？

（3）A. 漂漂亮。　　B. 漂亮。

（4）A. 这件衣服真漂亮。　　B. 这件衣服老漂亮的。

（5）A. 冰冰冷。　　B. 冷冰冰。

练习五

1. 词语判断：请判断并读出下列每组词中的普通话词语（注意：下列每组词语各表达同一概念）

（1）馅儿　馅头　（2）搭腔　交谈

（3）寻开心　开玩笑　（4）地梨　荸荠

（5）洋葱头　洋葱　（6）抽斗　抽屉

（7）光火　恼怒　（8）钵头　钵

（9）煤油　火油　（10）香皂　香肥皂

2. 量词、名词搭配：请搭配并读出下列符合普通话规范的量名短语（例如：一条——鱼）

张　匹　场　颗　粒

米　布　犁　牙　马　脸　风雪　糖　嘴　大战

3. 语序或表达形式判断：请判断并读出下列符合普通话说法的句子（注意：下列每组说法各表达同一意思）

（1）A. 我追他不上。　　B. 我追不上他。

（2）A. 他个子比我高得多。　　B. 他个子比我长得多。

（3）A. 我来去告诉他。　　B. 我去告诉他。

（4）A. 那是一座两层小楼房。　　B. 那是一座二层小楼房。

（5）A. 他腿很长。　　B. 他脚很长。

练习六

1. 词语判断：请判断并读出下列每组词中的普通话词语（注意：下列每组词语各表达同一概念）

（1）裤腿儿　裤脚　（2）手镯　镯头

（3）被头　被子　（4）交谈　搭腔

（5）篮子　篮头　（6）血晕　乌青块

（7）太公　曾祖父　（8）养媳妇　童养媳

（9）火柴　自来火　（10）去年　旧年

2. 量词、名词搭配：请搭配并读出下列符合普通话规范的量名短语（例如：一条——鱼）

场　件　个　头　匹

棉袄　牛　演出　杯子　马　馒头　事儿　蒜　球赛　布

3. 语序或表达形式判断：请判断并读出下列符合普通话说法的句子（注意：下列每组说法各表达同一意思）

（1）A. 快关窗户，别让雨点潲进来。B. 快关窗户，别让雨点滂进来。

（2）A. 这扇门不能关得上。　B. 这扇门关不上。

（3）A. 上海快到了。　B. 上海到快了。

（4）A. 你这个人很上相。　B. 你这个人很上照。

（5）A. 春节在两月份。　B. 春节在二月份。

练习七

1. 词语判断：请判断并读出下列每组词中的普通话词语（注意：下列每组词语各表达同一概念）

（1）折断　拗断　（2）太公　曾祖父

（3）罩衫　罩衣　（4）乳腐　豆腐乳

（5）汤壶　汤婆子　（6）洋山芋　土豆

（7）色子　骰子　（8）火柴　自来火

（9）巴结　努力　（10）脂油　板油

2. 量词、名词搭配：请搭配并读出下列符合普通话规范的量名短语（例如：一条——鱼）

粒　匹　张　场　颗

犁　布　脸　风雪　嘴　牙　糖　大战　马　米

3. 语序或表达形式判断：请判断并读出下列符合普通话说法的句子（注意：下列每组说法各表达同一意思）

（1）A. 我追他不上。　B. 我追不上他。

（2）A. 崭崭新。　B. 崭新。

（3）A. 我说他不过。　B. 我说不过他。

（4）A. 你这个人很上照。　B. 你这个人很上相。

（5）A. 我教两年级语文。　B. 我教二年级语文。

练习八

1. 词语判断：请判断并读出下列每组词中的普通话词语（注意：下列每组词语各表达同一概念）

（1）倒霉　衰　（2）兜儿　袋仔

（3）落脱　丢　（4）当今　今下

（5）故意　特登　（6）明天　听日

（7）马铃薯　薯仔　（8）没错　冇错

（9）偶尔　间中　（10）那个　许个

2. 量词、名词搭配：请搭配并读出下列符合普通话规范的量名短语（例如：一条——鱼）

支　把　件　根　顶

帽子　伞　蚊帐　电线　上衣　钥匙　茶壶　牙膏　事儿　笔

3. 语序或表达形式判断：请判断并读出下列符合普通话说法的句子（注意：下列每组说法各表达同一意思）

（1）A. 这个话题我说不好。　B. 这个话题我说不来。

（2）A. 我用走的，你用跑的，当然你快。　B. 我走，你跑，当然你快。

（3）A. 太迟告诉你这事了。　B. 这事儿告诉你太迟了。

（4）A. 这车能坐四个人。　B. 这车会坐四个人。

（5）A. 我刚睡，他就来了。　B. 我才睡，他就来了。

练习九

1. 词语判断：请判断并读出下列每组词中的普通话词语（注意：下列每组词语各表达同一概念）

（1）结实　勇壮　（2）回头　越头

（3）角落　角下里　（4）家俬　家具

（5）瓜生　花生　（6）开玩笑　讲笑

（7）菌　菇里　（8）橘子　柑仔

（9）说话　话事　（10）太阳　日头

2. 量词、名词搭配：请搭配并读出下列符合普通话规范的量名短语（例如：一条——鱼）

场　头　块　颗　根

蒜　肉　地雷　足球赛　钉子　管子　神经　布　病　驴

3. 语序或表达形式判断：请判断并读出下列符合普通话说法的句子（注意：下列每组说法各表达同一意思）

（1）A. 饭有煮熟。　B. 饭煮熟了。

（2）A. 姐姐早我一天到家。　B. 姐姐比我早到家一天。

（3）A. 我太早起来了。　B. 我起得太早了。

（4）A. 叶子干了。　B. 叶子枯了。

（5）A. 叶子全都黄了。　B. 叶子全都干了。

练习十

1. 词语判断：请判断并读出下列每组词中的普通话词语（注意：下列每组词语各表达同一概念）

（1）手指　　手指脑　　（2）归气　　索性
（3）似乎　　似如　　　（4）说勿定　也许
（5）爷爷　　阿公　　　（6）玉米　　包谷
（7）终身　　一生人　　（8）中途　　半路里
（9）样子　　样相　　　（10）要是　　若然

2. 量词、名词搭配：请搭配并读出下列符合普通话规范的量名短语（例如：一条——鱼）

粒　　家　　台　　块　　架

商店　钢琴　香皂　糖　报社　车床　种子　米　梯子　机器

3. 语序或表达形式判断：请判断并读出下列符合普通话说法的句子（注意：下列每组说法各表达同一意思）

（1）A. 房间很小。　　　　B. 房间很小间。
（2）A. 春节你要不要回来？　B. 春节你回不回来？
（3）A. 一大摞的书。　　　B. 一大叠的书。
（4）A. 他说话声音特别小。　B. 他说话特别小声。
（5）A. 这鞋他穿刚好。　　B. 这鞋他穿刚刚好。

第三节　朗读短文应试指南

一、朗读短文题介绍

（一）测查内容

普通话水平测试的第三道题目是“朗读短文”，要求应试人以抽签的方式从60篇作品中选定一篇进行阅读，每篇作品的字数不同，以400字为限，限时4分钟，朗读题目分值占总分的30%。目的是考查应试人用普通话朗读书面作品的水平，在测查声母、韵母、声调读音标准程度的同时，重点测查连读音变、停顿、语调以及流畅程度等。应试人需在尊重作品原貌的前提下，准确、流畅地将作品本身所蕴涵的思想感情表达出来，这有一定的难度。这是对应试人普通话综合运用能力的一种考查。

（二）基本要求

此题的评分标准包括三个方面：语音准确程度、语言流畅程度、感情表达得当程度。基本要求分别如下：

1. 语音准确

要求声母、韵母、声调、轻声、变调等发音标准，这是贯穿整个作品阅读过程始终的要求。

2. 语言流畅

要求语速、停顿、节奏等恰当适中，这是朗读作品表情达意的需要，应试人应当把握朗读语速，控制在每分钟 200~260 字较为合适。

3. 感情表达得当

要求理解文意，恰当地表达自己的感情，这是对应试人对于作品的理解能力以及表达能力的考查。应试人应当在朗读前准备充分，熟悉、分析并深刻理解作品，从感情基调、语言特色、体裁、结构、主题入手，在作品中找到自己同作者的共鸣，从而将其转化为自己内心深处的感受。

二、朗读短文应试策略

（一）考前训练

普通话考试前，测试的 60 篇作品会全部公开，应试人应该提前准备，扫清字词障碍，熟读每篇作品，然后进行大量的朗读训练，以提高自己的阅读能力，从而加强应对这一部分测试的能力。

（二）快速默读

应试人在进入普通话测试考场抽取考试题目后，应立即抓紧时间准备。先快速默读一次，然后根据作品的文体、内容，确定朗读的节奏、声音、语调和感情。在体味文章的过程中，留心长句、难句并确定如何处理停连，时间允许的话，可以专门默练一两次长句和难句。

（三）运用技巧

朗读时要合理地运用各种朗诵技巧和手段，准确地表达作品的内在含义。常用的基本表达手段有停顿、重音、语速、语调等。不同文体的作品，要有针对性地进行区别朗读。记叙文朗读开头要慢速，关键处用重音、停顿引起听众注意，高潮部分变化节奏、语速使情节逐步推进；散文朗读要基调平缓、节奏匀称；议论文朗读要声音洪亮清晰，巧用重音，给听众一种层次分明、逻辑性强的印象；说明文朗读要停顿得当、重点突出、条理清楚，突出它的客观性和知识性；诗歌朗读要把握节拍、调整节奏，为听者渲染一种韵律和谐、意境深远的美感。

1. 准确把握停顿

停顿是人们朗读或说话时，段落之间，语句中间、后头出现的语音上的间歇。停顿一方面是出于人的生理上或句子结构上的需要，停下来换换气或使结构层次分明；另一方面是为了充分表达思想感情，并让听者有时间领会说话或朗读的内容。停顿包括标点符号停顿、语法停顿和感情停顿。

（1）标点符号停顿。

标点符号是书面语言的停顿符号，也是朗读作品语言停顿的重要依据。标点符号的停顿规律一般是：句号、问号、感叹号、省略号停顿时间长于分号、破折号、连接号；分号、破折号、连接号的停顿时间又长于逗号、冒号；逗号、冒号的停顿时间又长于顿号、间隔号。此外，在作品的段落之间，停顿的时间要比一般句号的时间长一些。根据标点符号采取不同的停顿，就能使说话顿挫有度、语意层次分明。

（2）语法停顿。

语法停顿是指语法成分或语法单位之间的停顿。它常常是为了突出强调某一语法成分。学习语法停顿有利于在朗读中正确地停顿断句，不读破句，恰切地表达作品的思想内容。语法停顿的层级关系和停顿时间长短具体为：词语 < 意群 < 句子 < 句群 < 段落 < 篇章。意群指词与词结合在一起构成的一个意义整体，句群是由前后连贯共同表达一个中心意思的几个句子组成的句组。

（3）感情停顿。

感情停顿的特点是声断情不断。它不受书面标点和句子语法关系的制约，完全是根据感情或者心理的需要而做的停顿，受感情支配。

2. 巧妙运用重音

重音是语句中念得比较重，听起来特别清晰的音。重音在语句中表现为扩大音域、延续时间、增加强度等方面。重音一般包括语法重音、强调重音和感情重音。

（1）语法重音。

语法重音是指句子里某些语法成分按语言习惯要重读。这些重读的音节大都是按照平时的语言规律确定的，有谓语重读、宾语重读、状语重读、补语重读等。语法重音一般没有特别强调的色彩，例如：

王子和公主永远幸福地在一起。（状语重读）

直到今天，他才明白。（宾语重读）

（2）强调重音。

强调重音是根据语句所要表达的重点决定的重音，它受应试人意愿的制约，在句子中的位置不固定，不受语法限制。强调重音的作用在于揭示语言的内在含义。由于表达目的不同，强调重音就会落在不同的词语上，所揭示的含义也就不同。例如：

轻轻的我走了，正如我轻轻的来，我挥一挥衣袖，不带走一片云彩。

这是一沟绝望的死水，清风吹不起半点漪沦。

（3）感情重音。

感情重音大部分出现在表现内心节奏强烈、情绪激动的情况下，可以使朗读作品色彩丰富、充满生气、有较强的感染力。例如：

那河畔的金柳，是夕阳中的新娘。波光里的艳影，在我的心头荡漾。软泥上的青荇，油油的在水底招摇。在康河的柔波里，我甘心做一条水草。

如果说失败是一个必然的结局，那么当初为什么要选择开始？

3. 调节语速

语速是指说话或朗诵时每个音节的长短及音节之间连接的松紧。说话的速度是由说话人的感情决定的，朗诵的速度则与文章的思想内容相联系。一般说来，热烈、欢快、兴奋、紧张的内容说话速度快一些；平静、庄重、悲伤、沉重、追忆的内容说话速度慢一些；一般的叙述、说明、议论则用中速。

4. 变换语调

语调是指语句的高低升降，它贯穿整个句子，在句末音节上表现得特别明显。句调根据表示的语气和感情态度的不同，可分为四种：升调、降调、平调、曲调。我们要把握文章思想感情，正确调整语调的升降变化，以免误用语调影响感情的表达。

（1）升调：前低后高，语势上升，一般用来表示疑问、反问、反诘、愤怒、警告、号召、命令等语气。

（2）降调：前高后低，语势渐降，一般用于陈述句、感叹句、祈使句，表示肯定、祈使、坚决、沉痛、赞美、祝福等感情。

（3）平调：语势平稳舒缓，没有明显的升降变化，用于不带特殊感情的陈述和说明，还可表示叙述、迟疑、思索、庄严、悲痛、冷淡等感情。

（4）曲调：语调弯曲，或先升后降，或先降后升，往往把句中需要突出的词语拖长念，常用来表示讽刺、厌恶、反语、夸张、惊异、意在言外等语气。

此外，声音的高低也要适时变化，如遇基调欢快、愉悦的作品，可根据情况适当提高声音；如遇基调抑郁、忧伤的作品，可适当降低声音以利于营造悲伤的氛围。

（四）规范语音

1. 避免语音错误

（1）注意普通话和自己方言在语音上的差异，避免受方言影响导致的声母、韵母和声调的常见错误。

（2）注意考前准备，平时积累，避免生字、生词的误读。普通话水平测试大多采用常用字，但仍会有一定的生字，如果没有充分的准备，就很容易造成误读，比如把“谪居（zhéjū）”读成“díjū”，把“踯躅（zhízhú）”读成“zhìzhú”。

（3）注意规范自己的日常读音，避免习惯性误读。有些习惯性误读字应引起应试人的重视，它们往往会形成一种错误的引导，从而使人一再地误读而无所察觉，比如把“气氛（qì fēn）”读成“qìfèn”，把“倜傥（tìtǎng）”读成“títǎng”。

（4）注意多音字的记忆，避免多音字的误读。多音字常常被分为两类：意义不同的多音字、意义相同的多音字。意义不同的多音字可以依据我们前面所述的方法，依据意义、词性进行记忆、辨读，如“冠”、“泊”、“看”、“王”等。意义相同的多音字则要注意它单用时的读法和组词时的不同，例如“薄”字在单用时读作 báo，和其他字组合成词时读作 bó，类似的字还有“血”、“露”、“削”、“剥”等。

（5）避免异读词误读。异读词以 1985 年国家公布的《普通话异读词审音表》为规范，力求准确。

2. 避免语言断续

（1）注意尊重原文，在阅读过程中尽量不要添字、缺字或者改字。

（2）注意把握语速。既不要读太快以致含糊不清，也不要读太慢以致过于拖沓。有针对性地进行限时练习有助于节奏的控制。

（3）尽量避免单个字、词的回读。回去纠正读错的地方既占用了考试时间，又影响了朗读的流畅度，还影响了应试人的考试心理。

（4）避免漏读。一旦发现整行、整段文字漏读，建议及时回读，因为这种情况下的漏读扣分会比较严重。

（5）朗读时要停连得当，避免断词断句错误。不该停的地方不停，以免造成词语肢解或语义误解。

（五）集中精神

在测试即将开始前，应当克服紧张情绪，回想为参加测试所做的种种准备，增强信心，自我鼓励，微笑面对。即使考试中途出现了不曾料到的错误或其他突发情况，也应一心投入，鼓励自己答好下面的题目以弥补过失。朗读短文测试开始后，要始终保持高度集中的精神状态，将感情投入到作品中去，体味作品本身所蕴涵的思想感情，使自己的感情同作品的精神内涵产生共鸣，以感染现场的每一个人。

三、朗读短文实例训练

《普通话水平测试用朗读作品》共收60篇文章，如果时间允许，应试人应该在考前熟悉这60篇文章并坚持进行朗读练习，这样就可以做到有备无患。下面我们选取其中10篇进行朗读分析。

附录：普通话水平测试用60篇朗读作品

（朗读短文只需读400音节，即读到“//”处为止。）

作品1号

那是力争上游的一种树，笔直的干，笔直的枝。它的干呢，通常是丈把高，像是加以人工似的，一丈以内，绝无旁枝；它所有的丫枝呢，一律向上，而且紧紧靠拢，也像是加以人工似的，成为一束，绝无横斜逸出；它的宽大的叶子也是片片向上，几乎没有斜生的，更不用说倒垂了；它的皮，光滑而有银色的晕圈，微微泛出淡青色。这是虽在北方的风雪的压迫下却保持着倔强挺立的一种树！哪怕只有碗来粗细罢，它却努力向上发展，高到丈许，两丈，参天耸立，不折不挠，对抗着西北风。

这就是白杨树，西北极普通的一种树，然而绝不是平凡的树！

它没有婆娑的姿态，没有屈曲盘旋的虬枝，也许你要说它不美丽，——如果美是专指“婆娑”或“横斜逸出”之类而言，那么白杨树算不得树中的好女子；但是它却是伟岸，正直，朴质，严肃，也不缺乏温和，更不用提它的坚强不屈与挺拔，它是树中的伟丈夫！当你在积雪初融的高原上走过，看见平坦的大地上傲然挺立这么一株或一排白杨树，难道你就只觉得树只是树？难道你就不想到它的朴质，严肃，坚强不屈，至少也象征了北方的农民？难道你竟一点儿也不联想到，在敌后的广大//土地上，到处有坚强不屈，就像这白杨树一样傲然挺立的守卫他们家乡的哨兵？难道你又不更远一点想到这样枝枝叶叶靠紧团结，力求上进的白杨树，宛然象征了今天在华北平原纵横决荡用血写出新中国历史的那种精神和意志？

（节选自茅盾《白杨礼赞》）

【朗读材料分析】

①语音难点：

轻声字正确读音：似的（shìde）

多音字正确读音：树干（gàn）　几乎（jīhū）　屈曲（qū）　血（xuè）

生字正确读音：虬枝（qiúzhī）

应注意的韵母读音：晕圈（yùnquān）　精神（jīngshén）

习惯性误读字读音：倔强（juéjiàng）

儿化字读音：一点儿（yīdiǎnr）

②句子难点："难道你又不更远一点想到这样枝枝叶叶靠紧团结，力求上进的白杨树，宛然象征了/今天在华北平原纵横决荡/用血写出新中国历史的/那种精神和意志。"

③朗读重音：力争上游　绝不是　伟丈夫　一点儿

④感情色彩：文体判断：抒情性散文

应采用语调：舒缓、平直

作品2号

两个同龄的年轻人同时受雇于一家店铺，并且拿同样的薪水。

可是一段时间后，叫阿诺德的那个小伙子青云直上，而那个叫布鲁诺的小伙子却仍在原地踏步。布鲁诺很不满意老板的不公正待遇。终于有一天他到老板那儿发牢骚了。老板一边耐心地听着他的抱怨，一边在心里盘算着怎样向他解释清楚他和阿诺德之间的差别。

"布鲁诺先生，"老板开口说话了，"您现在到集市上去一下，看看今天早上有什么卖的。"

布鲁诺从集市上回来向老板汇报说，今早集市上只有一个农民拉了一车土豆在卖。

"有多少？"老板问。

布鲁诺赶快戴上帽子又跑到集市上，然后回来告诉老板一共四十袋土豆。

"价格是多少？"

布鲁诺又第三次跑到集市上问来了价格。

"好吧，"老板对他说，"现在请您坐到这把椅子上一句话也不要说，看看阿诺德怎么说。"

阿诺德很快就从集市上回来了。向老板汇报说到现在为止只有一个农民在卖土豆，一共四十口袋，价格是多少多少；土豆质量很不错，他带回来一个让老板看看。这个农民一个钟头以后还会弄来几箱西红柿，据他看价格非常公道。昨天他们铺子的西红柿卖得很快，库存已经不//多了。他想这么便宜的西红柿，老板肯定会要进一些的，所以他不仅带回了一个西红柿做样品，而且把那个农民也带来了，他现在正在外面等回话呢。

此时老板转向了布鲁诺，说："现在您肯定知道为什么阿诺德的薪水比您高了吧！"

（节选自张健鹏、胡足青《故事时代》中《差别》）

【朗读材料分析】

①语音难点：

轻声字正确读音：盘算（pánsuan） 早上（zǎoshang） 口袋（kǒudai） 便宜（piányi）

多音字正确读音：差别（chābié）

应注意的韵母读音：薪水（xīnshuǐ） 仍（réng） 公道（gōngdào）

习惯性误读字读音：牢骚（láosāo）

儿化字读音：那儿（nàr）

②句子难点："老板一边耐心地听着他的抱怨，一边在心里盘算着/怎样向他解释清楚/他和阿诺德之间的差别。"

③朗读重音：仍 又 而且 为什么

④感情色彩：文体判断：记叙文

应采用语调：轻松、平缓

作品 3 号

我常常遗憾我家门前那块丑石：它黑黝黝地卧在那里，牛似的模样；谁也不知道是什么时候留在这里的，谁也不去理会它。只是麦收时节，门前摊了麦子，奶奶总是说：这块丑石，多占地面呀，抽空把它搬走吧。

它不像汉白玉那样的细腻，可以刻字雕花，也不像大青石那样的光滑，可以供来浣纱捶布；它静静地卧在那里，院边的槐荫没有庇覆它，花儿也不再在它身边生长。荒草便繁衍出来，枝蔓上下，慢慢地，它竟锈上了绿苔、黑斑。我们这些做孩子的，也讨厌起它来，曾合伙要搬走它，但力气又不足；虽时时咒骂它，嫌弃它，也无可奈何，只好任它留在那里了。

终有一日，村子里来了一个天文学家。他在我家门前路过，突然发现了这块石头，眼光立即就拉直了。他再没有离开，就住了下来；以后又来了好些人，都说这是一块陨石，从天上落下来已经有二三百年了，是一件了不起的东西。不久便来了车，小心翼翼地将它运走了。

这使我们都很惊奇。这又怪又丑的石头，原来是天上的啊！它补过天，在天上发过热、闪过光，我们的先祖或许仰望过它，它给了他们光明、向往、憧憬；而它落下来了，在污土里，荒草里，一躺就//是几百年了！

我感到自己的无知，也感到了丑石的伟大，我甚至怨恨它这么多年竟会默默地忍受着这一切！而我又立即深深地感到它那种不屈于误解、寂寞的生存的伟大。

（节选自贾平凹《丑石》）

【朗读材料分析】

①语音难点：

轻声字正确读音：力气（lìqi）　东西（dōngxi）

多音字正确读音：模样（múyàng）　供（gōng）来

生字正确读音：繁衍（fányǎn）　陨石（yǔnshí）

应注意的韵母读音：嫌弃（xiánqì）　憧憬（chōngjǐng）

习惯性误读字读音：浣纱（huànshā）　庇覆（bìfù）

黑黝黝（hēiyǒuyǒu）

儿化字读音：花儿（huār）

变调字正确读音：了不起（liǎo-buqǐ）　天上的啊（ya）

②朗读重音：黑黝黝　静静地　再　怨恨　伟大

③感情色彩：文体判断：含哲理的记叙文

采用语调：前抑后扬，由平直调到高调

作品 4 号

在达瑞八岁的时候，有一天他想去看电影。因为没有钱，他想是向爸妈要钱，还是自己挣钱。最后他选择了后者。他自己调制了一种汽水，向过路的行人出售。可那时正是寒冷的冬天，没有人买，只有两个人例外——他的爸爸和妈妈。

他偶然有一个和非常成功的商人谈话的机会。当他对商人讲述了自己的“破产史”后，商人给了他两个重要的建议：一是尝试为别人解决一个难题；二是把精力集中在你知道的、你会的和你拥有的东西上。

这两个建议很关键。因为对于一个八岁的孩子而言，他不会做的事情很多。于是他穿过大街小巷，不停地思考：人们会有什么难题，他又如何利用这个机会？

一天，吃早饭时父亲让达瑞去取报纸。美国的送报员总是把报纸从花园篱笆的一个特制的管子里塞进来。假如你想穿着睡衣舒舒服服地吃早饭和看报纸，就必须离开温暖的房间，冒着寒风，到花园去取。虽然路短，但十分麻烦。当达瑞为父亲取报纸的时候，一个主意诞生了。当天他就按响邻居的门铃，对他们说，每个月只需付给他一美元，他就每天早上把报纸塞到他们的房门底下。大多数人都同意了，很快他有//了七十多个顾客。一个月后，当他拿到自己赚的钱时，觉得自己简直是飞上了天。

很快他又有了新的机会，他让他的顾客每天把垃圾袋放在门前，然后由他早上运到垃圾桶里，每个月加一美元。之后他还想出了许多孩子赚钱的办法，并把它集结成书，书名为《儿童挣钱的二百五十个主意》。为此，达瑞十二岁时就成了畅销书作家，十五岁有了自己的谈话节目，十七岁就拥有了几百万美元。

（节选自［德］博多·舍费尔《达瑞的故事》，刘志明译）

【朗读材料分析】

①语音难点：

轻声字正确读音：篱笆（líba）　主意（zhǔyi）（口语一般读 zhúyi）

麻烦（máfan）

多音字正确读音：调制（tiáozhì）　塞（sāi）

应注意的韵母读音：邻居（línjū）　挣钱（zhèngqián）　赚（zhuàn）

变调字正确读音：舒舒服服（shūshū－fūfū）

②朗读重音：关键　如何　许多

③感情色彩：文体判断：记叙文

应采用语速、语调：开始慢速，高潮部分渐渐加速，由平直调过渡到升调

作品5号

这是入冬以来，胶东半岛上第一场雪。

雪纷纷扬扬，下得很大。开始还伴着一阵儿小雨，不久就只见大片大片的雪花，从彤云密布的天空中飘落下来。地面上一会儿就白了。冬天的山村，到了夜里就万籁俱寂，只听得雪花簌簌地不断往下落，树木的枯枝被雪压断了，偶尔咯吱一声响。

大雪整整下了一夜。今天早晨，天放晴了，太阳出来了。推开门一看，嗬！好大的雪啊！山川、河流、树木、房屋，全都罩上了一层厚厚的雪，万里江山，变成了粉妆玉砌的世界。落光了叶子的柳树上挂满了毛茸茸亮晶晶的银条儿；而那些冬夏常青的松树和柏树上，则挂满了蓬松松沉甸甸的雪球儿。一阵风吹来，树枝轻轻地摇晃，美丽的银条儿和雪球儿簌簌地落下来，玉屑似的雪末儿随风飘扬，映着清晨的阳光，显出一道道五光十色的彩虹。

大街上的积雪足有一尺多深，人踩上去，脚底下发出咯吱咯吱的响声。一群群孩子在雪地里堆雪人，掷雪球儿，那欢乐的叫喊声，把树枝上的雪都震落

下来了。

俗话说，“瑞雪兆丰年”。这个话有充分的科学根据，并不是一句迷信的成语。寒冬大雪，可以冻死一部分越冬的害虫；融化了的水渗进土层深处，又能供应//庄稼生长的需要。我相信这一场十分及时的大雪，一定会促进明年春季作物，尤其是小麦的丰收。有经验的老农把雪比作是“麦子的棉被”。冬天“棉被”盖得越厚，明春麦子就长得越好，所以又有这样一句谚语：“冬天麦盖三层被，来年枕着馒头睡。”

我想，这就是人们为什么把及时的大雪称为“瑞雪”的道理吧。

（节选自峻青《第一场雪》）

【朗读材料分析】

①语音难点：

轻声字正确读音：簌簌地（sùsù de）　庄稼（zhuāngjia）
　　馒头（mántou）

多音字正确读音：供应（gōngyìng）

生字正确读音：万籁俱寂（wànlàijùjì）

应注意的韵母读音：毛茸茸（máoróngróng）　玉屑（yùxiè）

习惯性误读字读音：沉甸甸（chéndiàndiàn）　掷（zhì）

变调字的正确读法：大雪啊（ya）

儿化字读音：一阵儿（yīzhènr）　一会儿（yīhuìr）　银条儿（yíntiáor）
　　雪末儿（xuěmòr）

②句子难点：“落光了叶子的柳树上挂满了毛茸茸/亮晶晶的银条儿。”

③朗读重音：第一场　不断　五光十色　一定

④感情色彩：文体判断：记叙文

应采用语气、语调：前半部分轻松、平调，后半部分自然、微降

作品 6 号

我常想读书人是世间幸福人，因为他除了拥有现实的世界之外，还拥有另一个更为浩瀚也更为丰富的世界。现实的世界是人人都有的，而后一个世界却为读书人所独有。由此我想，那些失去或不能阅读的人是多么的不幸，他们的丧失是不可补偿的。世间有诸多的不平等，财富的不平等，权力的不平等，而阅读能力的拥有或丧失却体现为精神的不平等。

一个人的一生，只能经历自己拥有的那一份欣悦，那一份苦难，也许再加上他亲自闻知的那一些关于自身以外的经历和经验。然而，人们通过阅读，却能进入不同时空的诸多他人的世界。这样，具有阅读能力的人，无形间获得了

超越有限生命的无限可能性。阅读不仅使他多识了草木虫鱼之名，而且可以上溯远古下及未来，饱览存在的与非存在的奇风异俗。

更为重要的是，读书加惠于人们的不仅是知识的增广，而且还在于精神的感化与陶冶。人们从读书学做人，从那些往哲先贤以及当代才俊的著述中学得他们的人格。人们从《论语》中学得智慧的思考，从《史记》中学得严肃的历史精神，从《正气歌》中学得人格的刚烈，从马克思学得人世//的激情，从鲁迅学得批判精神，从托尔斯泰学得道德的执著。歌德的诗句刻写着睿智的人生，拜伦的诗句呼唤着奋斗的热情。一个读书人，一个有机会拥有超乎个人生命体验的幸运人。

（节选自谢冕《读书人是幸福人》）

【朗读材料分析】

①语音难点：

轻声字正确读音：知识（zhīshi）

多音字正确读音：更为（wéi）　为（wéi）读书人所独有

学得（xuédé）　执着（zhízhuó）

生字正确读音：浩瀚（hàohàn）　上溯（shàngsù）

应注意的韵母读音：更（gèng）为　诸多（zhūduō）　陶冶（táoyě）

习惯性误读字读音：论语（lúnyǔ）　睿智（ruìzhì）

②朗读重音：更为丰富　无限　更为重要的是　幸运人

③感情色彩：文体判断：议论文

应采用语气、语调：沉重、微降调

作品 7 号

一天，爸爸下班回到家已经很晚了，他很累也有点儿烦，他发现五岁的儿子靠在门旁正等着他。

“爸，我可以问您一个问题吗？”

“什么问题？”“爸，您一小时可以赚多少钱？”“这与你无关，你为什么问这个问题？”父亲生气地说。

“我只是想知道，请告诉我，您一小时赚多少钱？”小孩儿哀求道。“假如你一定要知道的话，我一小时赚二十美金。”

“哦，”小孩儿低下了头，接着又说，“爸，可以借我十美金吗？”父亲发怒了：“如果你只是要借钱去买毫无意义的玩具的话，给我回到你的房间睡觉去。好好想想为什么你会那么自私。我每天辛苦工作，没时间和你玩儿小孩子的游戏。”

小孩儿默默地回到自己的房间关上门。

父亲坐下来还在生气。后来，他平静下来了，心想他可能对孩子太凶了——或许孩子真的很想买什么东西，再说他平时很少要过钱。

父亲走进孩子的房间："你睡了吗?""爸，还没有，我还醒着。"孩子回答。

"我刚才可能对你太凶了，"父亲说，"我不应该发那么大的火儿——这是你要的十美金。""爸，谢谢您。"孩子高兴地从枕头下拿出一些被弄皱的钞票，慢慢地数着。

"为什么你已经有钱了还要?"父亲不解地问。

"因为原来不够，但现在凑够了。"孩子回答，"爸，我现在有//二十美金了，我可以向您买一个小时的时间吗？明天请早一点儿回家——我想和您一起吃晚餐。"

（节选自唐继柳编译《二十美金的价值》）

【朗读材料分析】

①语音难点：

轻声字正确读音：等着（děngzhe）　儿子（érzi）　爸爸（bàba）

多音字正确读音：应该（yīnggāi）

儿化字读音：有点儿（yǒudiǎnr）　小孩儿（xiǎoháir）

和你玩儿（wánr）　发大火儿（huǒr）

②朗读重音：生气地　默默地　已经　可以

③感情色彩：文体判断：记叙文

应采用语气、语调：由高昂调转为平缓调

作品 8 号

我爱月夜，但我也爱星天。从前在家乡七八月的夜晚在庭院里纳凉的时候，我最爱看天上密密麻麻的繁星。望着星天，我就会忘记一切，仿佛回到了母亲的怀里似的。

三年前在南京我住的地方有一道后门，每晚我打开后门，便看见一个静寂的夜。下面是一片菜园，上面是星群密布的蓝天。星光在我们的肉眼里虽然微小，然而它使我们觉得光明无处不在。那时候我正在读一些天文学的书，也认得一些星星，好像它们就是我的朋友，它们常常在和我谈话一样。

如今在海上，每晚和繁星相对，我把它们认得很熟了。我躺在舱面上，仰望天空。深蓝色的天空里悬着无数半明半昧的星。船在动，星也在动，它们是这样低，真是摇摇欲坠呢！渐渐地我的眼睛模糊了，我好像看见无数萤火虫在我的周围飞舞。海上的夜是柔和的，是静寂的，是梦幻的。我望着许多认识的星，我仿佛看见它们在对我眨眼，我仿佛听见它们在小声说话。这时我忘记了一切。在星的怀抱中我微笑着，我沉睡着。我觉得自己是一个小孩子，现在睡在母亲的怀里了。

有一夜，那个在哥伦波上船的英国人指给我看天上的巨人。他用手指着：//那四颗明亮的星是头，下面的几颗是身子，这几颗是手，那几颗是腿和脚，还有三颗星算是腰带。经他这一番指点，我果然看清楚了那个天上的巨人。看，那个巨人还在跑呢！

（节选自巴金《繁星》）

【朗读材料分析】

①语音难点：

轻声字正确读音：地方（dìfang） 觉得（juéde） 星星（xīngxing）
清楚（qīngchu） 身子（shēnzi）

多音字正确读音：认得（rènde） 模糊（móhu）

应注意的韵母读音：仿佛（fǎngfú） 静寂（jìngjì） 仰望（yǎngwàng）

②朗读重音：但 忘记 就是 无数 是柔和的 是静寂的 是梦幻的 果然

③感情色彩：文体判断：抒情散文

应采用语气：轻柔、舒缓

应采用语调："幼时看繁星"为平调，"在南京看繁星"为微升调，"在海上看繁星"为微升调

作品9号

假日到河滩上转转，看见许多孩子在放风筝。一根根长长的引线，一头系在天上，一头系在地上，孩子同风筝都在天与地之间悠荡，连心也被悠荡得恍恍惚惚了，好像又回到了童年。

儿时放的风筝，大多是自己的长辈或家人编扎的，几根削得很薄的篾，用细纱线扎成各种鸟兽的造型，糊上雪白的纸片，再用彩笔勾勒出面孔与翅膀的图案。通常扎得最多的是"老雕"、"美人儿"、"花蝴蝶"等。

我们家前院就有位叔叔，擅扎风筝，远近闻名。他扎的风筝不只体型好看，色彩艳丽，放飞得高远，还在风筝上绷一叶用蒲苇削成的膜片，经风一吹，发出"嗡嗡"的声响，仿佛是风筝的歌唱，在蓝天下播扬，给开阔的天地增添了无尽的韵味，给驰荡的童心带来几分疯狂。

我们那条胡同的左邻右舍的孩子们放的风筝几乎都是叔叔编扎的。他的风

筝不卖钱，谁上门去要，就给谁，他乐意自己贴钱买材料。

后来，这位叔叔去了海外，放风筝也渐与孩子们远离了。不过年年叔叔给家乡写信，总不忘提起儿时的放风筝。香港回归之后，他的家信中说到，他这只被故乡放飞到海外的风筝，尽管飘荡游弋，经沐风雨，可那线头儿一直在故乡和//亲人手中牵着，如今飘得太累了，也该要回归到家乡和亲人身边来了。

是的。我想，不光是叔叔，我们每个人都是风筝，在妈妈手中牵着，从小放到大，再从家乡放到祖国最需要的地方去啊！

（节选自李恒瑞《风筝畅想曲》）

【朗读材料分析】

①语音难点：

轻声字正确读音：风筝（fēngzheng）

多音字正确读音：系（jì）　削（xiāo）得　很薄（báo）　几乎（jīhū）

生字正确读音：篾（miè）　蒲苇（púwěi）　游弋（yóuyì）

应注意的韵母读音：编扎（biānzā）　嗡嗡（wēngwēng）

变调字正确读音：去啊（yɑ）

儿化字读音：一头儿（yītóur）　美人儿（měirénr）　胡同（hútòngr）
线头儿（xiàntóur）

②朗读重音：心　无尽的　几乎都是　就　一直　是的　最需要

③感情色彩：文体判断：叙事散文
应采用语气、语调：轻快、微升调

作品 10 号

爸不懂得怎样表达爱，使我们一家人融洽相处的是我妈。他只是每天上班下班，而妈则把我们做过的错事开列清单，然后由他来责骂我们。

有一次我偷了一块糖果，他要我把它送回去，告诉卖糖的说是我偷来的，说我愿意替他拆箱卸货作为赔偿。但妈妈却明白我只是个孩子。

我在运动场打秋千跌断了腿，在前往医院的途中一直抱着我的，是我妈。爸把汽车停在急诊室门口，他们叫他驶开，说那空位是留给紧急车辆停放的。爸听了便叫嚷道："你以为这是什么车？旅游车？"

在我生日会上，爸总是显得有些不大相称。他只是忙于吹气球，布置餐桌，做杂务。把插着蜡烛的蛋糕推过来让我吹的，是我妈。

我翻阅照相册时，人们总是问："你爸爸是什么样子的？"天晓得！他老是忙着替别人拍照。妈和我笑容可掬地一起拍的照片，多得不可胜数。

我记得妈有一次叫他教我骑自行车。我叫他别放手，但他却说是应该放手的时候了。我摔倒之后，妈跑过来扶我，爸却挥手要她走开。我当时生气极了，决心要给他点儿颜色看。于是我马上爬上自行车，而且自己骑给他看。他只是微笑。

我念大学时，所有的家信都是妈写的。他//除了寄支票外，还寄过一封短柬给我，说因为我不在草坪上踢足球了，所以他的草坪长得很美。每次我打电话回家，他似乎都想跟我说话，但结果总是说："我叫你妈来接。"

我结婚时，掉眼泪的是我妈。他只是大声擤了一下鼻子，便走出房间。我从小到大都听他说："你到哪里去？什么时候回家？汽车有没有汽油？不，不准去。"爸完全不知道怎样表达爱。除非……

会不会是他已经表达了，而我却未能察觉？

（节选自［美］艾尔玛·邦贝克《父亲的爱》）

【朗读材料分析】

①语音难点：

轻声字正确读音：告诉（gàosu）　妈妈（māma）　明白（míngbai）　爸爸（bàba）

多音字正确读音：懂得（dǒngde）　相处（xiāngchǔ）　空位（kòngwèi）　不可胜数（bùkě－shèngshǔ）

生字正确读音：擤（xǐng）

应注意的韵母读音：结婚（jiéhūn）

习惯性误读字读音：融洽（róngqià）　相称（xiāngchèn）　照片（zhàopiān）

儿化字读音：给他点儿（diǎnr）

②朗读重音：怎样　只是个　是　总是　不可胜数　完全　已经　未能

③感情色彩：文体判断：记叙文应采用语气、语调："爸爸"部分为含蓄语气、微降调，"妈妈"部分为轻快语气、微升调

作品11号

一个大问题一直盘踞在我脑袋（nǎodai）里：

世界杯怎么会有如此巨大的吸引力？除去足球本身的魅力之外，还有什么超乎其上而更伟大的东西？

近来观看世界杯，忽然从中得到了答案：是由于一种无上崇高的精神（jīngshén）情感——国家荣誉感！

地球上的人都会有国家的概念，但未必时时都有国家的感情。往往人到异

国，思念家乡，心怀故国，这国家概念就变得有血（xiě）有肉，爱国之情来得非常具体。而现代社会，科技昌达，信息快捷，事事上网，世界真是太小太小，国家的界限似乎（sìhū）也不那么清晰了。再说足球正在快速世界化，平日里各国球员频繁转会，往来随意，致使越来越多的国家联赛都具有国际的因素。球员们不论国籍，只效力于自己的俱乐部，他们比赛时的激情中完全没有爱国主义的因子（yīnzǐ）。

然而，到了世界杯大赛，天下大变。各国球员都回国效力，穿上与光荣的国旗同样色彩的服装。在每一场比赛前，还高唱国歌以宣誓对自己祖国的挚爱（zhì'ài）与忠诚。一种血缘（xuèyuán）情感开始在全身的血管里燃烧起来，而且立刻热血（rèxuè）沸腾。

在历史时代，国家间经常发生对抗，好男儿（nán'ér）戎装（róngzhuāng）卫国。国家的荣誉往往需要以自己的生命去换//取。但在和平时代，惟有这种国家之间大规模对抗性的大赛，才可以唤起那种遥远而神圣的情感，那就是：为祖国而战！

（节选自冯骥才《国家荣誉感》）

作品 12 号

夕阳落山不久，西方的天空，还燃烧着一片橘红色的晚霞。大海，也被这霞光染成了红色，而且比天空的景色更要壮观。因为它是活动的，每当一排排波浪涌起的时候（shíhou），那映照在浪峰上的霞光，又红又亮，简直就像一片片霍霍燃烧着的火焰，闪烁着，消失了。而后面的一排，又闪烁着，滚动着，涌了过来。

天空的霞光渐渐地淡下去了，深红的颜色变成了绯红（fēihóng），绯红又变为浅红。最后，当这一切红光都消失了的时候，那突然显得高而远了的天空，则呈现（chéngxiàn）出一片肃穆的神色。最早出现的启明星，在这蓝色的天幕上闪烁起来了。它是那么大，那么亮，整个广漠的天幕上只有它在那里放射着令人注目的光辉，活像一盏悬挂在高空的明灯。

夜色加浓，苍空中的“明灯”越来越多了。而城市各处的真的灯火也次第亮了起来，尤其是围绕（wéirào）在海港周围山坡上的那一片灯光，从半空倒映在乌蓝的海面上，随着波浪，晃动着，闪烁着，像一串流动着的珍珠，和那一片片密布在苍穹（cāngqióng）里的星斗互相辉映，煞（shà）是好看。

在这幽美的夜色中，我踏着软绵绵（ruǎnmiánmián）的沙滩，沿着海边，慢慢地向前走去。海水，轻轻地抚摸着细软的沙滩，发出温柔的//刷刷声。晚来的海风，清新而又凉爽。我的心里，有着说不出的兴奋（xīngfèn）和愉快。

夜风轻飘飘地吹拂着，空气中飘荡着一种大海和田禾相混合（hùnhé）的香味儿，柔软的沙滩上还残留着白天太阳炙晒（zhìshài）的余温。那些在各个工作岗位上劳动了一天的人们，三三两两地来到这软绵绵的沙滩上，他们浴着凉爽的海风，望着那缀满了星星的夜空，尽情地说笑，尽情地休憩（xiūqì）。

（节选自峻青《海滨仲夏夜》）

作品 13 号

生命在海洋里诞生绝不是偶然的，海洋的物理和化学性质，使它成为孕育（yùnyù）原始生命的摇篮。

我们知道，水是生物的重要组成部分，许多动物组织的含水量在百分之八十以上，而一些海洋生物的含水量高达百分之九十五。水是新陈代谢（xīnchéndàixiè）的重要媒介（méijiè），没有它，体内的一系列生理和生物化学反应就无法进行，生命也就停止。因此，在短时期内动物缺水要比缺少食物更加危险。水对今天的生命是如此重要，它对脆弱的原始生命，更是举足轻重（jǔzúqīngzhòng）了。生命在海洋里诞生，就不会有缺水之忧。

水是一种良好的溶剂。海洋中含有许多生命所必需的无机盐，如氯化钠（lǜhuànà）、氯化钾、碳酸盐、磷酸盐（línsuānyán），还有溶解氧，原始生命可以毫不费力地从中吸取它所需要的元素。

水具有很高的热容量，加之海洋浩大，任凭夏季烈日曝晒（pùshài），冬季寒风扫荡，它的温度变化却比较（bǐjiào）小。因此，巨大的海洋就像是天然的“温箱”，是孕育原始生命的温床。

阳光虽然为（wéi）生命所必需，但是阳光中的紫外线却有扼杀（èshā）原始生命的危险。水能有效地吸收紫外线，因而（yīn’ér）又为（wèi）原始生命提供（tígōng）了天然的“屏障（píngzhàng）”。

这一切都是原始生命得以产生和发展的必要条件。

［节选自童裳（cháng）亮《海洋与生命》］

作品 14 号

读小学的时候（shíhou），我的外祖母去世了。外祖母生前最疼爱我，我无法排除自己的忧伤，每天在学校的操场上一圈儿（quānr）又一圈儿地跑着，跑得累倒在地上，扑在草坪上痛哭。

那哀痛的日子（rìzi），断断续续地持续了很久，爸爸妈妈也不知道如何安慰我。他们知道与其骗我说外祖母睡着（shuìzháo）了，还不如对我说实话：外祖母永远不会回来了。

“什么是永远不会回来呢？”我问着。

“所有时间里的事物，都永远不会回来。你的昨天过去，它就永远变成昨天，你不能再回到昨天。爸爸以前也和你一样小，现在也不能回到你这么小的童年了；有一天你会长大，你会像外祖母一样老；有一天你度过了你的时间，就永远不会回来了。”爸爸说。

爸爸等于给我一个谜语，这谜语比课本上的“日历挂在墙壁，一天撕去一页，使我心里着急（zháojí）”和“一寸光阴一寸金，寸金难买寸光阴”还让我感到可怕；也比作文本上的“光阴似箭，日月如梭”更让我觉得（juéde）有一种说不出的滋味。

时间过得那么飞快，使我的小心眼儿里不只是着急，还有悲伤。有一天我放学回家，看到太阳快落山了，就下决心说：“我要比太阳更快地回家。”我狂奔回去，站在庭院前喘气的时候，看到太阳//还露着（lòuzhe）半边脸，我高兴地跳跃起来，那一天我跑赢了太阳。以后我就时常做那样的游戏，有时和太阳赛跑，有时和西北风比快，有时一个暑假才能做完的作业，我十天就做完了。那时我三年级，常常把哥哥五年级的作业拿来做。每一次比赛胜过时间，我就快乐得不知道怎么形容。

如果将来我有什么要教（jiāo）给我的孩子，我会告诉（gàosu）他：假若你一直和时间比赛，你就可以成功！

［节选自（台湾）林清玄《和时间赛跑》］

作品 15 号

三十年代初，胡适在北京大学任教授。讲课时他常常对白话文大加称赞，引起一些只喜欢文言文而不喜欢白话文的学生的不满。

一次，胡适正讲得得意的时候，一位姓魏的学生（xuésheng）突然站了起来，生气地问：“胡先生，难道说白话文就毫无缺点吗？”胡适微笑着回答说：“没有。”那位学生更加激动了：“肯定有！白话文废话太多，打电报用字多，花钱多。”胡适的目光顿时变亮了，轻声地解释说：“不一定吧！前几天有位朋友（péngyou）给我打来电报，请我去政府部门工作，我决定不去，就回电拒绝了。复电是用白话写的，看来也很省字。请同学们根据我这个意思（yìsi），用文言文写一个回电，看看究竟是白话文省字，还是文言文省字？”胡教授刚说完，同学们立刻认真地写了起来。

十五分钟过去，胡适让同学举手，报告用字的数目，然后挑了一份用字最少的文言电报稿，电文是这样写的：

“才疏学浅，恐难胜任，不堪从命。”白话文的意思是：学问不深，恐怕很难担任这个工作，不能服从安排。

胡适说，这份写得确实不错，仅用了十二个字。但我的白话电报却只用了五个字：

“干不了（gànbùliǎo），谢谢（xièxie）！”

胡适又解释说：“干不了”就有才疏学浅、恐难胜任的意思；“谢谢”既//对朋友的介绍表示感谢，又有拒绝的意思。所以，废话多不多，并不看它是文言文还是白话文，只要注意选用字词，白话文是可以比文言文更省字的。

［节选自陈灼主编《实用汉语中级教程》（上）中《胡适的白话电报》］

作品 16 号

很久以前，在一个漆黑的秋天的夜晚，我泛舟在西伯利亚一条阴森森的河上。船到一个转弯处，只见前面黑黢黢（hēiqūqū）的山峰下面一星火光蓦地（mòdì）一闪。

火光又明又亮，好像就在眼前……

“好啦，谢天谢地！”我高兴地说，“马上就到过夜的地方（dìfang）啦！”

船夫扭头朝身后的火光望了一眼，又不以为然地划起桨来。

“远着呢！”

我不相信他的话，因为（yīnwèi）火光冲破朦胧的夜色，明明在那儿（nàr）闪烁。不过船夫是对的，事实上，火光的确（díquè）还远着呢。

这些黑夜的火光的特点是：驱散黑暗，闪闪发亮，近在眼前，令人神往。乍一看，再划几下就到了……其实却还远着呢！……

我们在漆黑如墨的河上又划了很久。一个个峡谷和悬崖，迎面驶来，又向后移去，仿佛消失在茫茫的远方，而火光却依然停在前头（qiántou），闪闪发亮，令人神往——依然是这么近，又依然是那么远……

现在，无论是这条被悬崖峭壁的阴影笼罩的漆黑的河流，还是那一星明亮的火光，都经常浮现在我的脑际，在这以前和在这以后，曾有许多火光，似乎近在咫尺（zhǐchǐ），不止使我一人心驰神往。可是生活之河却仍然在那阴森森的两岸之间流着，而火光也依旧非常遥远。因此，必须加劲划桨……

然而，火光啊（nga）……毕竟……毕竟就//在前头！……

（节选自［俄］柯罗连科《火光》，张铁夫译）

作品 17 号

对于一个在北平住惯的人，像我，冬天要是不刮风，便觉得（juéde）是奇迹；济南（Jǐnán）的冬天是没有风声的。对于一个刚由伦敦回来的人，像我，冬天要能看得见日光，便觉得是怪事；济南的冬天是响晴的。自然，在热带的地方，日光永远是那么毒，响亮的天气，反有点儿（yǒudiǎnr）叫人害怕。可是，在北方的冬天，而能有温晴的天气，济南真得（děi）算个宝地。

设若单单是有阳光，那也算不了（liǎo）出奇。请闭上眼睛（yǎnjing）想：一个老城，有山有水，全在天底下晒着阳光，暖和（nuǎnhuo）安适地睡着，只等春风来把它们唤醒，这是不是理想的境界？小山整把济南围了个圈儿（quānr），只有北边缺着点口儿（kǒur）。这一圈小山在冬天特别可爱，好像是把济南放在一个小摇篮里，它们安静不动地低声地说："你们放心吧，这儿（zhèr）准保暖和。"真的，济南的人们在冬天是面上含笑的。他们一看那些小山，心中便觉得有了着落（zhuóluò），有了依靠。他们由天上看到山上，便不知不觉地想起：明天也许就是春天了吧？这样的温暖，今天夜里山草也许就绿起来了吧？就是这点儿幻想不能一时实现，他们也并不着急（zháojí），因为（yīnwèi）这样慈善的冬天，干什么还希望别的呢！

最妙的是下点儿小雪呀。看吧，山上的矮松越发的青黑，树尖儿（jiānr）上//顶着一髻儿（yījìr）白花，好像日本看护妇（kānhùfù）。山尖儿全白了，给蓝天镶上一道银边儿（yínbiānr）。山坡上，有的地方雪厚点儿，有的地方草色还露着（lòuzhe）；这样，一道儿白，一道儿暗黄，给山们穿上一件带水纹儿的花衣；看着看着，这件花衣好像被风儿（fēng'ér）吹动，叫你希望看见一点儿更美的山的肌肤。等到快日落的时候，微黄的阳光斜射在山腰上，那点儿薄（báo）雪好像忽然害羞，微微露出点儿粉色。就是下小雪吧，济南是受不住大雪的，那些小山太秀气（xiùqi）。

（节选自老舍《济南的冬天》）

作品 18 号

纯朴的家乡村边有一条河，曲曲弯弯（qūqūwānwān），河中架一弯石桥，弓样的小桥横跨两岸。

每天，不管是鸡鸣晓月，日丽中天，还是月华泻地，小桥都印下串串足迹，洒落串串汗珠。那是乡亲（xiāngqīn）为了追求多棱（duōléng）的希望，兑现（duìxiàn）美好的遐想。弯弯小桥，不时荡过轻吟低唱，不时露出（lòuchū）舒心的笑容。

因而，我稚小（zhìxiǎo）的心灵，曾将心声献给小桥：你是一弯银色的新月，给人间普照光辉；你是一把闪亮的镰刀，割刈（gēyì）着欢笑的花果；你是一根晃悠悠的扁担（biǎndan），挑起了彩色的明天！哦，小桥走进我的梦中。

我在飘泊（piāobó）他乡的岁月，心中总涌动着故乡的河水，梦中总看到弓样的小桥。当我访南疆探北国，眼帘闯进座座雄伟的长桥时，我的梦变得丰满了，增添了赤橙黄绿青蓝紫。

三十多年过去，我带着满头霜花回到故乡，第一（dìyī）紧要的便是去看望小桥。

啊！小桥呢？它躲起来了？河中一道长虹，浴着朝霞熠熠（yìyì）闪光。

哦，雄浑的大桥敞开胸怀，汽车的呼啸、摩托（mótuō）的笛音、自行车的叮铃，合奏着进行交响乐；南来的钢筋、花布，北往的柑橙、家禽，绘出交流欢跃图……

啊！蜕变（tuìbiàn）的桥，传递了家乡进步的消息（xiāoxi），透露了家乡富裕的声音。时代的春风，美好的追求，我蓦地（mòdì）记起儿时唱∥给小桥的歌，哦，明艳艳的太阳照耀了，芳香甜蜜的花果捧来了，五彩斑斓的岁月拉开了！

我心中涌动的河水，激荡起甜美的浪花。我仰望一碧蓝天，心底轻声呼喊：家乡的桥啊（wɑ），我梦中的桥！

（节选自郑莹《家乡的桥》）

作品 19 号

三百多年前，建筑设计师莱伊恩受命设计了英国温泽市政府大厅。他运用工程力学的知识（zhīshi），依据自己多年的实践，巧妙地设计了只用一根柱子支撑的大厅天花板。一年以后，市政府权威人士进行工程验收时，却说只用一根柱子支撑天花板太危险，要求莱伊恩再多加几根柱子。

莱伊恩自信只要一根坚固的柱子足以保证大厅安全，他的“固执（gùzhí）”惹恼了市政官员，险些被送上法庭。他非常苦恼，坚持自己原先的主张吧，市政官员肯定会另找人修改设计；不坚持吧，又有悖（yǒubèi）自己为人的准则。矛盾了很长一段时间，莱伊恩终于想出了一条妙计，他在大厅里增加了四根柱子，不过这些柱子并未与天花板接触，只不过是装装（zhuāngzhuɑng）样子。

三百多年过去了，这个秘密始终没有被人发现。直到前两年，市政府准备修缮（xiūshàn）大厅的天花板，才发现莱伊恩当年的“弄虚作假”。消息传出后，世界各国的建筑专家和游客云集，当地政府对此也不加掩饰，在新世纪到来之际，特意将大厅作为一个旅游景点对外开放，旨（zhǐ）在引导人们崇尚（chóngshàng）和相信科学。

作为一名建筑师，莱伊恩并不是最出色的。但作为一个人，他无疑非常伟大，这种∥伟大表现在他始终恪守（kèshǒu）着自己的原则，给高贵的心灵一个美丽的住所，哪怕是遭遇到最大的阻力，也要想办法抵达胜利。

（节选自游宇明《坚守你的高贵》）

作品 20 号

自从传言有人在萨文河畔散步时无意发现了金子（jīnzi）后，这里便常有来自四面八方的淘金者。他们都想成为富翁，于是寻遍了整个河床，还在河床上挖出很多大坑，希望借助它们找到更多的金子。的确，有一些人找到了，但另外一些人因为一无所得而只好扫兴归去。

也有不甘心落后的，便驻扎（zhùzhā）在这里，继续寻找。彼得·弗雷特就是其中一员。他在河床附近买了一块没人要的土地，一个人默默地工作。他为了找金子，已把所有的钱都押在这块土地上。他埋头苦干了几个月，直到土地全变成了坑坑洼洼（kēngkēngwāwā），他失望了——他翻遍了整块土地，但连一丁点儿（yīdīngdiǎnr）金子都没看见。

六个月后，他连买面包的钱都没有了。于是他准备离开这儿（zhèr）到别处去谋生。

就在他即将（jíjiāng）离去的前一个晚上，天下起了倾盆大雨，并且一下就是三天三夜。雨终于停了，彼得走出小木屋，发现眼前的土地看上去好像和以前不一样：坑坑洼洼已被大水冲刷平整，松软的土地上长出一层绿茸茸（lùróngróng）的小草。

“这里没找到金子，”彼得忽有所悟地说，“但这土地很肥沃，我可以用来种花，并且拿到镇上去卖给那些富人，他们一定会买些花装扮他们华丽的客厅。//如果真是这样的话，那么我一定会赚（zhuàn）许多钱。有朝一日我也会成为富人……”

于是他留了下来。彼得花了不少精力培育花苗，不久田地里长满了美丽娇艳的各色鲜花。

五年以后，彼得终于实现了他的梦想——成了一个富翁。“我是唯一的一个找到真金的人！”他时常不无骄傲地告诉（gàosu）别人，“别人在这儿找不到金子后便远远地离开，而我的‘金子’是在这块土地里，只有诚实的人用勤劳才能采集到。”

（节选自陶猛译《金子》）

作品 21 号

我在加拿大学习期间遇到过两次募捐，那情景至今使我难以忘怀。

一天，我在渥太华（Wòtàihuá）的街上被两个男孩子拦住去路，他们十来岁，穿得整整齐齐，每人头上戴着个做工精巧、色彩鲜艳的纸帽，上面写着“为帮助患小儿麻痹（mábì）的伙伴募捐”。其中的一个，不由分说就坐在小凳上给我擦起皮鞋来，另一个则彬彬有礼地发问：“小姐，您是哪国人？喜欢渥太华吗？”“小姐，在你们国家有没有小孩儿（xiǎoháir）患小儿麻痹？谁给他们医疗费？”一连串的问题，使我这个有生以来头一次在众目睽睽（zhòngmùkuíkuí）之下让别人擦鞋的异乡人，从近乎狼狈的窘态（jiǒngtài）中解脱出来。我们像朋友（péngyou）一样聊起天儿（tiānr）来……

几个月之后，也是在街上。一些十字路口处或车站坐着几位老人。他们满头银发（yínfà），身穿各种老式军装，上面布满了大大小小形形色色的徽章、奖章，每人手捧一大束鲜花，有水仙、石竹、玫瑰（méigui）及叫不出名字的，一色雪白。匆匆过往的行人纷纷止步，把钱投进这些老人身旁的白色木箱内，然后向他们微微鞠躬，从他们手中接过一朵花。我看了一会儿（yīhuìr），有人投一两元，有人投几百元，还有人掏出支票填好后投进木箱。那些老军人毫不注意人们捐多少钱，一直不//停地向人们低声道谢。同行（tóngxíng）的朋友告诉我，这是为纪念二次大战中参战的勇士，募捐救济残废军人和烈士遗孀（yíshuāng），每年一次；认捐的人可谓踊跃，而且秩序井然，气氛（qìfēn）庄严。有些地方（dìfang），人们还耐心地排着队。我想，这是因为他们都知道：正是这些老人们的流血牺牲换来了包括他们信仰自由在内的许许多多。

我两次把那微不足道的一点儿钱捧给他们，只想对他们说声“谢谢”。

（节选自青白《捐诚》）

作品 22 号

没有一片绿叶，没有一缕炊烟，没有一粒泥土，没有一丝花香，只有水的世界，云的海洋。

一阵台风袭（xí）过，一只孤单的小鸟无家可归，落到被卷到洋里的木板上，乘（chéng）流而下，姗姗而来，近了，近了！……

忽然，小鸟张开翅膀，在人们头顶盘旋了几圈儿（quānr），“噗啦（pūlā）”一声落到了船上。许是累了？还是发现了“新大陆”？水手撵它它不走，抓它，它乖乖地落在掌心。可爱的小鸟和善良的水手结成（jiéchéng）了朋友（péngyou）。

瞧，它多美丽，娇巧的小嘴，啄理（zhuólǐ）着绿色的羽毛，鸭子样的扁脚，呈现（chéngxiàn）出春草的鹅黄。水手们把它带到舱里，给它“搭铺”，让它在船上安家落户，每天，把分到的一塑料（sùliào）桶淡水匀给它喝，把从祖国带来的鲜美的鱼肉分给它吃，天长日久，小鸟和水手的感情日趋笃厚（dǔhòu）。清晨，当第一束（shù）阳光射进舷窗（xiánchuāng）时，它便敞开美丽的歌喉，唱啊（nga）唱，嘤嘤有韵，宛如春水淙淙（cóngcóng）。人类给它以生命，它毫不悭吝（qiānlìn）地把自己的艺术青春奉献给了哺育它的人。可能都是这样？艺术家们的青春只会献给尊敬他们的人。

小鸟给远航生活蒙上了一层浪漫色调，返航时，人们爱不释手，恋恋不舍地想把它带到异乡。可小鸟憔悴（qiáocuì）了，给水，不喝！喂肉，不吃！油亮的羽毛失去了光泽。是啊（ra），我//们有自己的祖国，小鸟也有它的归宿，人和动物都是一样啊（nga），哪儿（nǎr）也不如故乡好！

慈爱的水手们决定放开它，让它回到大海的摇篮去，回到蓝色的故乡去。离别前，这个大自然的朋友与水手们留影纪念。它站在许多人的头上，肩上，掌上，胳膊（gēbo）上，与喂养过它的人们，一起融进那蓝色的画面……

（节选自王文杰《可爱的小鸟》）

作品 23 号

纽约的冬天常有大风雪，扑面的雪花不但令人难以睁开眼睛，甚至呼吸都会吸入冰冷的雪花。有时前一天晚上还是一片晴朗，第二天拉开窗帘，却已经积雪盈尺，连门都推不开了。

遇到这样的情况，公司、商店常会停止上班，学校也通过广播，宣布停课。但令人不解的是，唯有公立小学，仍然开放。只见黄色的校车，艰难地在路边接孩子，老师则一大早就口中喷着热气，铲去车子（chēzi）前后的积雪，小心翼翼（xiǎoxīnyìyì）地开车去学校。

据统计，十年来纽约的公立小学只因为超级暴风雪停过七次课。这是多么令人惊讶的事。犯得着（fàndezháo）在大人都无需上班的时候让孩子去学校吗？小学的老师也太倒霉了吧？

于是，每逢大雪而小学不停课时，都有家长打电话去骂。妙的是，每个打电话的人，反应全一样——先是怒气冲冲地责问，然后满口道歉，最后笑容满面地挂上电话。原因是，学校告诉家长：

在纽约有许多百万富翁，但也有不少贫困的家庭。后者白天开不起暖气，供不起（gōngbùqǐ）午餐，孩子的营养全靠学校里免费的中饭，甚至可以多拿些回家当（dàng）晚餐。学校停课一天，穷孩子就受一天冻，挨（ái）一天饿，所以老师们宁愿（nìngyuàn）自己苦一点儿，也不能停//课。

或许有家长会说：何不让富裕的孩子在家里，让贫穷的孩子去学校享受暖气和营养午餐呢？

学校的答复是：我们不愿让那些穷苦的孩子感到他们是在接受救济，因为施舍的最高原则是保持受施者的尊严。

［节选自（台湾）刘墉《课不能停》］

作品 24 号

十年，在历史上不过是一瞬间（shùnjiān）。只要稍加注意，人们就会发现：在这一瞬间里，各种事物都悄悄经历了自己的千变万化。

这次重新访日，我处处感到亲切和熟悉（shúxī），也在许多方面发觉了日本的变化。就拿奈良（Nàiliáng）的一个角落来说吧，我重游了为（wèi）之感受很深的唐招提寺，在寺内各处匆匆走了一遍，庭院依旧，但意想不到还看到了一些新的东西（dōngxi）。其中之一，就是近几年从中国移植来的“友谊之莲”。

在存放鉴真遗像的那个院子（yuànzi）里，几株中国莲昂然挺立，翠绿的宽大荷叶正迎风而舞，显得十分愉快（yúkuài）。开花的季节已过，荷花朵朵已变为莲蓬（liánpeng）累累（léiléi）。莲子（liánzǐ）的颜色正在由青转紫，看来已经成熟了。

我禁不住（jīnbuzhù）想：“因”已转化为“果”。

中国的莲花开在日本，日本的樱花开在中国，这不是偶然。我希望这样一种盛况延续不衰。可能有人不欣赏花，但决不会有人欣赏落在自己面前的炮弹。

在这些日子（rìzi）里，我看到了不少多年不见的老朋友，又结识（jiéshí）了一些新朋友。大家喜欢涉及的话题之一，就是古长安和古奈良。那还用得着（yòngdezháo）问吗，朋友们缅怀（miǎnhuái）过去，正是瞩望（zhǔwàng）未来。瞩目于未来的人们必将获得未来。

我不例外，也希望一个美好的未来。

为//了（wèile）中日人民之间的友谊，我将不浪费今后生命的每一瞬间。

（节选自严文井《莲花和樱花》）

作品 25 号

梅雨潭闪闪的绿色招引着我们，我们开始追捉她那离合的神光了。揪着草，攀着乱石，小心探身下去，又鞠躬过了一个石穹门（shíqióngmén），便到了汪汪一碧的潭边了。

瀑布（pùbù）在襟袖（jīnxiù）之间，但是我的心中已没有瀑布了。我的心随潭水的绿而摇荡。那醉人的绿呀！仿佛一张极大极大的荷叶铺（pū）着，满是奇异的绿呀。我想张开两臂抱住她，但这是怎样一个妄想啊。

站在水边，望到那面，居然觉着有些远呢！这平铺着，厚积着的绿，着实（zhuóshí）可爱。她松松的皱缬（zhòuxié）着，像少妇拖着的裙幅；她滑滑的明亮着，像涂了“明油”一般，有鸡蛋清那样软，那样嫩；她又不杂些尘滓（chénzǐ），宛然一块温润的碧玉，只清清的一色——但你却看不透她！

我曾见过北京什刹海（Shíchàhǎi）拂地（fúdì）的绿杨，脱不了鹅黄的底子（dǐzi），似乎太淡了。我又曾见过杭州虎跑寺（Hǔpáosì）近旁高峻而深密的“绿壁”，丛叠着无穷的碧草与绿叶的，那又似乎太浓了。其余呢，西湖的波太明了，秦淮河的也太暗了。可爱的，我将什么来比拟（bǐnǐ）你呢？我怎么比拟得出呢？大约潭是很深的，故能蕴蓄（yùnxù）着这样奇异的绿；仿佛蔚蓝的天融了一块在里面似的（shìde），这才这般的鲜润啊（nɑ）。

那醉人的绿呀！我若能裁你以为带，我将赠给那轻盈的//舞女，她必能临风飘举了。我若能挹（yì）你以为眼，我将赠给那善歌的盲妹，她必能明眸善睐（míngmóushànlài）了。我舍不得（shěbudé）你；我怎舍得你呢？我用手拍着你，抚摩（fǔmó）着你，如同一个十二三岁的小姑娘。我又掬（jū）你入口，便是吻着她了。我送你一个名字（míngzi），我从此叫你“女儿绿”，好吗？

第二次到仙岩的时候，我不禁（bùjīn）惊诧（jīngchà）于梅雨潭的绿了。

（节选自朱自清《绿》）

作品 26 号

我们家的后园有半亩空地（kòngdì），母亲（mǔqīn）说：“让它荒着怪可惜的，你们那么爱吃花生，就开辟出来种花生吧。”我们姐弟几个都很高兴，买种（mǎizhǒng），翻地，播种（bōzhǒng），浇水，没过几个月，居然收获了。

母亲说：“今晚我们过一个收获节，请你们父亲（fùqīn）也来尝尝我们的新花生，好不好（hǎobuhǎo）？”我们都说好。母亲把花生做成了好几样食品，还吩咐（fēnfù）就在后园的茅亭里过这个节。

晚上天色不太好，可是父亲也来了，实在很难得（nándé）。

父亲说：“你们爱吃花生吗？”

我们争着答应（dāying）：“爱！”

“谁能把花生的好处（hǎochù）说出来？”

姐姐（jiějie）说：“花生的味（wèi）美。”

哥哥（gēge）说：“花生可以榨油。”

我说：“花生的价钱（jiàqián）便宜（piányi），谁都可以买来吃，都喜欢吃。这就是它的好处。”

父亲说：“花生的好处很多，有一样最可贵，它的果实埋在地里，不像桃子（táozi）、石榴（shíliu）、苹果那样，把鲜红嫩绿的果实高高地挂在枝头上，使人一见就生爱慕之心。你们看它矮矮地长在地上，等到成熟了，也不能立刻分辨出来它有没有果实，必须挖出来才知道。”

我们都说是，母亲也点点头。

父亲接下去说：“所以你们要像花生，它虽然不好看，可是很有用，不是外表好看而没有实用的东西（dōngxi）。”

我说：“那么，人要做有用的人，不要做只讲体面（tǐmiàn），而对别人没有好处的人了。”//

父亲说："对。这是我对你们的希望。"

我们谈到夜深才散。花生做的食品都吃完了，父亲的话却深深地印在我的心上。

（节选自许地山《落花生》）

作品 27 号

我打猎归来，沿着花园的林荫（línyīn）路走着。狗跑在我前边。

突然，狗放慢脚步，蹑足潜行（nièzúqiánxíng），好像嗅（xiù）到了前边有什么野物。

我顺着林荫路望去，看见了一只嘴边还带黄色、头上生着柔毛的小麻雀（máquè）。风猛烈地吹打着林荫路上的白桦树（báihuàshù），麻雀从巢里跌落下来，呆呆地伏在地上，孤立无援地张开两只羽毛还未丰满的小翅膀。

我的狗慢慢向它靠近。忽然，从附近一棵树上飞下一只黑胸脯（xiōngpú）的老麻雀，像一颗石子（shízǐ）似的（shìde）落到狗的跟前。老麻雀全身倒竖（dàoshù）着羽毛，惊恐万状，发出绝望、凄惨的叫声，接着向露出（lòuchū）牙齿、大张着的狗嘴扑去。

老麻雀是猛扑下来救护幼雀的。它用身体掩护着自己的幼儿（yòu'ér）……但它整个小小的身体因恐怖而战栗（zhànlì）着，它小小的声音也变得粗暴嘶哑，它在牺牲自己！在它看来，狗该是多么庞大的怪物啊（wɑ）！然而它还是不能站在自己高高的、安全的树枝上……一种比它的理智更强烈的力量，使它从那儿（nàr）扑下身来。

我的狗站住了，向后退了退……看来，它也感到了这种力量（lìliang）。

我赶紧唤住惊惶失措的狗，然后我怀着崇敬（chóngjìng）的心情，走开了。

是啊（rɑ），请不要见笑。我崇敬那只小小的、英勇的鸟儿（niǎor），我崇敬它那种爱的冲动和力量。

爱，我//想，比死和死的恐惧更强大。只有依靠它，依靠这种爱，生命才能维持下去，发展下去。

（节选自［俄］屠格涅夫《麻雀》，巴金译）

作品 28 号

那年我六岁。离我家仅一箭之遥的小山坡旁，有一个早已被废弃的采石场，双亲从来不准我去那儿（nàr），其实那儿风景十分迷人。

一个夏季的下午，我随着一群小伙伴偷偷上那儿去了。就在我们穿越了一条孤寂的小路后，他们却把我一个人留在原地，然后奔（bēn）向"更危险的地带”了。

等他们走后，我惊慌失措（jīnghuāngshīcuò）地发现，再也找不到要回家的那条孤寂的小道了。像只无头的苍蝇（cāngying），我到处乱钻，衣裤上挂满了芒刺。太阳已经落山，而此时此刻，家里一定开始吃晚餐了，双亲正盼着我回家……想着想着，我不由得（bùyóude）背靠着一棵树，伤心地呜呜大哭起来……

突然，不远处传来了声声柳笛。我像找到了救星，急忙循声（xúnshēng）走去。一条小道边的树桩上坐着一位吹笛人，手里还正削（xiāo）着什么。走近细看，他不就是被大家称为“乡巴佬儿（xiāngbalǎor）”的卡廷（Kǎtíng）吗？

“你好，小家伙儿（xiǎojiāhuor），”卡廷说，“看天气多美，你是出来散步的吧？”

我怯生生地点点头，答道：“我要回家了。”

“请耐心等上几分钟，”卡廷说，“瞧，我正在削一支柳笛，差不多就要做好了，完工后就送给你吧！”

卡廷边削边不时把尚未成形的柳笛放在嘴里试吹一下。没过多久，一支柳笛便递到我手中。我俩在一阵阵清脆悦耳的笛音//中，踏上了归途……

当时，我心中只充满感激，而今天，当我自己也成了祖父时，却突然领悟到他用心之良苦！那天当他听到我的哭声时，便判定我一定迷了路，但他并不想在孩子面前扮演“救星”的角色（juésè），于是吹响柳笛以便让我能发现他，并跟着他走出困境！就这样，卡廷先生（xiānsheng）以乡下人（xiāngxiarén）的纯朴，保护了一个小男孩儿强烈的自尊。

（节选自唐若水译《迷途笛音》）

作品 29 号

在浩瀚无垠（wúyín）的沙漠里，有一片美丽的绿洲，绿洲里藏着一颗闪光的珍珠。这颗珍珠就是敦煌莫高窟。它坐落在我国甘肃省敦煌市三危山和鸣沙山的怀抱中。

鸣沙山东麓（dōnglù）是平均高度为十七米的崖壁。在一千六百多米长的崖壁上，凿（záo）有大小洞窟七百余个，形成了规模宏伟的石窟群。其中四百九十二个洞窟中，共有彩色塑像（sùxiàng）两千一百余尊，各种壁画共四万五千多平方米。莫高窟是我国古代无数艺术匠师留给人类的珍贵文化遗产。

莫高窟的彩塑，每一尊都是一件精美的艺术品。最大的有九层楼那么高，最小的还不如一个手掌大。这些彩塑个性鲜明，神态各异。有慈眉善目的菩萨（púsà），有威风凛凛（wēifēnglǐnlǐn）的天王，还有强壮勇猛的力士……

莫高窟壁画的内容丰富多彩，有的是描绘古代劳动人民打猎、捕鱼、耕田、收割的情景，有的是描绘人们奏乐、舞蹈、演杂技的场面，还有的是描绘大自然的美丽风光。其中最引人注目的是飞天。壁画上的飞天，有的臂挎花篮，采摘鲜花；有的反弹琵琶（pípá），轻拨银弦；有的倒悬身子（shēnzi），自天而降；有的彩带飘拂，漫天遨游（áoyóu）；有的舒展着双臂，翩翩起舞（piānpiānqǐwǔ）。看着这些精美动人的壁画，就像走进了//灿烂辉煌的艺术殿堂。

莫高窟里还有一个面积（miànjī）不大的洞窟——藏经洞。洞里曾藏有我国古代的各种经卷、文书、帛画（bóhuà）、刺绣、铜像等共六万多件。由于清朝政府腐败无能，大量珍贵的文物被外国强盗掠走。仅存的部分经卷，现在陈列于北京故宫等处。

莫高窟是举世闻名的艺术宝库。这里的每一尊彩塑、每一幅壁画、每一件文物，都是中国古代人民智慧的结晶。

（节选自小学《语文》第六册中《莫高窟》）

作品 30 号

其实你在很久以前并不喜欢牡丹（mǔdɑn），因为它总被人作为富贵膜拜。后来你目睹了一次牡丹的落花，你相信所有的人都会为（wèi）之感动：一阵清风徐来，娇艳鲜嫩的盛期牡丹忽然整朵整朵地坠落（zhuìluò），铺撒（pūsǎ）一地绚丽（xuànlì）的花瓣。那花瓣落地时依然鲜艳夺目，如同一只奉上祭坛的大鸟脱落的羽毛，低吟着壮烈的悲歌离去。

牡丹没有花谢花败之时，要么烁于（shuòyú）枝头，要么归于泥土，它跨越委顿（wěidùn）和衰老，由青春而死亡，由美丽而消遁（xiāodùn）。它虽美却不吝惜（lìnxī）生命，即使（jíshǐ）告别也要展示给人最后一次的惊心动魄。

所以在这阴冷的四月里，奇迹不会发生。任凭游人扫兴和诅咒，牡丹依然安之若素（ānzhīruòsù）。它不苟且（gǒuqiě）、不俯就、不妥协、不媚俗，甘愿自己冷落自己。它遵循自己的花期自己的规律，它有权利为自己选择每年一度的盛大节日。它为什么不拒绝寒冷？

天南海北的看花人，依然络绎不绝（luòyìbùjué）地涌入洛阳城。人们不会因牡丹的拒绝而拒绝它的美。如果它再被贬谪（biǎnzhé）十次，也许它就会繁衍（fányǎn）出十个洛阳牡丹城。

于是你在无言的遗憾中感悟到，富贵与高贵只是一字之差（chā）。同人一样，花儿（huā’ér）也是有灵性的，更有品位之高低。品位这东西为（wéi）气为魂为//筋骨为神韵，只可意会。你叹服牡丹卓尔不群（zhuó’ěrbùqún）之姿，方知品位是多么（duōme）容易被世人忽略或是漠视的美。

（节选自张抗抗《牡丹的拒绝》）

作品 31 号

森林涵养水源，保持水土，防止水旱灾害的作用非常大。据专家测算，一片十万亩面积的森林，相当于一个两百万立方米的水库，这正如农谚所说的："山上多栽树，等于修水库。雨多它能吞，雨少它能吐。"

说起森林的功劳，那还多得很。它除了（chúle）为人类提供（tígōng）木材及许多种生产、生活的原料之外，在维护生态环境方面也是功劳卓著（zhuózhù），它用另一种"能吞能吐"的特殊功能孕育了人类。因为地球在形成之初，大气中的二氧化碳（èryǎnghuàtàn）含量很高，氧气很少，气温也高，生物是难以生存的。大约在四亿年之前，陆地才产生了森林。森林慢慢将大气中的二氧化碳吸收，同时吐出新鲜氧气，调节气温：这才具备了人类生存的条件，地球上才最终有了人类。

森林，是地球生态系统的主体，是大自然的总调度室（diàodùshì），是地球的绿色之肺。森林维护地球生态环境的这种"能吞能吐"的特殊功能是其他任何物体都不能取代的。然而，由于地球上的燃烧物增多，二氧化碳的排放量急剧增加，使得地球生态环境急剧恶化，主要表现为全球气候（qìhòu）变暖，水分蒸发加快，改变了气流的循环，使气候变化加剧，从而引发热浪、飓风（jùfēng）、暴雨、洪涝及干旱。

为了//使地球的这个"能吞能吐"的绿色之肺能恢复健壮，以改善生态环境，抑制全球变暖，减少水旱等自然灾害，我们应该大力造林、护林，使每一座荒山都绿起来。

（节选自《中考语文课外阅读试题精选》中《"能吞能吐"的森林》）

作品 32 号

朋友（péngyou）即将远行。

暮春时节，又邀了几位朋友在家小聚，虽然都是极熟的朋友，却是终年难得一见，偶尔电话里相遇，也无非是几句寻常话。一锅小米稀饭，一碟大头菜，一盘自家酿制（niàngzhì）的泡菜，一只巷口买回的烤鸭，简简单单，不像请客，倒像家人团聚。

其实，友情也好，爱情也好，久而久之都会转化为亲情。

说也奇怪，和新朋友会谈文学、谈哲学、谈人生道理，等等，和老朋友却只话家常，柴米油盐，细细碎碎，种种琐事。很多时候（shíhou），心灵的契合（qìhé）已经不需要太多的言语来表达。

朋友新烫了个头，不敢回家见母亲，恐怕惊骇（jīnghài）了老人家（lǎorenjia），却欢天喜地来见我们，老朋友颇能以一种趣味性的眼光欣赏这个改变。

年少的时候，我们差不多（chàbuduō）都在为别人而活，为苦口婆心的父母活，为循循善诱（xúnxúnshànyòu）的师长活，为许多观念、许多传统的约束力而活。年岁逐增，渐渐挣脱（zhèngtuō）外在的限制与束缚（shùfù），开始懂得为自己活，照自己的方式做一些自己喜欢的事，不在乎（zàihu）别人的批评意见，不在乎别人的诋毁流言，只在乎那一份随心所欲的舒坦（shūtan）自然。偶尔，也能够纵容自己放浪一下，并且有一种恶作剧的窃喜。

就让生命顺其自然，水到渠成吧，犹如窗前的//乌桕（wūjiù），自生自落之间，自有一份圆融丰满的喜悦。春雨轻轻落着，没有诗，没有酒，有的只是一份相知相属（xiāngzhǔ）的自在（zìzài）自得。

夜色在笑语中渐渐沉落，朋友起身告辞，没有挽留，没有送别，甚至也没有问归期。

已经过了大喜大悲的岁月，已经过了伤感流泪的年华，知道了聚散原来是这样的自然和顺理成章，懂得这点，便懂得珍惜每一次相聚的温馨，离别便也欢喜。

［节选自（台湾）杏林子《朋友和其他》］

作品 33 号

我们在田野散步：我，我的母亲，我的妻子（qīzi）和儿子（érzi）。

母亲本不愿出来的。她老了，身体不好，走远一点儿就觉得很累。我说，正因为如此，才应该（yīnggāi）多走走。母亲信服地点点头，便去拿外套。她现在很听我的话，就像我小时候很听她的话一样。

这南方初春的田野，大块小块的新绿随意地铺（pū）着，有的浓，有的淡，树上的嫩芽（nènyá）也密了，田里的冬水也咕咕地起着水泡。这一切都使人想着一样东西——生命。

我和母亲走在前面，我的妻子和儿子走在后面。小家伙突然叫起来："前面是妈妈和儿子，后面也是妈妈和儿子。"我们都笑了。

后来发生了分歧：母亲要走大路，大路平顺；我的儿子要走小路，小路有意思（yìsi）。不过，一切都取决于我。我的母亲老了，她早已习惯听从她强壮的儿子；我的儿子还小，他还习惯听从他高大的父亲；妻子呢，在外面，她总是听我的。一霎时（shàshí）我感到了责任的重大。我想找一个两全的办法，找不出；我想拆散一家人，分成两路，各得其所，终不愿意。我决定委屈（wěiqu）儿子，因为我伴同他的时日还长。我说："走大路。"

但是母亲摸摸孙儿的小脑瓜儿，变了主意（zhǔyi）：“还是走小路吧。”她的眼随小路望去：那里有金色的菜花，两行整齐的桑树，//尽头一口水波粼粼（línlín）的鱼塘。“我走不过去的地方（dìfang），你就背着我。”母亲对我说。

这样，我们在阳光下，向着那菜花、桑树和鱼塘走去。到了一处，我蹲下来，背起了母亲；妻子也蹲下来，背起了儿子。我和妻子都是慢慢地，稳稳地，走得很仔细，好像我背上的同她背上的加起来，就是整个世界。

（节选自莫怀戚《散步》）

作品 34 号

地球上是否真的存在“无底洞”？按说地球是圆的，由地壳（dìqiào）、地幔（dìmàn）和地核（dìhé）三层组成，真正的“无底洞”是不应存在的，我们所看到的各种山洞、裂口、裂缝，甚至火山口也都只是地壳浅部的一种现象。然而中国一些古籍却多次提到海外有个深奥莫测的无底洞。事实上地球上确实有这样一个“无底洞”。

它位于希腊亚各斯古城的海滨。由于濒临（bīnlín）大海，大涨潮时，汹涌的海水便会排山倒海般地涌入洞中，形成一股湍湍（tuāntuān）的急流。据测，每天流入洞内的海水量达三万多吨。奇怪的是，如此大量的海水灌入洞中，却从来没有把洞灌满。曾有人怀疑，这个“无底洞”，会不会就像石灰岩地区的漏斗、竖井、落水洞一类的地形。然而从二十世纪三十年代以来，人们就做了多种努力企图寻找它的出口，却都是枉费心机（wǎngfèixīnjī）。

为了揭开这个秘密，一九五八年美国地理学会派出一支考察队，他们把一种经久不变的带色染料溶解在海水中，观察染料是如何随着海水一起沉下去。接着又察看了附近海面以及岛上的各条河、湖，满怀希望地寻找这种带颜色的水，结果令人失望。难道是海水量太大把有色水稀释得太淡，以致无法发现？//

至今谁也不知道为什么这里的海水会没完没了（méiwánméiliǎo）地“漏”下去，这个“无底洞”的出口又在哪里，每天大量的海水究竟都流到哪里去了？

（节选自［美］罗伯特·罗威尔《神秘的“无底洞”》）

作品 35 号

我在俄国见到的景物再没有比托尔斯泰墓更宏伟、更感人的。

完全按照托尔斯泰的愿望，他的坟墓成了世间最美的，给人印象最深刻的坟墓。它只是树林中的一个小小的长方形土丘，上面开满鲜花——没有十字架，没有墓碑，没有墓志铭，连托尔斯泰这个名字也没有。

这个比谁都感到受自己的声名所累（lěi）的伟人，却像偶尔（ǒu'ěr）被发现的流浪汉，不为（wéi）人知的士兵，不留名姓地被人埋葬了。谁都可以踏进他最后的安息地，围在四周的稀疏的木栅栏（zhàlan）是不关闭的——保护列夫·托尔斯泰得以安息的没有任何别的东西，唯有人们的敬意；而通常，人们却总是怀着好奇，去破坏伟人墓地的宁静。

这里，逼人的朴素禁锢（jìngù）住任何一种观赏的闲情，并且不容许你大声说话。风儿（fēng'ér）俯临，在这座无名者之墓的树木之间飒飒（sàsà）响着，和暖（hénuǎn）的阳光在坟头（féntóu）嬉戏；冬天，白雪温柔地覆盖这片幽暗的土地。无论你在夏天或冬天经过这儿，你都想象不到，这个小小的、隆起的长方体里安放着一位当代最伟大的人物。

然而，恰恰是这座不留姓名的坟墓，比所有挖空心思（xīnsi）用大理石和奢华装饰建造的坟墓更扣人心弦（xián）。在今天这个特殊的日子里，//到他的安息地来的成百上千人中间，没有一个有勇气，哪怕仅仅从这幽暗的土丘上摘下一朵花留作纪念。人们重新感到，世界上再没有比托尔斯泰最后留下的、这座纪念碑式的朴素坟墓，更打动人心的了。

（节选自［奥］茨威格《世间最美的坟墓》，张厚仁译）

作品 36 号

我国的建筑，从古代的宫殿到近代的一般住房，绝大部分（bùfen）是对称（duìchèn）的，左边怎么样，右边怎么样。苏州园林可绝不讲究（jiǎngjiu）对称，好像故意避免似的（shìde）。东边有了一个亭子或者一道回廊，西边决不会来一个同样的亭子或者一道同样的回廊。这是为什么？我想，用图画来比方（bǐfang），对称的建筑是图案画，不是美术画，而园林是美术画，美术画要求自然之趣，是不讲究对称的。

苏州园林里都有假山和池沼（chízhǎo）。

假山的堆叠，可以说是一项艺术而不仅是技术。或者是重峦叠嶂（chóngluándiézhàng），或者是几座小山配合着竹子花木，全在乎（zàihu）设计者和匠师们生平多阅历，胸中有丘壑（qiūhè），才能使游览者攀登的时候忘却苏州城市，只觉得身在山间。

至于池沼，大多引用活水。有些园林池沼宽敞（kuānchǎng），就把池沼作为全园的中心，其他景物配合着布置。水面假如成河道模样（múyàng），往往安排桥梁。假如安排两座以上的桥梁，那就一座一个样，决不雷同。

池沼或河道的边沿很少砌齐整（qízhěng）的石岸，总是高低屈曲任其自然。还在那儿（nàr）布置几块玲珑的石头（shítou），或者种些花草。这也是为了取得从各个角度看都成一幅画的效果。池沼里养着金鱼或各色鲤鱼，夏秋季节荷花或睡莲开//放，游览者看“鱼戏莲叶间”，又是入画的一景。

（节选自叶圣陶《苏州园林》）

作品 37 号

一位访美中国女作家，在纽约遇到一位卖花的老太太（lǎotàitai）。老太太穿着（chuānzhuó）破旧，身体虚弱，但脸上的神情却是那样祥和兴奋（xīngfèn）。女作家挑了一朵花说：“看起来，你很高兴。”老太太面带微笑地说：“是的，一切都这么美好，我为什么不高兴呢?”“对烦恼，你倒真能看得开。”女作家又说了一句。没料到，老太太的回答更令女作家大吃一惊：“耶稣在星期五被钉上十字架时，是全世界最糟糕的一天，可三天后就是复活节。所以，当我遇到不幸时，就会等待三天，这样一切就恢复正常了。”

“等待三天”，多么富于哲理的话语，多么乐观的生活方式。它把烦恼和痛苦抛下，全力去收获快乐。

沈从文在“文革”期间，陷入了非人的境地。可他毫不在意，他在咸宁时给他的表侄、画家黄永玉写信说：“这里的荷花真好，你若来……”身陷苦难却仍为（wèi）荷花的盛开欣喜赞叹不已，这是一种趋于澄明（chéngmíng）的境界，一种旷达洒脱（sǎtuō）的胸襟，一种面临磨难坦荡从容的气度，一种对生活童子（tóngzǐ）般的热爱和对美好事物无限向往的生命情感。

由此可见，影响一个人快乐的，有时并不是困境及磨难，而是一个人的心态。如果把自己浸泡在积极、乐观、向上的心态中，快乐必然会//占据你的每一天。

（节选自《态度创造快乐》）

作品 38 号

泰山极顶看日出，历来被描绘成十分壮观的奇景。有人说：登泰山而看不到日出，就像一出大戏没有戏眼，味儿（wèir）终究有点（diǎn）寡淡。

我去爬山那天，正赶上个难得的好天，万里长空，云彩（yúncai）丝儿都不见。素常，烟雾腾腾的山头，显得眉目分明。同伴们都欣喜地说：“明天早晨准可以看见日出了。”我也是抱着这种想头（xiǎngtou），爬上山去。

一路从山脚往上爬，细看山景，我觉得挂在眼前的不是五岳独尊的泰山，却像一幅规模惊人的青绿山水画，从下面倒（dào）展开来。在画卷中最先露出（lòuchū）的是山根底那座明朝建筑岱宗坊（Dàizōngfāng），慢慢地便现出王母池、斗母宫（Dǒumǔgōng）、经石峪（yù）。山是一层比一层深，一叠比一叠奇，层层叠叠，不知还会有多深多奇。万山丛中，时而点染着极其工细的人物。王母池旁的吕祖殿里有不少尊明塑（sù），塑着吕洞宾等一些人，姿态神情是那样有生气，你看了，不禁（bùjīn）会脱口赞叹说："活啦。"

画卷继续展开，绿阴森森的柏洞露面（lòumiàn）不太久，便来到对松山。两面奇峰对峙（duìzhì）着，满山峰都是奇形怪状的老松，年纪怕都上千岁了，颜色竟那么浓，浓得好像要流下来似的。来到这儿你不妨权当（quándàng）一次画里的写意人物，坐在路旁的对松亭里，看看山色，听听流//水和松涛。

一时间，我又觉得自己不仅是在看画卷，却又像是在零零乱乱翻着一卷历史稿本。

（节选自杨朔《泰山极顶》）

作品 39 号

育才小学校长陶行知在校园看到学生王友用泥块砸自己班上的同学，陶行知当即喝止（hèzhǐ）了他，并令他放学后到校长室去。无疑，陶行知是要好好教育这个"顽皮"的学生。那么他是如何教育的呢？

放学后，陶行知来到校长室，王友已经等在门口准备挨（ái）训了。可一见面，陶行知却掏出一块糖果送给王友，并说："这是奖给你的，因为你按时来到这里，而我却迟到了。"王友惊疑地接过糖果。

随后，陶行知又掏出一块糖果放到他手里，说："这第二块糖果也是奖给你的，因为当我不让你再打人时，你立即就住手了，这说明你很尊敬我，我应该奖你。"王友更惊疑了，他眼睛睁得大大的。

陶行知又掏出第三块糖果塞到王友手里，说："我调查过了，你用泥块砸那些男生，是因为他们不守游戏规则，欺负女生；你砸他们，说明你很正直善良，且有批评不良行为的勇气，应该奖励你啊（ya）！"王友感动极了，他流着泪后悔地喊道："陶……陶校长你打我两下吧！我砸的不是坏人，而是自己的同学啊（ya）……"

陶行知满意地笑了，他随即掏出第四块糖果递给王友，说："为你正确地认识错误，我再奖给你一块糖果，只可惜我只有这一块糖果了。我的糖果//没有了，我看我们的谈话也该结束了吧！"说完，就走出了校长室。

（节选自《教师博览·百期精华》中《陶行知的"四块糖果"》）

作品 40 号

享受幸福是需要学习的，当它即将（jíjiāng）来临的时刻需要提醒。人可以自然而然地学会感官（gǎnguān）的享乐，却无法天生地掌握幸福的韵律（yùnlǜ）。灵魂的快意同器官的舒适像一对孪生（luánshēng）兄弟，时而相傍相依，时而南辕北辙（nányuánběizhé）。

幸福是一种心灵的震颤。它像会倾听音乐的耳朵一样，需要不断地训练。

简而言之，幸福就是没有痛苦的时刻。它出现的频率（pínlǜ）并不像我们想象的那样少。人们常常只是在幸福的金马车已经驶过去很远时，才捡起地上的金鬃毛说，原来我见过它。

人们喜爱回味幸福的标本，却忽略它披着露水（lùshuǐ）散发清香的时刻。那时候我们往往步履（bùlǚ）匆匆，瞻前顾后（zhānqiánɡùhòu）不知在忙着什么。

世上有预报台风的，有预报蝗灾的，有预报瘟疫的，有预报地震的。没有人预报幸福。

其实幸福和世界万物一样，有它的征兆（zhēnɡzhào）。

幸福常常是朦胧（ménɡlónɡ）的，很有节制地向我们喷洒甘霖。你不要总希望轰轰烈烈的幸福，它多半只是悄悄地扑面而来。你也不要企图把水龙头拧（nǐnɡ）得更大，那样它会很快地流失。你需要静静地以平和之心，体验它的真谛（zhēndì）。

幸福绝大多数是朴素的。它不会像信号弹似的，在很高的天际闪烁红色的光芒。它披着本色的外//衣，亲切温暖地包裹起我们。

幸福不喜欢喧嚣（xuānxiāo）浮华，它常常在暗淡中降临。贫困中相濡以沫（xiānɡrúyǐmò）的一块糕饼，患难中心心相印的一个眼神，父亲一次粗糙（cūcāo）的抚摸，女友一张温馨的字条……这都是千金难买的幸福啊（wɑ）。像一粒粒缀在旧绸子上的红宝石，在凄凉中愈发熠熠（yìyì）夺目。

（节选自毕淑敏《提醒幸福》）

作品 41 号

在里约热内卢的一个贫民窟里，有一个男孩子，他非常喜欢足球，可是又买不起，于是就踢塑料盒（sùliàohé），踢汽水瓶，踢从垃圾箱里拣来的椰子壳（yēzikě）。他在胡同（hútònɡ）里踢，在能找到的任何一片空地上踢。

有一天，当他在一处干涸（ɡānhé）的水塘里猛踢一个猪膀胱（pánɡɡuānɡ）时，被一位足球教练看见了。他发现这个男孩儿踢得很像是那么回事，就主动提出要送给他一个足球。小男孩儿得到足球后踢得更卖劲（màijìn）了。不久，他就能准确地把球踢进远处随意摆放的一个水桶里。

圣诞节到了，孩子的妈妈说："我们没有钱买圣诞礼物送给我们的恩人，就让我们为他祈祷（qídǎo）吧。"

小男孩儿跟随妈妈祈祷完毕，向妈妈要了一把铲子便跑了出去。他来到一座别墅前的花园里，开始挖坑。

就在他快要挖好坑的时候，从别墅（biéshù）里走出一个人来，问小孩儿在干什么，孩子抬起满是汗珠的脸蛋儿，说："教练，圣诞节到了，我没有礼物送给您，我愿给您的圣诞树挖一个树坑。"

教练把小男孩儿从树坑里拉上来，说："我今天得到了世界上最好的礼物。明天你就到我的训练场去吧。"

三年后，这位十七岁的男孩儿在第六届足球锦标赛上独进二十一球，为巴西第一次捧回了金杯。一个原//来不为（wéi）世人所知的名字——贝利，随之传遍世界。

（节选自刘燕敏《天才的造就》）

作品 42 号

记得我十三岁时，和母亲住在法国东南部的耐斯城。母亲没有丈夫，也没有亲戚（qīnqi），够清苦的，但她经常能拿出令人吃惊的东西，摆在我面前。她从来不吃肉，一再说自己是素食者。然而有一天，我发现母亲正仔细地用一小块碎面包擦那给我煎牛排用的油锅。我明白（míngbai）了她称自己为（wéi）素食者的真正原因。

我十六岁时，母亲成了耐斯市美蒙旅馆的女经理。这时，她更忙碌了。一天，她瘫在椅子上，脸色苍白，嘴唇发灰。马上找来医生，做出诊断：她摄取（shèqǔ）了过多的胰岛素。直到这时我才知道母亲多年一直对我隐瞒的疾痛（jítòng）——糖尿病。

她的头歪向枕头一边，痛苦地用手抓挠（zhuānao）胸口。床架上方，则挂着一枚我一九三二年赢得耐斯市少年乒乓球（pīngpāngqiú）冠军的银质奖章。

啊，是对我的美好前途的憧憬（chōngjǐng）支撑着她活下去，为了给她那荒唐的梦至少加一点真实的色彩，我只能继续努力，与时间竞争，直至一九三八年我被征入空军。巴黎很快失陷，我辗转调到英国皇家空军。刚到英国就接到了母亲的来信。这些信是由在瑞士的一个朋友秘密地转到伦敦，送到我手中的。

现在我要回家了，胸前佩戴着醒目的绿黑两色的解放十字绶//带（shòudài），上面挂着五六枚我终身难忘的勋章，肩上还佩戴着军官肩章。到达旅馆时，没有一个人跟我打招呼。原来，我母亲在三年半以前就已经离开人间了。

在她死前的几天中，她写了近二百五十封信，把这些信交给她在瑞士的朋友，请这个朋友定时寄给我。就这样，在母亲死后的三年半的时间里，我一直从她身上吸取着力量和勇气——这使我能够继续战斗到胜利那一天。

（节选自［法］罗曼·加里《我的母亲独一无二》）

作品 43 号

生活对于任何人都非易事，我们必须有坚韧不拔的精神（jīngshén）。最要紧的，还是我们自己要有信心。我们必须相信，我们对每一件事情都具有天赋的才能，并且，无论付出任何代价，都要把这件事完成，当事情（shìqing）结束的时候，你要能问心无愧地说："我已经尽（jìn）我所能了。"

有一年的春天，我因病被迫在家里休息数周。我注视着我的女儿们所养的蚕正在结茧（jiéjiǎn），这使我很感兴趣。望着这些蚕执著（zhízhuó）地、勤奋地工作，我感到我和它们非常相似（xiāngsì）。像它们一样，我总是耐心地把自己的努力集中在一个目标上。我之所以如此，或许是因为有某种力量在鞭策着我——正如蚕被鞭策着去结茧一般。

近五十年来，我致力于科学研究，而研究，就是对真理的探讨。我有许多美好快乐的记忆。少女时期我在巴黎大学，孤独地过着求学的岁月；在后来献身科学的整个时期，我丈夫和我专心致志，像在梦幻中一般，坐在简陋（jiǎnlòu）的书房里艰辛地研究，后来我们就在那里发现了镭（léi）。

我永远追求安静的工作和简单的家庭生活。为了实现这个理想，我竭力保持宁静的环境，以免受人事的干扰和盛名的拖累（tuōlěi）。

我深信，在科学方面我们有对事业而不//是对财富的兴趣。我的唯一奢望（shēwàng）是在一个自由国家中，以一个自由学者的身份从事研究工作。

我一直沉醉于世界的优美之中，我所热爱的科学也不断增加它崭新的远景。我认定科学本身就具有伟大的美。

（节选自［波兰］玛丽·居里《我的信念》，剑捷译）

作品 44 号

我为什么非要教书不可？是因为我喜欢当教师的时间安排表和生活节奏。七、八、九三个月给我提供（tígōng）了进行回顾、研究、写作的良机，并将三者有机融合，而善于回顾、研究和总结正是优秀教师素质中不可缺少的成分。

干这行给了我多种多样的"甘泉"去品尝，找优秀的书籍去研读，到"象牙塔"和实际世界里去发现。教学工作给我提供了继续学习的时间保证，以及多种途径、机遇和挑战。

然而，我爱这一行的真正原因，是爱我的学生。学生们在我的眼前成长、变化。当教师意味着亲历"创造"过程的发生——恰似亲手赋予（fùyǔ）一团泥土以生命，没有什么比目睹它开始呼吸更激动人心的了。

权利我也有了：我有权利去启发诱导，去激发智慧的火花，去问费心思考的问题，去赞扬回答的尝试，去推荐书籍，去指点迷津（míjīn）。还有什么别的权利能与之相比呢？

而且，教书还给我金钱和权利之外的东西，那就是爱心。不仅有对学生的爱，对书籍的爱，对知识的爱，还有老师才能感受到的对“特别”学生的爱。这些学生，有如冥顽不灵（míngwánbùlíng）的泥块，由于接受了老师的炽爱（chì'ài）才勃发了生机。

所以，我爱教书，还因为，在那些勃发生机的“特别”学//生身上，我有时发现自己和他们呼吸相通，忧乐与共。

（节选自［美］彼得·基·贝得勒《我为什么当教师》）

作品 45 号

中国西部我们通常是指黄河与秦岭相连一线以西，包括西北和西南的十二个省、市、自治区。这块广袤（guǎngmào）的土地面积（miànjī）为五百四十六万平方公里，占国土总面积的百分之五十七；人口二点八亿，占全国总人口的百分之二十三。

西部是华夏文明的源头。华夏祖先的脚步是顺着水边走的：长江上游出土过元谋人牙齿化石，距今约一百七十万年；黄河中游出土过蓝田人头盖骨，距今约七十万年。这两处古人类都比距今约五十万年的北京猿人资格更老。

西部地区是华夏文明的重要发源地。秦皇汉武以后，东西方文化在这里交汇融合，从而有了丝绸之路的驼铃声声，佛院深寺的暮鼓晨钟（mùgǔchénzhōng）。敦煌莫高窟是世界文化史上的一个奇迹，它在继承汉晋艺术传统的基础上，形成了自己兼收并蓄（jiānshōubìngxù）的恢弘气度，展现出精美绝伦的艺术形式和博大精深的文化内涵。秦始皇兵马俑、西夏王陵、楼兰古国、布达拉宫、三星堆、大足石刻等历史文化遗产，同样为（wéi）世界所瞩目，成为中华文化重要的象征。

西部地区又是少数民族及其文化的集萃地（jícuìdì），几乎（jīhū）包括了我国所有的少数民族。在一些偏远的少数民族地区，仍（réng）保留//了一些久远时代的艺术品种，成为珍贵的“活化石”，如纳西古乐、戏曲、剪纸、刺绣、岩画等民间艺术和宗教艺术。特色鲜明、丰富多彩，犹如一个巨大的民族民间文化艺术宝库。

我们要充分重视和利用这些得天独厚的资源优势，建立良好的民族民间文化生态环境，为西部大开发作出贡献。

（节选自《中考语文课外阅读试题精选》中《西部文化和西部开发》）

作品 46 号

高兴，这是一种具体的被看得到摸得着（mōdezháo）的事物所唤起的情绪。它是心理的，更是生理的。它容易来也容易去，谁也不应该（yīnggāi）对它视而不见失之交臂，谁也不应该总是做那些使自己不高兴也使旁人不高兴的事。让我们说一件最容易做也最令人高兴的事吧，尊重你自己，也尊重别人，这是每一个人的权利，我还要说这是每一个人的义务。

快乐，它是一种富有概括性的生存状态、工作状态。它几乎是先验的，它来自生命本身的活力，来自宇宙、地球和人间的吸引，它是世界的丰富、绚丽、阔大、悠久的体现。快乐还是一种力量，是埋在地下的根脉（gēnmài）。消灭一个人的快乐比挖掘（wājué）掉一棵大树的根要难得多。

欢欣，这是一种青春的、诗意的情感。它来自面向着未来伸开双臂奔跑的冲力，它来自一种轻松而又神秘、朦胧而又隐秘的激动，它是激情即将到来的预兆，它又是大雨过后的比下雨还要美妙得多也久远得多的回味……

喜悦，它是一种带有形而上色彩的修养和境界。与其说它是一种情绪，不如说它是一种智慧、一种超拔、一种悲天悯人（bēitiānmǐnrén）的宽容和理解，一种饱经沧桑的充实和自信，一种光明的理性，一种坚定//的成熟，一种战胜了烦恼和庸俗的清明澄澈（chéngchè）。它是一潭清水，它是一抹（mǒ）朝霞，它是无边的平原，它是沉默的地平线。多一点儿、再多一点儿喜悦吧，它是翅膀，也是归巢。它是一杯美酒，也是一朵永远开不败的莲花。

（节选自王蒙《喜悦》）

作品 47 号

在湾仔（Wānzǎi），香港最热闹（rènao）的地方（dìfang），有一棵榕树，它是最贵的一棵树，不光在香港，在全世界，都是最贵的。

树，活的树，又不卖何言其贵？只因它老，它粗，是香港百年沧桑的活见证，香港人不忍看着它被砍伐，或者被移走，便跟要占用这片山坡的建筑者谈条件：可以在这儿建大楼盖商厦，但一不准砍树，二不准挪树，必须把它原地精心养起来，成为香港闹市中的一景。太古大厦的建设者最后签了合同，占用这个大山坡建豪华商厦的先决条件是同意保护这棵老树。

树长在半山坡上，计划将树下面的成千上万吨山石全部掏空取走，腾出地方来盖楼。把树架在大楼上面，仿佛它原本是长在楼顶似的。建设者就地造了一个直径十八米、深十米的大花盆，先固定好这棵老树，再在大花盆底下盖楼，光这一项就花了两千三百八十九万港币，堪称是最昂贵的保护措施了。

太古大厦落成之后，人们可以乘滚动扶梯一次到位，来到太古大厦的顶层，出后门，那儿是一片自然景色。一棵大树出现在人们面前，树干有一米半粗，树冠（shùguān）直径足有二十多米，独木成林，非常壮观，形成一座以它为中心的小公园，取名叫“榕圃”（Róngpǔ）。树前面//插着铜牌，说明原由。此情此景，如不看铜牌的说明，绝对想不到巨树根底下还有一座宏伟的现代大楼。

（节选自舒乙《香港：最贵的一棵树》）

作品 48 号

我们的船渐渐地逼近榕树了。我有机会看清它的真面目：是一棵大树，有数不清的丫枝，枝上又生根，有许多根一直垂到地上，伸进泥土里。一部分树枝垂到水面，从远处看，就像一棵大树斜躺在水面上一样。

现在正是枝繁叶茂的时节。这棵榕树好像在把它的全部生命力展示给我们看。那么多的绿叶，一簇（cù）堆在另一簇的上面，不留一点儿缝隙（fèngxì）。翠绿的颜色明亮地在我们的眼前闪耀，似乎每一片树叶上都有一个新的生命在颤动（chàndòng），这美丽的南国的树！

船在树下泊（bó）了片刻，岸上很湿，我们没有上去。朋友说这里是“鸟的天堂”，有许多鸟在这棵树上做窝，农民不许人去捉它们。我仿佛听见几只鸟扑翅（chì）的声音，但是等到我的眼睛注意地看那里时，我却看不见一只鸟的影子。只有无数的树根立在地上，像许多根木桩。地是湿的，大概涨潮时河水常常冲上岸去。“鸟的天堂”里没有一只鸟，我这样想到。船开了，一个朋友拨（bō）着船，缓缓地流到河中间去。

第二天，我们划着船到一个朋友的家乡去，就是那个有山有塔的地方。从学校出发，我们又经过那“鸟的天堂”。

这一次是在早晨，阳光照在水面上，也照在树梢上。一切都//显得非常光明。我们的船也在树下泊了片刻。

起初四周围非常清静。后来忽然起了一声鸟叫。我们把手一拍，便看见一只大鸟飞了起来，接着又看见第二只，第三只。我们继续拍掌，很快地这个树林就变得很热闹了。到处都是鸟声，到处都是鸟影。大的，小的，花的，黑的，有的站在枝上叫，有的飞起来，在扑翅膀。

（节选自巴金《小鸟的天堂》）

作品 49 号

有这样一个故事（gùshi）。

有人问：世界上什么东西的气力（qìlì）最大？回答纷纭的很，有的说“象”，有的说“狮”，有人开玩笑似的说：是“金刚”，金刚有多少气力，当然大家全不知道。

结果（jiéguǒ），这一切答案完全不对，世界上气力最大的，是植物的种子（zhǒngzi）。一粒种子所可以显现出来的力，简直是超越一切。

人的头盖骨，结合得非常致密（zhìmì）与坚固，生理学家和解剖（jiěpōu）学者用尽了一切的方法，要把它完整地分出来，都没有这种力气。后来忽然有人发明了一个方法，就是把一些植物的种子放在要剖析的头盖骨里，给它以温度与湿度，使它发芽。一发芽，这些种子便以可怕的力量，将一切机械力（jīxièlì）所不能分开的骨骼（gǔgé），完整地分开了。植物种子的力量之大，如此如此。

这，也许特殊了一点儿，常人不容易理解。那么，你看见过笋的成长吗？你看见过被压在瓦砾和石块下面的一棵小草的生长吗？它为着向往阳光，为着达成它的生之意志，不管上面的石块如何重，石与石之间如何狭，它必定要曲曲折折（qūqūzhézhé）地，但是顽强不屈地透到地面上来。它的根往土壤钻，它的芽往地面挺，这是一种不可抗的力，阻止它的石块，结果也被它掀翻，一粒种子的力量之大，如//此如此。

没有一个人将小草叫做“大力士”，但是它的力量之大，的确是世界无比。这种力是一般人看不见的生命力。只要生命存在，这种力就要显现。上面的石块，丝毫不足以阻挡。因为它是一种“长期抗战”的力；有弹性，能屈能伸的力；有韧性，不达目的不止的力。

（节选自夏衍《野草》）

作品 50 号

著名教育家班杰明曾经接到一个青年人的求救电话，并与那个向往成功、渴望指点的青年人约好了见面的时间和地点。

待那个青年如约而至时，班杰明的房门敞开着，眼前的景象却令青年人颇感意外——班杰明的房间里乱七八糟、狼藉（lángjí）一片。

没等青年人开口，班杰明就招呼道：“你看我这房间，太不整洁了，请你在门外等候一分钟，我收拾（shōushi）一下，你再进来吧。”一边说着，班杰明就轻轻地关上了房门。

不到一分钟的时间，班杰明就又打开了房门并热情地把青年人让进客厅。这时，青年人的眼前展现出另一番景象——房间里的一切已变得井然有序，而且有两杯刚刚倒好的红酒，在淡淡的香水气息里还漾（yàng）着微波。

可是，没等青年人把满腹的有关人生和事业的疑难问题向班杰明讲出来，班杰明就非常客气（kèqi）地说道：“干杯。你可以走了。”

青年人手持酒杯一下子愣住了，既尴尬（gāngà）又非常遗憾地说：“可是，我……我还没向您请教呢……”

“这些……难道还不够吗?”班杰明一边微笑着一边扫视着自己的房间，轻言细语地说，“你进来又有一分钟了。”

“一分钟……一分钟……”青年人若有所思地说：“我懂了，您让我明白了一分钟的时间可以做许//多事情，可以改变许多事情的深刻道理。”

班杰明舒心地笑了。青年人把杯里的红酒一饮而尽，向班杰明连连道谢后，开心地走了。

其实，把握好了生命的每一分钟，也就把握了理想的人生。

（节选自纪广洋《一分钟》）

作品 51 号

有个塌鼻子的小男孩儿，因为两岁时得过脑炎，智力受损，学习起来很吃力。打个比方（bǐfang），别人写作文能写二三百字，他却只能写三五行。但即便（jíbiàn）这样的作文，他同样能写得很动人。

那是一次作文课，题目是《愿望》。他极其认真地想了半天，然后极认真地写，那作文极短。只有三句话：我有两个愿望，第一个是，妈妈天天笑眯眯地看着我说：“你真聪明。”第二个是，老师天天笑眯眯地看着我说：“你一点儿也不笨。”

于是，就是这篇作文，深深地打动了他的老师，那位妈妈式的老师不仅给了他最高分，在班上带感情朗读了这篇作文，还一笔一画地批道：你很聪明，你的作文写得非常感人，请放心，妈妈肯定会格外喜欢你的，老师肯定会格外喜欢你的，大家肯定会格外喜欢你的。

捧着作文本，他笑了，蹦蹦跳跳地回家了，像只喜鹊（xǐquè）。但他并没有把作文本拿给妈妈看，他是在等待，等待着一个美好的时刻。

那个时刻终于到了，是妈妈的生日——一个阳光灿烂的星期天：那天，他起得特别早，把作文本装在一个亲手做的美丽的大信封里，等着妈妈醒来。妈妈刚刚睁眼醒来，他就笑眯眯地走到妈妈跟前说：“妈妈，今天是您的生日，我要//送给您一件礼物。”

果然，看着这篇作文，妈妈甜甜地涌出了两行热泪，一把搂住小男孩儿，搂得很紧很紧。

是的，智力可以受损，但爱永远不会。

（节选自张玉庭《一个美丽的故事》）

作品 52 号

小学的时候，有一次我们去海边远足，妈妈没有做便饭，给了我十块钱买午餐。好像走了很久，很久，终于到海边了，大家坐下来便吃饭，荒凉的海边没有商店，我一个人跑到防风林外面去，级任老师要大家把吃剩的饭菜分给我一点儿。有两三个男生留下一点儿给我，还有一个女生，她的米饭拌了酱油，很香。我吃完的时候，她笑眯眯地看着我，短头发（tóufa），脸圆圆的。

她的名字叫翁香玉。

每天放学的时候，她走的是经过我们家的一条小路，带着一位比她小的男孩儿，可能是弟弟。小路边是一条清澈（qīngchè）见底的小溪，两旁竹阴覆盖，我总是远远地跟在她后面。夏日的午后特别炎热，走到半路她会停下来，拿手帕（shǒupà）在溪水里浸湿（jìnshī），为小男孩儿擦脸。我也在后面停下来，把肮脏的手帕弄湿了擦脸，再一路远远跟着她回家。

后来我们家搬到镇上去了，过几年我也上了中学。有一天放学回家，在火车上，看见斜对面一位短头发、圆圆脸的女孩儿，一身素净（sùjing）的白衣黑裙。我想她一定不认识（rènshi）我了。火车很快到站了，我随着人群挤向门口，她也走近了，叫我的名字（míngzi）。这是她第一次和我说话。

她笑眯眯的，和我一起走过月台。以后就没有再见过//她了。

这篇文章收在我出版的《少年心事》这本书里。

书出版后半年，有一天我忽然收到出版社转来的一封信，信封上是陌生的字迹，但清楚地写着我的本名。

信里面说她看到了这篇文章心里非常激动，没想到在离开家乡，漂泊（piāobó）异地这么久之后，会看见自己仍然在一个人的记忆里，她自己也深深记得这其中的每一幕，只是没想到越过遥远的时空，竟然另一个人也深深记得。

（节选自苦伶《永远的记忆》）

作品 53 号

在繁华的巴黎大街的路旁，站着一个衣衫褴褛（lánlǚ）、头发斑白、双目失明的老人。他不像其他乞丐那样伸手向过路行人乞讨，而是在身旁立一块木牌，上面写着："我什么也看不见！"街上过往的行人很多，看了木牌上的字都无动于衷，有的还淡淡一笑，便姗姗（shānshān）而去了。

这天中午，法国著名诗人让·彼浩勒也经过这里。他看看木牌上的字，问盲老人："老人家，今天上午有人给你钱吗？"

盲老人叹息着回答："我，我什么也没有得到。"说着，脸上的神情非常悲伤。

让·彼浩勒听了，拿起笔悄悄地在那行字的前面添上了"春天到了，可是"几个字，就匆匆地离开了。

晚上，让·彼浩勒又经过这里，问那个盲老人下午的情况。盲老人笑着回答说："先生，不知为什么，下午给我钱的人多极了！"让·彼浩勒听了，摸着胡子满意地笑了。

"春天到了，可是我什么也看不见！"这富有诗意的语言，产生这么大的作用，就在于它有非常浓厚的感情色彩。是的，春天是美好的，那蓝天白云，那绿树红花，那莺歌燕舞（yīnggēyànwǔ），那流水人家（rénjiā），怎么不叫人陶醉呢？但这良辰美景，对于一个双目失明的人来说，只是一片漆黑。当人们想到这个盲老人，一生中竟连万紫千红的春天∥都不曾看到，怎能不对他产生同情之心呢？

（节选自小学《语文》第六册中《语言的魅力》）

作品 54 号

有一次，苏东坡的朋友张鹗（Zhāng'È）拿着一张宣纸来求他写一幅（fú）字，而且希望他写一点儿关于养生方面的内容。苏东坡思索了一会儿，点点头说："我得到了一个养生长寿古方，药只有四味，今天就赠给你吧。"于是，东坡的狼毫在纸上挥洒起来，上面写着："一曰无事以当（dàng）贵，二曰早寝（qǐn）以当富，三曰安步以当车，四曰晚食以当肉。"

这哪里有药？张鹗一脸茫然地问。苏东坡笑着解释说，养生长寿的要诀，全在这四句里面。

所谓"无事以当贵"，是指人不要把功名利禄、荣辱过失考虑得太多，如能在情志上潇洒大度，随遇而安，无事以求，这比富贵更能使人终其天年。

"早寝以当富"，指吃好穿好、财货充足，并非就能使你长寿。对老年人来说，养成良好的起居习惯，尤其是早睡早起，比获得任何财富更加宝贵。

"安步以当车"，指人不要过于讲求安逸、肢体不劳，而应多以步行来替代骑马乘车，多运动才可以强健体魄，通畅气血（qìxuè）。

"晚食以当肉"，意思是人应该用已饥方食、未饱先止代替对美味佳肴（jiāyáo）的贪吃无厌。他进一步解释，饿了以后才进食，虽然是粗茶淡饭，但其香甜可口会胜过山珍；如果饱了还要勉强（miǎnqiǎng）吃，即使美味佳肴摆在眼前也难以∥下咽。

苏东坡的四味"长寿药"，实际上是强调了情志、睡眠、运动、饮食四个方面对养生长寿的重要性，这种养生观点即使在今天仍然值得借鉴。

（节选自蒲昭和《赠你四味长寿药》）

作品 55 号

人活着，最要紧的是寻觅（xúnmì）到那片代表着生命绿色和人类希望的丛林，然后选一高高的枝头站在那里观览（guānlǎn）人生，消化痛苦，孕育歌声，愉悦（yúyuè）世界！

这可真是一种潇洒的人生态度，这可真是一种心境爽朗的情感风貌。

站在历史的枝头微笑，可以减免许多烦恼。在那里，你可以从众生相（zhòngshēngxiàng）所包含的甜酸苦辣、百味人生中寻找你自己，你境遇中的那点儿苦痛，也许相比之下，再也难以占据一席之地，你会较容易地获得从不悦中解脱灵魂的力量，使之不致变得灰色。

人站得高些，不但能有幸早些领略到希望的曙光，还能有幸发现生命的立体的诗篇。每一个人的人生，都是这诗篇中的一个词、一个句子或者一个标点。你可能没有成为一个美丽的词，一个引人注目的句子，一个惊叹号，但你依然是这生命的立体诗篇中的一个音节、一个停顿、一个必不可少的组成部分（bùfen）。这足以使你放弃前嫌，萌生为人类孕育新的歌声的兴致，为世界带来更多的诗意。

最可怕的人生见解，是把多维的生存图景看成平面。因为那平面上刻下的大多是凝固了的历史——过去的遗迹；但活着的人们，活得却是充满着新生智慧的，由//不断逝去的"现在"组成的未来。人生不能像某些鱼类躺着游，人生也不能像某些兽类爬着走，而应该（yīnggāi）站着向前行，这才是人类应有的生存姿态。

（节选自［美］本杰明·拉什《站在历史的枝头微笑》）

作品 56 号

中国的第一大岛、台湾省的主岛台湾，位于中国大陆架的东南方，地处（dìchǔ）东海和南海之间，隔（gé）着台湾海峡和大陆相望。天气晴朗的时候，站在福建沿海较高的地方，就可以隐隐约约地望见岛上的高山和云朵。

台湾岛形状狭长，从东到西，最宽处只有一百四十多公里；由南至北，最长的地方约有三百九十多公里。地形像一个纺织用的梭子。

台湾岛上的山脉纵贯南北，中间的中央山脉犹如全岛的脊梁（jǐliang）。西部为海拔近四千米的玉山山脉，是中国东部的最高峰。全岛约有三分之一的地方是平地，其余为山地。岛内有缎带般的瀑布，蓝宝石似的湖泊（húpō），四季常青的森林和果园，自然景色十分优美。西南部的阿里山和日月潭，台北市郊的大屯山风景区，都是闻名世界的游览胜地。

台湾岛地处热带和温带之间，四面环海，雨水充足，气温受到海洋的调剂，冬暖夏凉，四季如春，这给水稻和果木生长提供（tígōng）了优越的条件。水稻、甘蔗（gānzhe）、樟脑是台湾的"三宝"。岛上还盛产鲜果和鱼虾。

岛上还是一个闻名世界的"蝴蝶王国"。岛上的蝴蝶共有四百多个品种，其中有不少是世界稀有的珍贵品种。岛上还有不少鸟语花香的蝴//蝶谷，岛上居民利用蝴蝶制作的标本和艺术品，远销许多国家。

（节选自《中国的宝岛——台湾》）

作品 57 号

对于中国的牛，我有着一种特别尊敬的感情。

留给我印象最深的，要算在田垄（tiánlǒng）上的一次“相遇”。

一群朋友郊游，我领头在狭窄的阡陌（qiānmò）上走，怎料迎面来了几头耕牛，狭道容不下人和牛，终有一方要让路。它们还没有走近，我们已经预计斗不过畜牲（chùsheng），恐怕难免踩到田地泥水里，弄得鞋袜又泥又湿了。正踟蹰（chíchú）的时候，带头的一头牛，在离我们不远的地方停下来，抬起头看看，稍迟疑一下，就自动走下田去。一队耕牛，全跟着它离开阡陌，从我们身边经过。

我们都呆了，回过头来，看着深褐色的牛队，在路的尽头消失，忽然觉得自己受了很大的恩惠。

中国的牛，永远沉默地为人做着沉重的工作。在大地上，在晨光或烈日下，它拖着沉重的犁，低头一步又一步，拖出了身后一列又一列松土，好让人们下种（xiàzhǒng）。等到满地金黄或农闲时候，它可能还得担当搬运负重的工作；或终日绕（rào）着石磨，朝同一方向，走不计程的路。

在它沉默的劳动中，人便得到应得的收成（shōucheng）。

那时候，也许，它可以松一肩重担，站在树下，吃几口嫩草。偶尔摇摇尾巴（wěiba），摆摆耳朵（ěrduo），赶走飞附身上的苍蝇（cāngying），已经算是它最闲适的生活了。

中国的牛，没有成群奔跑的习//惯，永远沉沉实实的，默默地工作，平心静气。这就是中国的牛。

（节选自小思《中国的牛》）

作品 58 号

不管我的梦想能否成为事实，说出来总是好玩儿的：

春天，我将要住在杭州。二十年前，旧历的二月初，在西湖我看见了嫩柳与菜花，碧浪与翠竹。由我看到的那点儿春光，已经可以断定，杭州的春天必定会教（jiào）人整天生活在诗与图画之中。所以，春天我的家应当（yīngdāng）是在杭州。

夏天，我想青城山应当算作最理想的地方。在那里，我虽然只住过十天，可是它的幽静已拴住了我的心灵。在我所看见过的山水中，只有这里没有使我失望。到处都是绿，目之所及，那片淡而光润的绿色都在轻轻地颤动

（chàndòng），仿佛要流入空中与心中似的。这个绿色会像音乐，涤清（díqīng）了心中的万虑。

秋天一定要住北平。天堂是什么样子，我不知道，但是从我的生活经验去判断，北平之秋便是天堂。论天气，不冷不热。论吃的，苹果、梨、柿子、枣儿（zǎor）、葡萄，每样都有若干种。论花草，菊花种类之多，花式之奇，可以甲天下。西山有红叶可见，北海可以划船——虽然荷花已残，荷叶可还有一片清香。衣食住行，在北平的秋天，是没有一项不使人满意的。

冬天，我还没有打好主意（zhǔyi），成都或者相当地合适，虽然并不怎样和暖（hénuǎn），可是为了水仙，素心腊梅，各色的茶花，仿佛就受一点儿寒//冷，也颇值得去了。昆明的花也多，而且天气比成都好，可是旧书铺与精美而便宜（piányi）的小吃远不及成都那么多。好吧，就暂这么规定：冬天不住成都便住昆明吧。

在抗战中，我没能发国难财。我想，抗战胜利以后，我必能阔起来。那时候，假若飞机减价，一二百元就能买一架的话，我就自备一架，择黄道吉日慢慢地飞行。

（节选自老舍《住的梦》）

作品 59 号

我不由得（bùyóude）停住了脚步。

从未见过开得这样盛的藤萝，只见一片辉煌的淡紫色，像一条瀑布（pùbù），从空中垂下，不见其发端，也不见其终极，只是深深浅浅的紫，仿佛在流动，在欢笑，在不停地生长。紫色的大条幅上，泛着点点银光，就像迸溅（bèngjiàn）的水花。仔细看时，才知那是每一朵紫花中的最浅淡的部分，在和阳光互相挑逗。

这里除了光彩，还有淡淡的芳香。香气似乎也是浅紫色的，梦幻一般轻轻地笼罩着我。忽然记起十多年前，家门外也曾有过一大株紫藤萝，它依傍一株枯槐（kūhuái）爬得很高，但花朵从来都稀落，东一穗西一串伶仃（língdīng）地挂在树梢，好像在察言观色，试探什么。后来索性连那稀零的花串也没有了。园中别的紫藤花架也都拆掉，改种了果树。那时的说法是，花和生活腐化有什么必然关系。我曾遗憾地想：这里再看不见藤萝花了。

过了这么多年，藤萝又开花了，而且开得这样盛，这样密，紫色的瀑布遮住了粗壮的盘虬卧龙（pánqiúwòlóng）般的枝干，不断地流着，流着，流向人的心底。

花和人都会遇到各种各样的不幸，但是生命的长河是无止境的。我抚摸了一下那小小的紫色的花舱，那里满装了生命的酒酿（jiǔniàng），它张满了帆

(fān)，在这//闪光的花的河流上航行。它是万花中的一朵，也正是由每一个一朵，组成了万花灿烂的流动的瀑布。

在这浅紫色的光辉和浅紫色的芳香中，我不觉加快了脚步。

（节选自宗璞《紫藤萝瀑布》）

作品 60 号

在一次名人访问中，被问及上个世纪最重要的发明是什么时，有人说是电脑，有人说是汽车，等等。但新加坡的一位知名人士却说是冷气机。他解释(jiěshì)，如果没有冷气，热带地区如东南亚国家，就不可能有很高的生产力，就不可能达到今天的生活水准。他的回答实事求是，有理有据。

看了上述报道，我突发奇想：为什么没有记者问："二十世纪最糟糕的发明是什么?"其实二〇〇二年十月中旬，英国的一家报纸就评出了"人类最糟糕的发明"。获此"殊荣"的，就是人们每天大量使用的塑料袋。

诞生于上个世纪三十年代的塑料袋，其家族包括用塑料制成的快餐饭盒、包装纸、餐用杯盘、饮料瓶、酸奶杯、雪糕杯，等等。这些废弃物形成的垃圾，数量多、体积大、重量轻、不降解（jiàngjiě），给治理工作带来很多技术难题和社会问题。

比如，散落（sànluò）在田间、路边及草丛中的塑料餐盒，一旦被牲畜(shēngchù）吞食，就会危及健康甚至导致死亡。填埋废弃塑料袋、塑料餐盒的土地，不能生长庄稼和树木，造成土地板结（bǎnjié)。而焚烧处理（chǔlǐ）这些塑料垃圾，则会释放出多种化学有毒气体，其中一种称为二噁英（èr'èyīng）的化合物，毒性极大。

此外，在生产塑料袋、塑料餐盒的//过程中使用的氟利昂，对人体免疫系统和生态环境造成的破坏也极为严重。

（节选自林光如《最糟糕的发明》）

第四节 命题说话应试指南

一、命题说话题介绍

（一）测查内容

普通话水平测试的最后一道题目是"命题说话"，要求应试人以抽签方式获得两个话题，然后任选一个话题，连续说一段话，限时 3 分钟，目的是测查应试人在无文字凭借的情况下说普通话的水平，重点测查语音标准程度，词汇、语法规范程度和自然流畅程度。命题说话题目分值占40%，没有文字可凭借，应试人需要在短时间内根据题目要求组织语言，难度较大，这一题是对应试人普通话水平的一个综合测试。《普通话水平测试大纲》提供了30个话题，分别如下：

1. 我的愿望（或理想）
2. 我的学习生活
3. 我尊敬的人
4. 我喜爱的动物（或植物）
5. 童年的记忆
6. 我喜爱的职业
7. 难忘的旅行
8. 我的朋友
9. 我喜爱的文学（或其他）艺术形式
10. 谈谈卫生与健康
11. 我的业余生活
12. 我喜爱的季节（或天气）
13. 学习普通话的体会
14. 谈谈服饰
15. 我的假日生活
16. 我的成长之路
17. 谈谈科技发展与社会生活
18. 我知道的风俗
19. 我和体育
20. 我的家乡（或熟悉的地方）
21. 谈谈美食
22. 我喜欢的节日
23. 我所在的集体（学校、机关、公司等）
24. 谈谈社会公德（或职业道德）
25. 谈谈个人修养
26. 我喜欢的明星（或其他知名人士）
27. 我喜爱的书刊
28. 谈谈对环境保护的认识
29. 我向往的地方
30. 购物（消费）的感受

（二）基本要求

此题的评分标准包括三个方面：语音的标准程度、词语和语法的规范程度以及语言的流畅程度。基本要求如下：

1. 语音清晰自然

命题说话这一题目的设置，是按照测查语音由单一到综合、测查内容由基础到应用、测查难度从有文字可凭到无文字凭借这样的梯度排列的。命题说话处在整个测试的最高处，其语音标准度测查的外延，超过了前几个测试项对语音标准度测查的外延之和，它除了要测查应试人3分钟连续说话中每一个音节的声母、韵母、声调的标准度外，还要测查变调、轻声、儿化等音变现象的发音标准度。因此要力求语音标准，避免方言字音和方言语调的出现，努力做到语音清晰、语速适中。

2. 用词恰当、语法规范

对于词汇、语法规范度的测查，前面几项都没有涉及。命题说话，词汇规范方面要求使用正确、规范的普通话词汇，避免出现方言词汇；多用口语化的词语，少用书面语；不用粗俗语、时髦语以及中外文混杂的“洋泾浜语”。语法规范方面要求表述符合语法规范，避免出现方言句式以及常见的一些语法错误，多用短句，少用长句。

3. 语句自然流畅

自然流畅度的测查，单字和词语测试项没有涉及，短文测试项涉及了，但其对“流畅度”的测查是在有文字凭借的前提下，而说话中的流畅度是指没有文字凭借的流畅度。短文和说话中“流畅度”扣分设置档也不尽相同，前者依次为0.5分、1分、2分三档，后者依次为0.5分、1分、2分、3分四档。因此，命题说话表述一定要思路清晰，符合逻辑，自然流畅，避免反复使用某一词汇、句式以及口头禅。

二、命题说话应试策略

命题说话测查内容最多，分值最大，难度最大，实际测试的时间也最长。作为普通话水平测试的重头戏，应试人需要格外重视这一题目。

（一）充分准备

1. 日常准备

一般来说，测试时间的间隔为半年，那么在这半年时间里，应试人应该有效地利用这段时间来进行系统化的训练，做好充分的准备，从整体上提高自己的普通话水平。具体来说，就是要在发音、辨音、正音的基础上，由简单到复杂、由易到难，系统地掌握说话的各个要素，从语音、口语、语流、心理、思维等诸多方面进行循序渐进的训练。在日常生活中，应该用普通话思维来训练自己，与人交往时也应该说普通话，不能只是片面地把普通话理解为简单的课堂语言，而应该把它当作日常生活中与人交往的重要工具。每个人只要认识到它的重要性，并时刻注意训练，那么普通话水平就会随之提高。

2. 短期训练

在距离测试时间还有一个月左右的时候，应试人就应该进行短期训练了。这段时间的短期训练应该是针对自己存在的主要问题进行强化训练，针对测试范围进行集中训练。就说话而言，应从以下几个方面来考虑：

（1）认真审题。

面对一个话题，首先应看它属于哪一类话题，然后按照具体类别要求来选择说话内容和表述方式。30 个话题可以进行合并归类，大致可分为记叙类、议论类两类。记叙类话题包括记人，如我的家庭、我的老师、我的朋友，我尊敬的人等；记事、记生活，如童年的记忆、难忘的旅行、我的学习生活、我的业余生活、我的假日生活、喜爱的职业、我和体育、我知道的风俗等；记物，如我喜爱的文学艺术形式、我喜爱的动植物、美食等；记心愿，如我的理想或愿望、我向往的地方，等等。议论类话题包括针对一些自然、社会现象的评论，如我心目中的教师职业、学习普通话的体会、谈谈社会公德或职业道德、谈谈服饰、谈谈个人修养、谈谈对环境保护的认识、谈谈购物（消费）的感受、谈谈科技发展与社会生活、谈谈卫生与健康，等等。归类之后，就可以大大缩减需要准备的话题内容，也可减少所花费的时间。但是，有一点必须注意的是，万万不可把每类题目中的一个话题写成一篇文章来死记硬背，或者去找中小学生作文选中的相关文章来死记硬背，因为如果这样做就变成了背稿子，同样也会造成说话时口语化不够而被扣分。此外，如果在背稿子时记忆阻断，那么就会陷入被动状态，脑子里一片空白，努力回想也不知从何说起，这样就会使效果大打折扣。所以，总的来说还不如边想边说的好。只有这样，才符合考试的要求、充分体现口语化，也只有这样，才是应试人普通话水平的真实表现。

（2）列出提纲。

题目类型不同，要求自然不同，应对内容和方式也就会有所不同。记人的，应当既有对人物外貌特征的描述，又包括对其性格和精神的描述；记事的，应当说清楚事情的时间、地点、经过以及结果，保证叙述相对完整；议论的，则要求立论明确、观点鲜明、论述充分严密。当然各个类别的划分不是绝对的，有的话题既可以作为记叙类，也可以作为议论类。有时，记叙与议论也不能截然分开：记叙类话题可以穿插议论，议论类话题也可以有记叙。

从给出的话题入手，在准备阶段可以简单列出提纲，做到心中有数。例如

“我尊敬的人”：

①我尊敬的人是我的某老师（爸爸、妈妈……）

②我尊敬他（她），是因为他（她）品德高尚、学识渊博……（应试人讲故事）

③我尊敬他（她），是因为他（她）特别关心我……（应试人讲故事）

④所以，某老师（爸爸、妈妈……）是我所尊敬的人。

再如“谈谈社会公德（或职业道德）”：

①良好社会秩序的形成需要社会成员有良好的社会公德（对于从事某项职业的人而言，需要有良好的职业道德）。

②社会公德的内容很丰富，我着重讲讲有关诚信的问题。

A. 讲诚信的重要性：社会经济生活得到良好发展、人与人之间的信任度提高等。

B. 不讲诚信的危害：经济生活受影响、人和人之间缺乏必要的相互信任等。

C. 举例说明：食品安全问题……

（3）适量选材。

一个人不是一两天就能培养出好口才的，好的演说家都是经过长期训练和积累的。同样，如果平时不注意搜集身边的语言材料，那么，说起话来就会吞吞吐吐、词不达意。这就自然会影响语言的流畅，甚至时间还未到就无话可说。搜集材料要与日常的生活、学习结合起来，长期积累，充实自己的语言素材。生活就像万花筒，多姿多彩，如果注意观察生活，那搜集到的材料也将是丰富多彩的。

选择材料首先要选择自己熟悉的、感兴趣的、真实清晰的材料。比如议论类话题“谈谈美食”、“谈谈服饰”、“谈谈卫生与健康”、“谈谈科技发展与社会生活”、“谈谈社会公德”等，最好从对身边的所见所闻所想谈起。这样既有话可说，也显得真实可信，而不要一开始就是大道理、“大帽子”，过于注重理论和抽象，反而会限制说话人的思路并且使内容显得空洞。其次，要紧扣中心，选取能说明话题的典型材料，避免话题偏离现象。再次，切忌材料繁杂。有的应试人生怕无话可说，于是竭尽全力把所有想到的都说出来，结果使表达内容漫无边际，甚至背离了题目，但也切忌贫乏空洞。

选取合适的材料来表达，为同一类型的题目准备生动的事例，测试的时候从不同角度去讲述，可以收到事半功倍的效果。

（二）合理布局

拿到测试题目后，首先就要进行谋篇布局，常见的话题结构模式是“引入—展开—结尾”，要注重条理性、层次性，要符合语言的思维逻辑，做到思路清晰、语言流畅生动。

1. 引入话题

良好的开端是成功的一半，话题的引入应该巧妙而恰当。话题引入的方法有多种，如开门见山法、巧设悬念法、修辞渲染法、引用名言法等，针对普通话水平测试涉及的30种话题，最值得推荐的方法有如下几种：

（1）主题切入法。

主题切入法即在话题一开始就开门见山、直截了当地切入要旨，交代相关人物、事件或论题。比如话题“我喜爱的文学（或其他）艺术形式”，可以这样引入：“工作之余，我最喜欢读书了”；话题“我喜欢的节日”，可以这样引入：“我喜欢的节日是春节，春节是中国最富有特色的传统佳节……”；话题“谈谈科技发展与社会生活”，可以这样引入：“不管人们有没有意识到，科学技术已经深深地影响着我们的日常生活，在经济社会发展中扮演着不可或缺的角色”，“众所周知，科技发展与社会生活密切相关……”等。这种方法言简意赅，给人清楚明了的感觉。

（2）关键词切入法。

关键词切入法即在开始时先对话题涉及的中心词进行阐释，进而扩展到自己要谈及的对象、论题。比如话题“我喜爱的动物（或植物）”，可以这样引入：“我们身边的动物不计其数，有人喜爱温顺的小羊，有人喜欢可爱的白兔，有人迷恋机灵的猴子，也有人被那高贵的孔雀所吸引。而我却喜爱……”；话题“我喜欢的季节（或天气）”，可以这样引入：“一年四季，春夏秋冬，各有所长，都有人爱。我最喜欢的季节是冬季”；话题“我所在的集体（学校、机关、公司等）”，可以这样引入：“作为生活在社会中的个体，我们总要隶属于各种各样的集体，良好的集体是个人成长的沃土……”等。这种方法通过对中心词的间接论述，使步入正题的节奏舒缓、自然。

（3）名言引入法。

名言引入法即在开始时用一些我们耳熟能详的词语、语句引入话题内容。比如话题“谈谈美食”，可以这样引入：“常言道：‘民以食为天’”；话题“谈谈社会公德（或职业道德）”，可以这样引入：“人之立身，所贵者在德”；话题“我的学习生活”，可以这样引入：“人们常说：‘活到老，学到老。’这足以说明学习应该贯穿人的一生”；话题“我的家乡”，可以这样引入：“‘乡愁是一枚小小的邮票，我在这头，母亲在那头。’是的，远行的游子总会思念着自己的家乡，我的家乡是……”等。这种方法中运用的名言熟语，对说话主旨的表现有画龙点睛的作用，从而增强了表述的生动性。

2. 展开话题

这个部分是说话内容的主体部分，合理有序地安排其结构对成绩有着至关重要的影响，所以要注重一定的方法技巧。

（1）依序展开。

普通话水平测试命题说话一般采用顺叙法组织主体内容，即按照一定的顺序记叙事物。顺序可以是事情发生、发展的时间先后顺序，也可以是由主要到次要的逻辑顺序。比如话题“难忘的旅行”可以按照旅游时间、景点顺序进行叙述；话题“我的成长之路”可以按照成长的时间，分几个重要的阶段分别叙述不同阶段的经历与收获；话题“学习普通话的体会”可以按照由重到轻的顺序，采用“第一、第二……”的方式依次表述；话题“谈谈科技发展与社会生活”可以按照科技发展给社会生活带来便利的同时也带来隐患，辩证地对待科技发展的逻辑顺序进行论述。用顺叙法进行叙述、议论，就会显得主次分明、次序井然。

（2）方法得当。

展开叙述、议论的方法因话题不同而异。

①记叙类的说话，一般是用生动的语言介绍人、事、物、景等具体事物的特征。介绍人物要求抓住人物在外貌、语言、动作、性格等各方面的特征，绘声绘色地讲述；介绍事情、现象要求把事情的过程、现象的具体特征表述清楚；介绍某一具体的事物，要以说明为主要的表达方式，对事物的形状、构造、性质、用途加以诠释或说明；介绍时令、地域特色的中心是描写景物，用形象的语言侧重描述时令或地域的概貌，让听众眼前呈现出一幅鲜明的图画，从而让听众喜爱并向往它。

②议论类说话的论证部分，像议论文一样，可以采用演绎法、归纳法、例证法、对比法等。比如话题“谈谈社会公德”可以采用演绎法，先总说“为了更好地融入这个社会，处理好人际关系，我们必须遵守社会公德”，然后分别谈社会各个方面需要公德心，如尊老爱幼、助人为乐、保护环境、遵纪守法等；话题“谈谈对保护环境的认识”可以采用对比法，分别论述保护环境的益处和破坏环境的后果，论述过程中可以举例说明，比如后果方面，全球变暖、自然灾害频发、2012 预言，等等。

3. 随机应变

应试时，命题说话的话题如果与应试人事先准备的不一致，可以随机应变转换话题。比如应试人准备的话题是“我的学习生活”，而应试命题的话题是“我的假日生活”，应试人可以说“我的假日生活丰富多彩，其中我最喜欢的还是学习。在假日里我喜欢读一些文学名著……”。议论类话题难度较大，应试人可以设法将议论转换成叙述，如“谈谈个人修养”这一话题，应试人可以先发几句议论，然后转换成叙述“个人修养对一个人来说十分重要。我有个朋友，他的个人修养就很高。有一次……还有一次……”。

4. 有序收尾

完整的说话要有始有终，所以在合理安排时间的情况下，结尾部分也应该简洁而有序。常见的结尾方法有：自然结尾法，即用事情的结果作为文章的结尾，事情叙述完了，文章也就水到渠成、随之结尾；抒发感情结尾法，即结尾时作者对描述的事物抒发真情实感，饱含赞美之情；点题结尾法，即结尾总结全文，点明文章的中心；启发式结尾法，即结尾给人以某种教育或启发，作者用恰当的词语使听众思考、回味，给人一种“言已尽，意无穷”的感觉。前两种多用于记叙类说话，后两种多用于议论类说话。

（三）规范表述

审题、选材和布局等都是为了准确流畅地运用普通话说话而做的前期准备，只有在充分准备并认真构思说话内容的前提下，应试人的大部分注意力才可能集中到避免方言语音、词汇和语法错误，正确规范地使用普通话上来。“规范”是基础要求，它涵盖语音、词汇、语法3方面的内容。

语音规范是指说话过程中，始终注意每个字声母、韵母、声调的发音标准。但由于说话还要兼顾其他要素，因而说话中的语音标准要素容易被应试人所忽略。比如，由于说话过程中，发音器官状态松弛，语速较快，一些出现频率高、不重读的虚词往往一带而过，含混而夹带着方音成分，如“都、就是、由于、尤其、忽然、没有、按照、在、不但、所以、只有”等副词、介词或连词的发音。或者受习惯影响将一些常用词的读音读错，比如“因为”的“为”、“处理”的“处”、“教室”的“室”、“复杂”的“复”、“质量”的“质”、“比较”的“较”、“亚洲”的“亚”、“角色”的“角”等。

词汇规范是指说话时，一定要使用普通话词汇，不能出现方言词汇。不少应试人由于平时讲方言习惯了，说话时往往下意识地用普通话的语音来说方言词，但自己却浑然不知。比如将“很好”说成“蛮好”，“买冰棍儿”说成“买棒冰”，“她很早就起床”说成“她一早就起来”，“我喜欢吃土豆”说成“我欢喜吃洋山芋”，“把我从乡下调进城里”说成“把我从乡下弄到街上”，“她说他长得难看”说成“她说他长得死形样子”，“勉勉强强通过”说成“跌跌爬爬通过”，等等。这些词汇不规范现象要尽量避免。

语法规范是指组织句子和选用句式时，一定要按照普通话语法规则进行，不能使用方言的或杜撰的句子和句式。比如将“他腿不好”说成“他腿子不好”，“把书给他”说成“把书把他”，“我的业余爱好很多”说成“我的业余生活有很多”，“我有一个好爸爸”说成“我最难忘的一件事是我有一个好爸爸”，“当我爸爸17岁的时候，我爷爷就死了”说成“我爸爸17岁，他爸爸就死了”，等等。这些语法不规范现象也要尽量避免。

此外，为了表现口语语体色彩，说话中还应多选用口语句式，即多选用短句和散句。短句是相对长句而言的，省略多，修饰少，结构简单，表意简洁明快；长句词语多，修饰多，结构杂，表意严密细致。在口语中，人们接受信息不像看书一样，可以一目十行，听话时语音信号是按线性序列一个挨一个鱼贯入耳。如果句子太长、结构过于复杂，当句子末尾进入大脑时，句子开头的印象就已经不深了。这样不仅听话人脑中的句子不完整，而且听起来很吃力。因此说话时不宜使用长句，使用短句较为合适。比如这样一个长句“我前面走来一个高个子、大眼睛、身穿西装、脚蹬皮鞋、嘴上叼着一根香烟的年轻人”，可改为短句“我前面走来一个年轻人，他高个子，大眼睛，身穿西装，脚蹬皮鞋，嘴上还叼着一根香烟”。散句是相对整句而言的，句和句之间关系松散，停顿和语气词多，关联词少，时有插说介入的句子。说话中使用散句显得自由活泼，富于变化，容易产生交流感。整句则表现为形式整齐，节奏鲜明，音律和谐，如对偶句、排比句。整句便于抒情，适宜用于演讲，但如将整句用于说话，则会冲淡交流感，显得矫揉造作。比如“我爸爸今年 50 岁，我妈妈今年 48 岁，我今年 22 岁”，这样的整句改成散句，可说成“我爸今年 50 岁，我妈呢，她比我爸小两岁，你要问我多大，我今年 22 岁”。

（四）沉着应对

1. 说话时神态自然、镇静自若、充满自信

在考试中，应试人的紧张心情多少会对水平的正常发挥产生一些影响。在测试的 5 项内容中，说话测试因为没有文字可凭借，因此也最容易使应试人产生心理负担。从这个角度看，命题说话也是对应试人心理素质的测试。在为说话内容做好充分准备的基础上，要把心态调整到最佳状态，并把测试员当作自己的朋友，使说话产生对象感——这是使表达自然、流畅的基本保证，也是使自己的普通话表达尽可能符合规范的重要保障。

2. 掌握好说话时间，正确把握语速和节奏

由于说话时间长达 3 分钟，应试人在说话时不要想时间，更不要看表或询问测试员。在以往的测试中，往往有应试者问测试员“还有几分钟”或“时间到了吗”等问题，这是不利于应试人正常水平发挥的。作为应试人，应该把全部精力集中在说话上，只要测试员未说“时间到”，就得一直说下去。事先准备好的内容材料全部讲完了，但仍然未到 3 分钟，此时应试人该怎么办？首先应沉着冷静，不要紧张，静下心来回想刚才所讲的内容，然后就某个已经说过的问题或概念进行扩展、完善；也可接着前面的思路边想边说，说一些感受、评论、看法等；还可以采用与测试员对话、攀谈等方法，保证符合时间要求。需要注意的一点就是不要在时间未到之时就自作主张离开考场。总的来说，遇到以上的各种情况时，应试人应随机应变、沉着应对。

一般的正常语速大约为每分钟 240 个音节，在保证说话流畅的前提下，应

试人可以根据这个标准调整语速，控制说话节奏。如果语速过快就容易导致发音时口腔打不开、复元音的韵母动程不够和归音不准；语速过慢，又容易导致语流凝滞、话语不够连贯。因此应该努力避免语速过快或过慢。

三、命题说话实例训练

命题说话成功的关键在于，平时说话是否坚持使用标准普通话，有没有养成用普通话说话和思维的习惯。如果平时经常借助新闻媒体等学习普通话，并针对自己的主要语音毛病有的放矢地、有重点地进行训练，那么经过一段时间的努力，普通话语音面貌就会得到全面改善，普通话水平也就能逐步提高。下面我们选取了 30 篇说话文稿，所选稿件均是对优秀网络材料的整理，并重点分析评述了其中的 10 篇，着重从话题切入、结构布局、方法采用以及结束技巧等方面进行评述，并提出建议，以供参考。

附录：普通话水平测试命题说话 30 篇范文

01 号　我的愿望（或理想）

梦想是生命中的阳光雨露，谁都不能缺少。由于人在社会上要扮演多重角色，所以梦想也总是多种多样的：我是一位青年，我渴求进步；我是一位父亲，我期望女儿健康成长；我是一名教师，我希望我的学生早日成为栋梁。我也有太多太多的愿望与梦想，在这我要说说其中的一个愿望，就说说“学高为师、身正为范”吧。

“师者，所以传道受业解惑也。”师者，既要教书育人，又要教学相长；既要传授知识，又要培养能力。要做好教师，可谓责任重大。自从做了教师以来，我一直有个美好的愿望：做一名深受学生喜爱的“良师益友”。平时我一直努力做好以下工作：①热爱教育，注重情感。教学是师生双向的活动，任何一方未做好，都有可能导致教学的失败。一位教育家说过，“爱可以弥补天生的缺陷”、“情可以使寒冷的冬天变得像春天般温暖”。这充满哲理的话语，的确可以启迪许多人的心灵。只要真诚地热爱教育、关心学生，那么对教育的辛勤付出就不会没有回报。②与时俱进，终生学习。教师绝不能满足现状，要随时学习，及时调整知识结构，以免知识老化。现代是知识经济、信息革命的时代，你若跟不上时代的步伐，定将成为社会历史的淘汰者。③塑造形象，给人表率。教师的形象直接或间接地影响着学生的言行举止，甚至会影响他一生的理想和信念。教师应时时处处养成良好的师德规范，无论是言行举止，还是衣着打扮，都要体现新时代教师的精神风貌，给学生和他人留下美好的印象。

我将无悔于我的选择，在今后的漫漫教师生涯中，我将继续不懈求索。

评述：第 1 段开门见山地从关键词“愿望”引入自己要说的主题“身为一名老师的愿望”；第 2 段从自己的切身经历出发分 3 点谈论了自己实现愿望后的心得；最后以抒情式结尾使其对梦想的执著溢于言表。条理清晰，结构完整，详略得当。

02 号　我的学习生活

我喜欢阅读与写作，阅读与写作的益处不言而喻。我很喜欢拉吉舍夫说过的一句话：“在知识的山峰上，登得越高，眼前展现的景色就越壮阔，知识是人类通向进一步发展的崭新道路。”从小到大，我一直保持着良好的学习习惯，我的学习生活也充实而快乐。

培根说过：“合理安排时间就等于节约时间。”我一直在学习生活中实践着这句话。课堂上，我专心听讲，认真做笔记，努力掌握老师传授的知识；课余时，我会去图书馆博览群书，各种题材的书我都喜欢，其中有中外文学作品，如《史记》、《三国演义》、《红楼梦》、《简·爱》、《红与黑》、《巴黎圣母院》等，从中了解历史的变幻、异域的风情、大家的手笔。有时我也会读一些报纸、杂志，如会看属于我们自己的《女友》，看描写我们的《金色年华》，看已经与我们擦肩而过的《少男少女》，看人生的挚友《读者》；在《做人与处世》中体会人情世故，在《大众电影》中目睹心中偶像的风采，在《科幻世界》中创造未来。写作，是一种很好的锻炼思维的方式，也是一个提升思想的过程。阅读之余我经常会在博客上写一段读后感，或者心情、生活小记，偶尔也会吟上几句诗。写作就像我的一位密友，倾听着我的喜怒哀乐。

我爱现在的学习生活，而且我相信我会在学习中不断地健康成长！

评述：第 1 段开门见山地谈及自己的学习生活便是“阅读与写作”；第 2 段通过举例详细讲述了自己的阅读与写作爱好；最后以抒情式结尾照应开头。条理清晰，结构完整，内容充实。

03 号　我尊敬的人

我最尊敬的人是我读初中时的数学老师，她叫李淑英。每当想起她，我对她的敬爱之情便油然而生。

古语说得好：“师者，所以传道受业解惑也。”作为一名老师，不仅要向学生传授科学文化知识和做人的道理，还要帮助学生解除心中的种种疑问，这些都是做老师的责任，而李老师在这些方面做得非常出色。她上课的方式很独特，虽然她不是语文老师，但每次上课的前两三分钟，她总会像新闻播音员一样给我们读上一段最新发生的社会新闻，或者聊上几句体坛的劲爆消息。按她的话说，学生就应该“风声、雨声、读书声，声声入耳；家事、国事、天下事，事事关心”。对我们这些整天“两耳不闻窗外事，一心只读圣贤书”的学生来说，这简直就像是天籁之音。我们个个洗耳恭听，就连平时上课时爱睡觉的同学也听得津津有味。在接下来的数学教学中，她也能把枯燥的公理、公式讲得有声有色，同学们个个都兴致勃勃地听着，积极发言、积极提问，整个课堂的学习气氛非常活跃。在日常生活中，李老师也给予了我们无微不至的关怀，虽然她不是我们的班主任，却总是不忘每个星期两三次到我们的宿舍，跟我们谈心，嘘寒问暖。有一次，有一个同学打球碰伤了脚，她还亲自帮那个同学敷药和包扎，李老师就是这样无微不至地关心和爱护着我们。

现在我离开我初中的学校已将近十年了，可我的内心深处总是忘不了她，她永远是我最尊敬的人。

评述：第 1 段直接点明要讲述的对象；第 2 段分别从独特的上课方式、教学手段以及生活细节方面讲述了李老师值得尊敬的地方；结尾点题——不能忘记、永远尊敬。观点明确，结构完整，内容充实。

04 号　我喜爱的动物（或植物）

我喜欢的动物有很多种，比如温顺可爱的小白兔、憨态可掬的大熊猫、乖巧听话的大花狗……在这么多种动物中，我最喜欢的还是猫。喜欢猫，是因为它很勤奋、能干，能够帮助人们抓老鼠。

猫都是白天睡觉，晚上开始活动，它的两只眼睛在夜间炯炯有神，任何风吹草动都逃不出它的视野；猫的四只爪子都有厚厚的一层肉垫子，不管是走还是跑，一点声音都没有，等到老鼠发现的时候，想逃也来不及了；猫的爪子非常锋利，老鼠一旦被它逮住，是不可能从它的爪子中逃脱的；猫还有长长的胡须，据说是用来判断鼠洞的深浅的。记得我上小学三年级的时候，家里曾经养了一只猫，由于它全身都是黑毛，一根杂毛都没有，所以我给它取了个好听的名字——小黑。我家的这只小猫被我养得胖胖的，妈妈为此还不止一次地提醒我，说不要让它长得太肥，否则看到老鼠会跑不动的。其实不然，因为有小黑的那段日子里，我家里没发现一只老鼠。由于我经常给它好吃的，小黑一看到我放学回家，就摇着尾巴来接我；在冬天的时候，它经常蹲在我的脚边，用它那柔软的皮毛为我取暖。随着时间的推移，我也渐渐长大，但我对动物的热情丝毫未减，与小黑相处的日子也成为一段美好的回忆。

现在我最喜欢看的就是《动物世界》和《人与自然》这两个节目，通过这两个节目我也了解到更多的关于动物的知识。

评述：第1段开篇点明喜欢的对象以及喜欢的原因；第2段分别对猫的习性、身体特征、捕鼠能力进行了详细介绍，并且通过列举自己与小黑相处的事例表达了对猫的喜爱之情；结尾重申自己的爱好。内容有条理，描述详细，结构完整。

05号　童年的记忆

童年的记忆是院中的那棵枣树。它遮蔽了夏日灼热的阳光，奶奶手摇蒲扇为树下的我们驱赶着炎热和蚊虫。我们伏在桌上做功课，听着树上的蝉鸣，心里却异常地安静。打枣的日子和姐姐缩着肩膀躲在屋里，听着房顶“噼噼啪啪”雹子似的响声，舔着嘴巴看着蹦落一地的圆圆的枣子。当爸爸不再摇动那些树枝，我们便噌地蹿出房门，争抢着去捡那些最大、最红的果实。

童年的记忆是河边的那片空地，撒欢儿似的疯跑，欢笑着的追赶，摔跤后的哭喊；还有那些大到足以容纳几个人的废弃的水泥管子，带着各自采到的野葡萄钻进去，那里便成了过家家最棒的场所，说悄悄话或受委屈后躲避的秘密基地。

童年的记忆是街口那高高的台阶，虽然没过了我们的头顶，我们却一个个青蛙似的往下跳，在男孩子们起哄的叫喊声中，“巾帼不让须眉”，谁也不做胆小鬼。

童年的记忆是晚上那条黑得伸手不见五指的小胡同，手拉手麻着头皮、闭紧双眼一步步小心翼翼地往里走，心扑腾扑腾地跳个不停。谁那么恶作剧地突然怪叫一声“鬼啊”，一个个便尖叫着冲出来，然后喘着气对望着大笑。童年的记忆是街上那家倒霉的工厂。过节的时候，大门两旁摆满了鲜花，很漂亮，很想掐回家去。于是便坏笑着盼望天黑，一个跟一个悄没声儿地溜到墙根下，躲过看门人的眼睛和耳朵，每人揪上几朵，憋着气，咧着嘴，兴奋和紧张遍布了每根神经。男孩子们是勘察兵，平安无事中来上几回。第二天，大家的窗前姹紫嫣红，可工厂门口的一枝独秀着实让我们担了一天的心。

童年的记忆是星空下那条没有行人和车辆的狭窄的马路，和最贴心的朋友手拉手飞快地转着圈，嘴里唱着“让我们荡起双桨”。那头晕目眩后的快乐，是因友谊滋生的永远难忘的幸福感。

童年的记忆是爸爸妈妈黄昏定时的呼唤。“回家吃饭喽”伴随着各家孩子们的小名儿汇成了大合唱，钻进了我们这群脱缰小野马的耳朵，那是乐不思蜀玩儿疯了时最怕听到，但又是饥肠辘辘的肚子“咕咕”叫时又恨又爱的最美妙的歌声。

童年的记忆美好而又回味无穷。

评述：说话内容形散而神不散，分节讲述了童年记忆中的枣树、空地、台阶、小胡同、工厂、马路、爸爸妈妈的呼唤等，结尾处总括前文，恰到好处。条理清楚，内容丰富。

06 号 我喜爱的职业

有人说，当老师多好，天天和孩子在一起永远年轻！是的，教师是我最喜爱的职业，因为教师是太阳底下最光辉的职业。之所以说是“最光辉”，是因为教师是“人类灵魂的工程师”。建造一座房子或桥梁的人，我们称他为建筑工程师；设计工厂的合理流程的人，我们称他为工业工程师；研究更好地养草种花，以美化环境的人，我们称他为园艺工程师。然而教师却是灵魂的工程师，那就意味着教师能塑造人类的思想、建设人们的精神世界，是精神文明的设计者和创造者，是精神花园的一个园丁。

早在西周时期就有了“学在官府”的记载，到了春秋时期，以孔子为首的一大批私学大师相继涌现，成为中国教育史上最早的专职教师。教师的出现，极大地推动了教育事业的发展，普及了人才的培养。“师者，所以传道受业解惑也。”传播人生道理，讲授专业知识，解除心中困惑。在这个过程中，教师把知识的火炬一代一代地传递下去。所以，我认为，教师更像一个接力赛的队员。这个接力赛的总长度是人类的时间长河。历史赋予我们特定的一程，我们从上一代手中接过知识接力棒，然后跟时间赛跑，直到跑完我们的这一段，把接力棒传递给下一代。

教师对学生的爱是无私的，在当今社会这是难能可贵的。不求别的，单是在街上遇到了，他们大声地对我说一句：“老师好！”只这简单的一句话，我就会觉得很满足，因为我是一名光荣的人民教师。

评述：开篇说明了自己最喜欢的职业，通过类比阐释了教师这个职业的光辉；接着讲述了教师这个职业“传道受业解惑”的神圣使命，以及老师给予学生的无私的爱；结尾点明自己便是位人民教师，呼应全文。类比突出中心，结构完整。

07 号 难忘的旅行

去年的九月，我很有幸地和同行们一起来到了我一直向往的地方——云南旅行。

到昆明世博园参观的时候，我们邀请了一位女摄影师陪同。她一边讲着世博园各种建筑的来历、风格，一边给我们摄影。在这一路上，我们感受到了“云南十八怪”中的一怪：东边下雨西边晒。

云南是个少数民族比较多的省份，有独特的民族特色和风情。但他们却不是很守旧的民族，思想还是很开放的。当我们来到大理的蝴蝶泉旅游景点时，在通往蝴蝶泉的情人道上，有很多的“金花妹”主动要求和我们合影。你要是笑一笑，她就更大方了，上前来拉你，外地的游客们也就不好意思了，不过，她们和你合影是收钱的。小小的“金花妹”一定会在你脑海里留下深刻的印象。

最让我难忘的，要数爬玉龙雪山了。我们一行二十几个人，其中有几位年长者。从山脚下到雪山上，先要坐一条长长的索道，再步行上去。我还是第一次爬到海拔这么高的地方。当步行到海拔 4 509 米的时候，我已经走不动了，感觉心跳加速，好像不能呼吸了一样。在通往雪山的这条路上，一路上都会有下山者鼓励我们，说前面风景独好，一定要上去看一看。我在同伴们的鼓励下，终于爬到了海拔 4 680 米的地方，那种感觉真的很难用言语去表达。不过由于我们去的时间不是冬末春初，无法亲眼目睹玉龙雪山的真面目，难免让人觉得有些遗憾。

云南的确是个美丽的地方！

评述：开篇说明主题，然后依次讲述了旅行的所见所闻所感，有“东边下雨西边晒”之怪，有民俗风情，有爬山的惊险，收尾处照应开头，呼应全文。内容丰富，语言通俗，结构完整。

08 号　我的朋友

我的朋友很多，玲玲是我最要好的一个朋友，也是多年的老朋友。她高高的个子，细长的眉毛下闪动着一双乌黑发亮的眼睛，流露出聪颖的光芒；体型不胖不瘦，平时爱穿蓝色的衬衫、咖啡色的裤子、黑色的皮鞋，显得很有精神；常喜欢留一头运动型短发，戴一副中度近视眼镜，气质优雅，博学多才。

我们有着相似的家庭出身：同性、同龄、同学、同事、同乡又同样都生有一个可爱的女儿。我们有着太多太多的相同，连我们的兴趣爱好、理想追求都一样。不同的是我上了师范，她上了高中；我学中文，她学政治；我是人民教师，她是人民公仆。

曾经，我们雨中漫步、月下畅谈、桌上畅饮。我们是幸福快乐的童年伙伴；我们是争夺高下的学习对手；我们是风雨同舟的知心朋友；我们是自强不息的赶路人、弄潮儿。如今，她在外地工作，我们相隔数里，但我们都在心里默默地为对方祈祷祝福。我们的友情不会随着时间的推移而模糊，也不会因地域的分隔而淡忘，更不会因地位的改变而变质，恰恰相反，我们的友情只会越来越深厚。

评述：开篇说明讲述的对象，并且对玲玲的外貌特征进行了详细的描述，用语多为短句，接着从出身、兴趣、职业、交往等方面详细描述了两人的真挚友情；结尾处发出感慨——珍惜知音。情感丰富，结构完整，语言通俗。

09 号　我喜爱的文学（或其他）艺术形式

工作之余，我最喜欢读书了。在书籍的海洋里遨游，真是一件惬意的事情，不仅可以使我忘却身边的烦恼，而且可以增长知识。自上学以来，我看了很多的书，有李白和杜甫的诗歌，也有名家的散文，但我最喜欢小说。每当买回一本新的小说后，我总会迫不及待地翻开它，看到感人的情节时，还会掉下眼泪。我看的小说有《基督山伯爵》、《三个火枪手》等国外名著，但要说最喜欢的，还数《西游记》、《红楼梦》等中国古典小说。

《西游记》汇聚了神话小说的离奇和武侠小说的精彩，满足了读者的好奇心，因此深受读者的喜爱。《西游记》塑造了个性鲜明的人物形象，唐僧的善良、孙悟空的机智、猪八戒的狡猾和沙僧的忠厚都给人留下了深刻的印象。我现在仍然清晰地记得孙悟空与妖怪打斗的场面，我不仅佩服孙悟空的勇敢与机智，也为唐僧的顽固不化感到惋惜。后来，有时间又把《西游记》读了几遍。当然，每次重读都有新的收获。慢慢地，我读懂了唐僧的良苦用心，也被他的菩萨心肠所感动。是啊，“苦海无边，回头是岸”，只有尊重生命、爱惜生命，才能进入西方极乐世界。

《红楼梦》也是我喜爱的一部小说。记得第一次读《红楼梦》的时候，正值青春萌动，最初完全是着迷于作者笔下缠绵的男情女爱，对“贾雨村”之类的“荒唐言”、“辛酸泪”，并无太多感觉。与《西游记》一样，读了几遍之后，我不仅感受到在一个家族由盛而衰的过程中，年轻男女情感命运悲喜沉浮的凄美，也读懂了那个年代社会历史的变革。

中华文化博大精深，在历史的长河中留下了许多经典的小说，所以在以后的生活学习中，我将更加努力地读书，读一切好书。

评述：开篇从开卷有益切入自己讲述的主题——小说，重点介绍了自己熟悉的两部小说的内容、人物形象、思想感情，结尾处表述决心。内容丰富，结构完整，语言通俗。

10 号　谈谈卫生与健康

在物质文明与精神文明共同进步的今天，健康这个话题越来越受到人们的关注，越来越多的人开始意识到健康与卫生的重要关系，因此不断地寻求适合自己的养生之道。卫生与健康是紧密相关的，讲卫生是拥有健康身体的前提。

第一，我们要注意日常饮食的卫生。人们常说“病从口入”，而一旦生病就必然影响人的身体健康，所以我们一定要保证进入我们口中的食物的卫生清洁，蔬菜水果要清洗干净，餐具要做好消毒处理。如果我们忽视了生活中的一些细节，就会因不卫生而导致身体的不适。目前一些蔬菜水果为了防止生虫而喷洒了化学药品，所以我们在食用前一定要用清水先浸泡一会儿再清洗，使用菜板时要先切蔬菜类，再切禽肉类。做好食物的卫生清洁是保证我们拥有健康身体的大前提。

第二，我们要注意生活环境的卫生。首先要做好个人的卫生，养成良好的卫生习惯，做到饭前洗手、饭后漱口，勤洗澡、勤换衣。其次要做好家庭的卫生清洁，保持居住空间的空气流通。再次要做好绿化，保护环境。

健康在我们的生活中是最重要的，健康是每天生活愉快的重要条件，而卫生又是健康的保证，所以我们应该讲卫生。

评述：开篇从对健康的关注切入论点：卫生与健康是紧密相关的。接着依次从饮食卫生、个人卫生、家庭卫生、环境卫生详述卫生与健康的关系。结尾重申主题，提出号召：讲卫生。内容丰富、结构完整、条理清晰。

11 号　我的业余生活

我在办公室工作，每天上班紧张而又繁忙。性格开朗、兴趣广泛的我在 8 小时之外也闲不住，读书、上网、养花是我缺一不可的业余生活三部曲。

一个人在书房里静悄悄地读书，是我最大的快乐。在自己的这方天地里，我阅读了大量的中外文学、哲学、历史名著，系统地学习了大学中文专业的全部课程，已经取得了自学考试专科毕业证，年底就要参加本科毕业论文答辩了。书读多了，就有所感触；生活积累丰富了，就有了灵感。每到这时，我就会拿起笔来，有时写小说、散文，有时写通讯、报道，一字一句推敲，翻来覆去修改。“梅花香自苦寒来”，在不懈地努力下，我已有近百篇作品在《中国教育报》、《中国文化报》、《中国文物报》等报刊上发表。

有时我还会上网冲浪，在互联网这个动感世界里浏览时事新闻、下载资料信息、收发电子邮件，偶尔也轻松一下，看看动画、听听音乐、玩玩游戏，也和网友聊聊天，体验一下“海内存知己，天涯若比邻”的神奇魅力。

读书、上网之余，我会给家里养的花浇水、施肥、剪枝，在欣赏自己劳动成果的喜悦之中，消除疲劳。一到春天，密密麻麻的爬山虎就像碧绿的瀑布挂在高高的院墙上，绿茸茸的草坪中间，一棵大槐树亭亭如盖，撒下满地绿荫。阳台上、墙角边，一盆盆鲜花姹紫嫣红，更为这春意盎然的小院锦上添花。

12号　我喜欢的季节（或天气）

一年四季，春夏秋冬，各有所长，都有人爱。我最喜欢的季节是冬季。有人说冬天太冷，会冻伤人的心灵；有人说冬天太静，会压抑人的心情；也有人说冬天太冷酷，会扼制生命的激情。那么我要说：请你用心去感受一下冬天，冬天也别具情趣和意趣，并非只有冷、静与冷酷。她虽然冷，但却不乏热情；她虽然静，却不那么沉默；她虽然冷酷，却也少不了温馨。

一种事物给人的感受总是多重性的，我看到了冬天的另一面。当你看到冬季里那悄悄钻出的小草，看到冬季里那傲然的腊梅，看到冬季里那玩雪溜冰的孩子们，你就会觉得冬季给予了我们一个完全不同的世界，她是那么的和谐、那么的奇妙。她会让你脱离尘世的一切烦恼，虽然少了一份姹紫嫣红；她会让你静静地思考一些平时不愿思考的东西，虽然失去了一些灯红酒绿；她会让你面对一些平日里不想面对的东西，虽然少了一份愉悦。

当太阳在浓雾中缓缓升起，雾却变得稀薄，麦苗上的浓霜也不见了踪影，只留下一颗颗泛着光芒的水珠时，你不觉得冬天很可爱吗？冬天，是那么的美、那么的静。她无时无刻不在用自己的生命来培养着你、滋润着你；她无时无刻不在向你倾诉着自己对生命的理解。我敢保证，只要你用心去感受，用心去倾听，你就会越来越喜欢她。

13号　学习普通话的体会

普通话是我国的通用语言，是我们日常交流沟通的工具。我认为学好普通话很重要，尤其是在我们教师行业中更是如此。那么什么是普通话呢？普通话就是以北京语音为标准音，以北方话为基础方言，以典范的现代白话文著作为语法规范的现代汉民族共同语。

要学好普通话，我觉得有这么几条要领：第一，学好拼音字母，掌握发音部位，对于个别的发音要反复练习直至完全到位。第二，多读些拼音报上的文章，锻炼说普通话的感觉，或者看到一个字后，就暗暗地朗诵其标准音，并注意其与方言音的对应关系，争取举一反三、触类旁通。第三，不懂就查。字典是我们很好的老师，若有不懂，要虚心请教，直至完全正确。尤其要注意一些多音字与多义字等。第四，读辞典。翻开现代汉语词典，一字一字、一词一词、一句一句、一页一页地朗读，这种方法极为有效。

另外，坚持用普通话进行日常会话。有人说，语言取决于环境，在一个大家都说普通话的环境中，耳濡目染，近朱必赤。即使你方音浓重，慢慢地，你也会有所进步。总之，只要努力，就一定能把普通话说好。

14号　谈谈服饰

大街上来来往往的人们都有着共同的特点，那就是穿着很时尚，服饰随着时代的变化而变化，服饰也是与时俱进的。

清朝时大马褂成了人们的便装，不管是富有的还是贫穷的都穿长袍，他们的区别在于富有的人用绫罗绸缎缝制衣服，贫穷的人则用粗布剪裁衣服。20世纪80年代初期，年轻人不论男女都穿上了颜色不同的喇叭裤，那时裤子的喇叭就越大越显得时尚。

现在进入商场购买服饰时的第一个感觉就是眼花缭乱，因为颜色各异、款式新颖的服装琳琅满目。曾经人们的温饱还是个问题时，人们从不考虑这个问题，因为衣着打扮对他们来说是次要的，所以服饰上有补丁是很平常的事情。可现在不同了，年轻人讲究的是另类，是个性，把补丁看成了一门艺术。

每个人都有每个人的穿法，因为每个人的气质不同，有的人看上去极为严肃，他应当穿得端庄；有的人看上去很温柔，他应当穿得典雅。随着人们眼光的不断变化，服饰也在日新月异地变化。

15号　我的假日生活

我的假日生活虽然不是很丰富多彩，但也过得挺充实的。

我的假日时间主要分为家务、学习和上网这三个部分，有时也出去旅游一下。首先，平时有空的时候，我总会走进厨房，炒上两个菜，或者做一些自己力所能及的家务活儿，这样既可以帮助家人，又能使自己舒展筋骨，真是一举两得。其次，学习是我假日生活中不可或缺的一项内容，因为人只有在不断的学习中，才会不断地提高。看看书、练练字都是我在假日里学习的方式，我看的多为讲述人生道理、处理人际关系、卫生保健等方面的书籍，另外，人们常说字如其人，为了练一手好字，有空的时候，我还会写写字。除了家务、学习以外，我的其余时间都泡在网络里，在网上看看新闻、听听音乐。在网上我还有很多网友，他们是我人生旅途中一群特殊的朋友。伤心的时候，有他们通过网络带给我的安慰；高兴的时候，也有人和我一起分享。正是因为有了他们，我才知道生活可以如此丰满，我应该感谢他们。网络里有我的精神家园，有我的理想和梦幻，有我知心的网友，有我们同欢笑共忧患的记忆。同时，网络也是我工作学习的有力助手。我学习用电脑处理一些照片，做几个简单的Flash动画和课件，看着自己做出来的东西，总是会开心很久。

总之，家务、学习、上网将永远是我的假日生活的三部曲，我的人生也正是因为有了这三部曲才会变得如此充实而美丽。

16 号　我的成长之路

1979 年的冬天，我诞生在一个很普通的小村庄。我的出现自然让一对年轻的夫妇充满了喜悦，他们宠着我、爱着我，用亲情哺育着我、教育着我。从咿呀学语到蹒跚学步，从过家家到跳皮筋，和大多数农村娃一样，我有着幸福的童年。

七岁那年，我进入学堂，开始了求学生涯。那是一所极普通的小学，但有和蔼可亲的老师和热情可爱的同学，他们在我心灵的宣纸上染上了最初的色彩。尤其要感谢恩师们对我的启蒙，正是他们培养了我对学习的兴趣和乐观开朗的性格，让我在以后的成长道路上受益匪浅。

十三岁，我上镇初中，每天骑车往返于家和学校之间，来回十几里路。炎炎夏日，寒冷冬日，风里来，雨里去，从《孔乙己》到相似三角形，从两个小球同时落地到氢气的可燃性，从“I'm a student”到一国两制，我如饥似渴地汲取着这些知识营养。

十六岁，我终于考上了市第十六中学。她雄厚的师资和浓厚的学术氛围，让我在求学道路上受到了一次全面的洗礼；她崇尚文化，尊重个性发展，让我在最宝贵的花季岁月里淋漓尽致地展现了自我。如果没有她，我长跑和绘画的特长就不会被发现；如果没有她，我也不会有机会走进电视台做记者。感谢母校，感谢师长，感谢陪伴我度过多姿多彩三年高中生活的学友们。

十九岁，经历了新千年中的灰色七月，我带着行囊跨进了大学的校门。这是一番别样的天地，完全自由的空间。我捧着专业书，独自品味着新奇。偌大的图书馆里有如此琳琅满目的书籍，我如饥似渴地阅读着这些书。转眼四年过去了，大学毕业后，我要用我所学到的知识，做出出色的成就！

17 号　谈谈科技发展与社会生活

不管人们有没有意识到，科学技术已经深深地影响着我们的日常生活，在经济社会发展中扮演着不可或缺的角色。21 世纪以来，科学技术，尤其是计算机网络技术、电子信息技术的飞速发展，使得手机、电脑这些昂贵的奢侈品步入寻常百姓家，成为我们生活的必需品。想象一下，如果没有手机，我们如何随心所欲地与亲人保持联系？如果没有网络，我们又如何与远在异国他乡的朋友谈天论地？如果没有高清晰的电视，我们又如何享受华丽的好莱坞电影？当然，我们也必须承认，科学技术在一定程度上也改变了我们的生活方式，改变了我们的文化。

科学技术的重要性是毋庸置疑的，我们的国家领导人也在多种场合提出要大力发展科学技术。我国在改革开放以后取得了很大的进步，步入了科技强国之林。但是我们还应该认识到，我国很多技术都受制于发达国家，所以我们应该奋起直追，迎头赶上。

作为当前社会的一员，我们不仅应该认识到科技的重要性，努力学习科学技术，用科学技术来武装我们的头脑。还应该具有献身科学的勇气和决心，具有用科学技术来造福全人类的博大胸怀。更重要的是，我们还应当教育我们的后代，要热爱科学，尊重科学！

18 号　我知道的风俗

农历五月初五，是我国民间的传统节日——端午节。在我们这一带农村的风俗中，端午节的前几天要去采摘芦叶。

在农村，端午节吃粽子的风俗最为普遍。记得我很小的时候，家境比较清贫，每年端午节只能包米少豆多的粽子，母亲叫它“豆粽”，一个粽子里除糯米外，就是那些白豆、赤豆等豆子，这些豆子都是母亲在房前屋后的一些空地上种的。

最常见的就是一种宝塔粽，尖尖的顶，三角形的底座，竖起来放在桌子上，也不会倒下来，这种粽子大的约有半市尺长短，小的也有三四寸。一些心灵手巧的小媳妇还会包十分有趣的“连环粽”，两个小粽子中间有一根红线牵着。此外，还有别出心裁的“月牙粽”、“枕头粽”、“拳形粽”、“方粽”等。

端午节这天，家家户户不管贫富都要包粽子，左邻右舍串门的，按村里的风俗，也一定要尝一下主人家包的粽子。吃的时候，把青青的芦叶从下面一张张地剥开，再用两根筷子戳进底部，从粽子的宝塔尖上开始咬起，直到吃完为止。有些大的粽子一次吃不完，只好带回家去，不能留给主人家。这个时候，满屋、满村都散发着芦叶的清香。家家户户不仅自己吃，还要挑上几只包得最好、最大的粽子，用红线串着扔到村旁的河里去，这是为了纪念屈原，纪念那个忧国忧民、重气节的诗人。

小时候的我，好奇地问过母亲：“屈原是抱着怨气跳到家门前的小河里淹死的吗？”一字不识的母亲当然不能回答我的问题，只是喃喃地说：“天下的水是相通的！”

19 号　我和体育

体育运动可以强身健体，所以我很喜欢体育运动。空闲时我常会参加一些体育活动，比如跑步、打羽毛球、打乒乓球、游泳等。每次运动完，常常有精神焕发的感觉。所以在大学的时候，我就把锻炼身体列入每天的生活计划，并且一直坚持不懈。如今，自己健康的体质、充沛的精力也正是得益于这些年的体育锻炼。现在我最喜欢的运动是瑜伽，通过练习瑜伽不仅能够加强身体各个部位的柔韧性，拉伸并柔软脊柱，缓解颈部、肩部的僵硬，还能够收获一种放松、平衡、宁静的感觉。每次练习的时候，老师让我们始终微笑，关注身体，让身体、心灵在一呼一吸中吸收纯净，吐出毒素，经常笑的人自然美丽、淡定。可以说，我一直在享受着体育运动带来的健康与快乐。

除了参加体育运动外，我还是一个体育赛事迷。我喜欢观看各种体育赛事，比如世界杯足球赛、篮球赛、乒乓球赛、跳水比赛，等等。我最喜欢的赛事是网球比赛，最喜欢的世界名将是瑞士天王费德勒。费德勒不但网球技术全面，打球潇洒飘逸，而且拥有儒雅的气质、对网球的热爱、不断超越自我的精神和对生活积极乐观的态度，这些都深深地迷住了我。

我热爱体育，因为体育不但使我健康，也使我的生活变得丰富多彩。

20 号　我的家乡（或熟悉的地方）

四川盆地，沃野千里，富饶美丽，人文荟萃。成都就是镶嵌在这片神奇土地上的一颗璀璨的明珠，素有“天府之都”的美誉。成都是我的家乡，那是一座古老而年轻的城市。

我的家乡成都，始建于先秦，迄今已有 2 300 多年的历史了，自古就是郡、州、府、道的治所；汉代时，它与洛阳、邯郸、临淄、宛城并称中国“五大都会”；三国时，刘备、诸葛亮在此运筹帷幄，建立了蜀国；唐朝时，与扬州齐名，“谓天下之盛”。古老的成都在近代饱经战乱，由盛而衰。新中国成立前夕，“马路不平，电灯不明”是当时的真实写照。

伴随着新中国几十年风雨兼程的脚步，成都建设事业走过了一段辉煌历程，执著的成都建设者用智慧和汗水创造出了一个又一个彪炳史册的人间奇迹：整治了藏污纳垢、水患严重的府南河，从而荣获“联合国人居奖”；城市基础设施建设日臻完善，千百年来人类苦苦追寻的安居乐业之梦变成现实；环卫、环保事业飞速发展，园林绿化成绩斐然；小城镇日新月异，城乡一体化进程不断加快。今日的成都，处处呈现出现代化大都市的繁华景象。

成都还年轻，蕴藏着巨大的发展潜力，成都建设者正以崭新的姿态和勤劳的双手书写着新世纪城市建设史上的壮丽篇章。

我相信只要我们齐心协力，成都的明天一定会更美好！

21 号　谈谈美食

常言道：民以食为天。平时我喜欢做菜，我的拿手菜是“菠菜拌粉丝”。配料很简单，有菠菜、粉丝，另需一些小调料。取半斤菠菜洗净，切成一寸长；粉丝二两用水泡软，也切成一寸长；把四五个香菇和一小撮虾米，泡软剁碎；另将一根青葱切成末。做法是：在锅内放清水，煮开后下菠菜烫熟，捞起装盘并放进冰箱冷却；将粉丝放入烫菠菜的开水中煮熟，捞起加一点油和酱油拌一下，以免结团；再将凉好的菠菜和粉丝拌匀，加酱油调至咸淡适中；锅里放少许油，将香菇末和虾米末炒熟，起锅前放入葱末；然后将这些配料倒入菠菜粉丝中拌匀，淋上一些芝麻油即成。

这是一道凉拌菜，别看材料简单，做法也不难，却是十分可口。每当请朋友来家做客，这道菜都是极受欢迎的，常常等不到下面的菜上桌，就被一扫而光了，有时甚至不得不提醒客人，留着肚子装别的菜。

做菜的窍门有不少，其中一个我觉得很重要，那就是材料的搭配。单拌粉丝和单拌菠菜我全试过，都不怎么样，两样合在一起，口感才好。香菇和虾米在一起也能产生特殊的味道。

我做的菜虽不是什么美味佳肴，却也十分可口。

22 号　我喜欢的节日

每年农历八月十五日，是传统的中秋佳节。这是一年秋季的中期，所以被称为中秋。中秋也称仲秋，又叫做“月夕”、“八月节”。此夜，人们仰望天空如玉如盘的朗朗明月，自然会期盼家人团聚。远在他乡的游子，也借此寄托自己对故乡和亲人的思念之情。所以，中秋又称“团圆节”。

我国古代就有“秋暮夕月”的习俗。夕月，即祭拜月神。到了周代，每逢中秋夜都要举行迎寒和祭月。设大香案，摆上月饼、西瓜、苹果、红枣等祭品，在月下，将月亮神像放在月亮的那个方向，全家人依次拜祭月亮，然后由当家主妇切吃团圆月饼。

在唐代，中秋赏月、玩月颇为盛行；在北宋京师，八月十五夜，满城人家，不论贫富老小，都要焚香拜月说出心愿，祈求月亮神的保佑；南宋时，民间以月饼相赠，取团圆之义；明清以来，中秋节的风俗更加盛行，许多地方形成了烧斗香、树中秋、点塔灯、放天灯、走月亮、舞火龙等特殊风俗。今天，月下游玩的习俗，已远没有旧时盛行，但设宴赏月仍很盛行，人们把酒问月，庆贺美好的生活，或遥祝远方的亲人健康快乐。中秋节的习俗很多，形式也各不相同，但都寄托着人们对生活的无限热爱和对美好生活的向往。

这就是我喜欢的节日——中秋节。

23 号　我所在的集体（学校、机关、公司等）

我是一名教师，在一所中学工作，那是一个温暖的大集体。在这个集体里大家互助互爱，情同兄弟姐妹，彼此相处得十分友好。因为集体里的每一个人都知道，人与人相处最重要的是相互尊重、相互理解。

俗话说："一个篱笆三个桩，一个好汉三个帮。"没有学校集体中人与人之间的团结协作，即使我们每个人都能奏出最优美的音符，人们听到的也只能是杂乱无章的噪音。只有团结协作、相互配合，我们才能奏出最优美的学校乐章，在集体中不断成长！

近年来，我校坚持"从大处着眼、从小处着手"的原则，具有自己的德育特色，形成了一流的校风。同时，我校大力推进素质教育和信息化建设，取得了显著的办学成绩，连年各科高考成绩名列前茅，受到教育局领导与公众的好评。学校环境幽雅，花木繁茂，景色宜人，是读书治学的理想园地。走进校门，扑鼻的花香、清新的空气、整洁的教室、富有朝气的学生……你会感受到这所学校焕发出的勃勃生机。

在校长等领导和全校师生的共同努力下，我校成为校园环境优美、校风学风优良、教学设施一流、信息化技术应用水平领先的学校。现在，我们正齐心协力，努力将我们的学校建设得更加美好。

我爱我所在的集体！

24 号　谈谈社会公德（或职业道德）

"人之立身，所贵者在德"，在我们当今以德治国、依法治国的形势下，发扬助人为乐、扶贫助困、爱护公物、保护环境的社会公德更是每个公民义不容辞的义务。

试想，如果每个百万富翁都能够慷慨解囊帮助贫困之人，每个强壮青年都能细致入微地帮助老弱病残，那么，不仅会使生活在贫困中的人过上幸福温暖的生活，而且这些发扬公德心的人也会获得社会的认可；如果每个工人都能关心集体，爱护公物，做集体的主人，那这个集体肯定是个温馨的集体；如果每个游人都能多走些路把垃圾丢进垃圾箱，每户人家都能不把垃圾弃在马路旁，那我们就会拥有整洁的环境，也可呼吸到新鲜的空气；如果每个企业都能改善废水处理和废气污染，那它们就不仅会赢得大家的信任，而且产品也能畅销。如果发扬社会公德已蔚然成风，那我们的祖国定会是人们互帮互助、生活美满幸福、环境整洁清新、风景优美怡人的国家。

从现在开始，大家弯下腰捡一点垃圾，伸出手帮助一下弱小，只要发挥这么一点公德心，我们的明天定会更加美好。

25 号　谈谈个人修养

我们经常可以听到这样的评价：这个人的修养真好，和他交往是一件快乐的事，或者也有人说：这个人的修养真差劲，太粗俗了。

修养与个人的文化水平有一定的关系。有文化修养的人，谈吐举止之间，自然地流露出一种高雅、文质彬彬的感觉。古人形容一个世代文人之家为书香门第，事实上，门是绝不可能透露出书香之气的，即使在屋里堆再多的书。真正能透出书香，能够让人一眼、一交谈就感受到浓浓书香气息的是人，只有人才能在那种举手投足之间体现出“修养”这两个字。当然，修养也包括了举止、仪态、谈吐等，但文化气息却是不可或缺的重要部分。

如何提高自己的修养，我想不仅在日常生活中要注意自己的谈吐和举止，不做不文雅的举动，不说不文明的话，而且更重要的是要让自己多看点书，从书里沾一些书香气回来。文化是一种很神奇的东西，它不是有形的，你在看它时绝不会有任何的感觉，但它却能在不知不觉中改变你，也许连你自己也不会那么深刻地感觉到那种变化，但是别人却会感觉到，发现你的变化，发现你令人刮目相看之处。

一个有修养的人，是一个你乐于交往的人，与这样的人交往，不论是谈古论今，还是只谈谈家常琐事，都会是人生快事，在这样的交往中，你会发现时间过得很快；反之，如果和一个毫无修养的人交往，你会感觉如坐针毡，时间过得太慢，分分秒秒都是一种折磨。相信这不只是我一个人的感觉！我们大家都要努力做个有修养的人。

26 号　我喜欢的明星（或其他知名人士）

我最喜欢的明星是著名节目主持人杨澜，她是现代职业女性的典范，我喜欢她，是因为她是一位敢于挑战自我的女强人。

杨澜毕业于北京外国语大学英文系，曾担任中央电视台《正大综艺》节目的主持人，她那出色的口才和充满魅力的风格受到了全国观众的一致喜爱，并因此获得了中国首届主持人“金话筒奖”，她的事业就是从那时起一步一步走向成功的。我是从她后来主持的《天下女人》节目中开始认识她的。这是一个专门讲述成功女性故事的节目，它道出了女人的心声，鼓励新时代的女性要勇敢地追求自己的事业。去年 11 月在奥地利举办的宋祖英维也纳音乐会上，我再一次目睹了杨澜的风采，当时是她与另外一名外国主持人同台主持了这场音乐会，她那流利标准的英文让我惊叹不已。此外，她还是一位叱咤风云的女商人。一个各个方面都如此成功出色的女强人，怎能不受人崇拜和喜爱呢？记得著名作家冰心曾说过：“成功的花，人们只惊羡她现时的明艳！然而当初她的芽儿，浸透了奋斗的泪泉，洒遍了牺牲的血雨。”是的，成功的鲜花固然令人羡慕，不过这成功的背后所付出的努力却鲜为人知。从中我悟出了一个道理：不要只羡慕别人的成功，只要自己肯努力付出，成功的鲜花也一样会属于你。

27 号 我喜爱的书刊

我喜欢阅读书刊，无论是纸质书刊，还是电子书刊，都是我的知心朋友。这朋友与我知心相交，无论何时何地，它都不离不弃、不怨不疑。阅读书刊可以获得精神营养、陶冶情操。书刊中浓缩了各种知识精华，汇聚了众人的智慧。阅读书刊就好比是站在巨人的肩膀之上，站得高、望得远，几乎所有的难题都可以借助书刊的帮助迎刃而解。我喜爱的书刊有很多，有长篇巨著，也有短小精悍的杂文。今天我要介绍的是影响我成长的两本杂志：《读者》和《演讲与口才》。

喜爱《读者》的理由是它的每一篇文章都充满着生活的智慧和人性善的光辉。阅读《读者》就好像是与有智慧、高尚的朋友为伴，在苦闷时可以得到开解，在退却时可以获得前进的勇气。阅读《读者》能够在很大程度上提高自己的个人修养，同时还为写作提供很多营养和材料。我喜爱《读者》，她陪伴我度过了许多美好的时光。我想我今天能够做到淡泊名利、心境坦然、不为外界所左右，很大程度上要归功于《读者》对我的影响。即便是现在，读到一篇篇优雅或诚实的文字时，我心中仍然会泛起一阵阵涟漪，涌起一份份感动。感谢《读者》——我永远的朋友！

喜爱《演讲与口才》的最主要理由就是它能够培养口才、提高口才，同时还能够获得一些知识。杂志中一个个生动的例子教会我在什么场合讲什么样的话和怎样讲话，每一个场景的描述都使我在遇到类似的情况时能够迅速找准角色定位并做出恰当的反应。比如同学吵架了怎么劝，面对不公平待遇时怎么办，等等。总之，《演讲与口才》给了我许多书本之外的社会交往方面的实用知识，就好比一位聪明的社会学老师，从不会拿枯燥的理论来填鸭。我喜爱《演讲与口才》。

开卷有益，我会继续执著于我的爱好。

28 号 谈谈对环境保护的认识

20 世纪中叶以来，环境问题已经成为整个地球的一大危机，人类赖以生存和发展的环境受到了严峻挑战，资源的迅猛开发与利用，使其日益枯竭，生态环境遭到了严重破坏，各种污染事故频频发生。于是，花草失去了润泽，河水不再清澈，花香为烟雾冲淡，鸟鸣被噪声淹没，健康的身体变得瘦弱，愉快的心情变得烦躁。

环境问题已经成为当今人类面临的全球性问题之一，引起了各国的普遍关注。

人类必须意识到，人的生存无时无刻不依赖于自然生态系统。人类文明与大自然的命运已紧密结合在一起，就如同心灵和躯体一样密不可分。今天，人类不能再以一个征服者的姿态对自然发号施令，而必须学会尊重自然、善待自然，自觉充当维护自然稳定与和谐的调节者。从一个号令自然的主人，到一个善待自然的朋友，这是人类意识的一次深刻觉醒，也是人类一次深刻的角色转换。实现这一角色的转换不仅需要外在的法律强制，更需要人类的良知和内在的道德力量。我们应该倡导一种保护自然、拯救自然的实践态度，今天，人类比任何时候都能领略到气候变化的威胁。如果人类再不行动，那么100年后，巨大的热浪将会席卷地球的每一个角落，海洋中漂浮的冰山将有可能融化得无影无踪。

20年前，联合国在瑞典首都斯德哥尔摩召开会议，专门对环境保护问题发表了《人类宣言》，提出了一个响遍全世界的口号——“地球只有一个”，这不仅是历史和现实对人类的告诫，而且是人类面对这残缺的大自然发出的理性的呼喊！保护自然、修复自然、维护自然生态系统的平衡与和谐，应当是我们义不容辞的责任。若真能如此，新世纪的人们将会迎来新的希望，人类文明将会走向光辉的彼岸。

29号　我向往的地方

小时候，我在无意中看到一些普罗旺斯的图片，就深深地被那大片大片的薰衣草花田所吸引。长大后看了电视剧《又见一帘幽梦》之后，对普罗旺斯的向往就更加深了。

普罗旺斯位于法国南部，那里的花卉以薰衣草最为有名，七月盛开期间，紫色的梦一般的花海奇香袭人，那些令人沉醉的景致，与梵高所画的几乎没有差别。这种独特的自然香气是在其他地方无法轻易体验到的。薰衣草的香是人生中的某种半梦半醒状态，淡到了极致，却又刻在心底。薰衣草的香味，既不像茉莉的清淡，也不像夜来香那样的浓郁，这样独特的香，总是和更深更远的忧郁相连。由于充足灿烂的阳光最适宜薰衣草的成长，再加上当地居民对薰衣草的钟爱，因此，在普罗旺斯可以看到遍地薰衣草紫色花海翻腾的迷人画面，浓艳的紫色装饰着翠绿的山谷，微微辛辣的香味混合着被晒焦的青草芬芳。薰衣草的花语为“等待爱情”，普罗旺斯是薰衣草的故乡。

来普罗旺斯一定要喝茴香酒，这酒最烈的地方，不是茴香和酒精，而是喝酒时的气氛，喝茴香酒一定要有充裕的阳光和时光停滞的幻觉，所以它在普罗旺斯才成了神话。普罗旺斯盛产苦艾酒，它让人产生幻觉并上瘾，经常有酒客失明或发狂，梵高就是因为这种酒割掉了自己的耳朵，乃至后来苦艾酒被禁。后来有个隐士用茴香酿出新酒并在一场瘟疫中救了普罗旺斯人，所以茴香酒成了当地实至名归的名片。有趣的是，对于茴香酒，这里的女人只允许喝一杯，因为据说当地随便一个老奶奶酿的茴香酒都能放倒一头牛。

在英国人梅尔的笔下，“普罗旺斯”已不再是一个单纯的地域名称，更代表了一种简单无忧、轻松慵懒的生活方式，一种宠辱不惊、“看庭前花开花落，望天上云卷云舒”的闲适意境。如果你的旅行是为了摆脱生活的桎梏，那么普罗旺斯会让你忘掉一切。

30 号　购物（消费）的感受

人们把人生的事归纳为“衣食住行、婚丧嫁娶”。把穿衣放在第一位，不仅是因为衣服有遮羞蔽体的功能，它还能显示出一个人的品位和身份，所以穿得得体、穿得漂亮无疑是买衣服的最终目的。

然而，对我而言去商店买衣服实属迫不得已。每次走进商店，过于热情的服务员满脸堆笑走上前来，也不管你的感受，先叽里呱啦地说一堆。好不容易顶着噪音攻击，看中了一件衣服，试穿一下。营业员又会夸衣服是多么适合你，而衣服又是多么好。如果你能趁着头脑还清醒，问一句：“这衣服好像有点偏大啊?”她就会提醒你，衣服过水之后会缩小一点；你要是说，衣服偏小，她就会告诉你，现在人们买衣服，都会买贴合身体曲线的衣服，那样才好看。原本买衣服就是个看不太清的难题，卖家还扔“烟雾弹”，这还叫人怎么买?

虽然有些缺点，但我还是决定买下，再看看这衣服的价格，又似乎太高了点。讨价还价吧，又是个难题。还价还得少了，商家偷笑不说，自己囊中更羞涩；还得多了，就得看刚才还笑得像花一样的营业员向你展示变脸绝技了。唉，买衣服，一个字，难!

第五节　计算机辅助普通话水平测试应试指南

计算机辅助普通话水平测试工作是通过计算机语音识别系统，部分代替人工评测，对普通话水平测试中应试人朗读的 1 ~ 3 题的语音标准程度进行辨识的评测工作。计算机辅助普通话水平测试（以下简称“机测”）是国家语言文字应用“十五”重点课题项目，2006 年 1 月该项目通过了国家语委科研规划领导小组的鉴定，2006 年国家语用司批准 13 省市开展计算机辅助测试普通话试点工作，2009 年国家语委开始在全国开展计算机辅助测试的全面铺开工作，2010 年国家语言文字测试中心出台了《计算机辅助测试普通话评分试行办法》，对普通话水平测试试题中计算机无法进行比较辨识、需要通过人工进行评测的第四题出现的问题进行了规范。《计算机辅助测试普通话评分试行办法》如下：

一、根据《普通话水平测试大纲》（教语用〔2003〕2号），结合计算机辅助普通话水平测试实际，制定本试行办法。

二、读单音节字词、读多音节词语、朗读短文三项，由国家语言文字工作部门认定的计算机辅助普通话水平测试系统评定分数。

三、命题说话项由测试员评定分数。

（1）语音标准程度，共25分。分六档：

一档：语音标准，或极少有失误。扣0分、1分、2分。

二档：语音错误在10次以下，有方音但不明显。扣3分、4分。

三档：语音错误在10次以下，但方音比较明显；或语音错误在10～15次之间，有方音但不明显。扣5分、6分。

四档：语音错误在10～15次之间，方音比较明显。扣7分、8分。

五档：语音错误超过15次，方音明显。扣9分、10分、11分。

六档：语音错误多，方音重。扣12分、13分、14分。

（2）词汇语法规范程度，共10分。分三档：

一档：词汇、语法规范。扣0分。

二档：词汇、语法偶有不规范的情况。扣1分、2分。

三档：词汇、语法屡有不规范的情况。扣3分、4分。

（3）自然流畅程度，共5分。分三档：

一档：语言自然流畅，扣0分。

二档：语言基本流畅，口语化较差，有背稿子的表现。扣0.5分、1分。

三档：语言不连贯，语调生硬。扣2分、3分。

（4）说话不足3分钟，酌情扣分：缺时1分钟以内（含1分钟），扣1分、2分、3分；缺时1分钟以上，扣4分、5分、6分；说话不满30秒（含30秒），本测试项成绩计为0分。

（5）离题、内容雷同，视程度扣4分、5分、6分。

（6）无效话语，累计占时酌情扣分：累计占时1分钟以内（含1分钟），扣1分、2分、3分；累计占时1分钟以上，扣4分、5分、6分；有效话语不满30秒（含30秒），本测试项成绩计为0分。

四、本试行办法由国家语委普通话培训测试中心负责解释。

一、计算机辅助普通话水平测试系统特点

（一）自动化测试

测试现场不需要安排测试员，3～4名工作人员即可完成一场大规模测试。考生测试结束，计算机即可给出非命题说话部分的测评结果。

（二）简单易操作

所有操作由监考老师完成，考生根据计算机语音提示可以轻松完成测试。

（三）管理方便

监考老师通过监考机可以全程监控考生的整个测试过程，随时了解每位考生的测试情况。

（四）灵活实用

测试系统提供网络版、单机版两种应用方案，测试单位可以根据现有的计算机网络条件选择适合的版本进行测试，最大限度地降低应用门槛。

二、计算机辅助普通话水平测试测试流程

应试人根据安排参加测试，测试分为候测、备测、测试 3 个环节。

（一）候测

应试人应在准考证规定的考前 30 分钟进入候测室，考务人员在应试人报到时核实应试人身份，确认应试人信息，提示应试人观看应试说明 Flash，并提醒应试人遵守《考场须知》。

（二）备测

考务人员按照顺序引导应试人进行备考，随机分配试卷给应试人；应试人开始备测，备测时间不少于 15 分钟，备测时可以查阅测试指导用书。

（三）测试

测试过程中，考务人员安排应试人在相应的机位测试，每个测试机位每次只允许 1 人测试。应试人在测试过程中应有条不紊地参加测试：

1. 佩戴耳机

（1）应试人就座后戴上耳机（麦克风戴在左耳），并将话筒放在嘴边。

（2）戴好耳机后点击“下一步”按钮。

2. 应试人登录

（1）正确输入准考证编号。输入后，单击“进入”按钮继续。

（2）如果输入有误，单击“修改”按钮重新输入。

3. 核对信息

（1）应试人仔细核对个人信息。

（2）如果信息正确，单击“确认”按钮继续；如果信息有误，单击“返回”按钮重新登录。

4. 确认试卷

如果试卷名称栏内出现“国家普通话测试试卷”的字样，点击“确认”按钮继续。

5. 应试人试音

（1）应试人根据系统提示要求进行试音。

（2）应试人用适当的音量将页面呈现的句子朗读一遍。

（3）如试音顺利，系统会出现“试音结束”的对话框，点击“确认”按钮，进入下一程序。

6. 开始测试

（1）计算机辅助普通话水平测试共有 4 个测试项，每个测试项开始时都有一段语言提示，语言提示结束时会发出“嘟”的结束提示音，这时，应试人才可以开始测试。

第一项　读单音节字词

①应试人横向依次朗读单字。

②100 个单字以黑色字体和蓝色字体隔行显示，以便应试人识别，应试人应逐行朗读，避免漏字、漏行。

③该项测试结束后，应试人可单击屏幕右下方“下一题”按钮，进入下一项测试。

第二项　读多音节词语

①应试人横向依次朗读词语，避免漏读。

②该项测试结束后，应试人可单击屏幕右下方“下一题”按钮，进入下一项测试。

第三项　朗读短文

①应试人注意语音清晰、语义连贯，防止添字、漏字、改字。

②该项测试结束后，应试人可单击屏幕右下方“下一题”按钮，进入下一项测试。

第四项　命题说话

①该项测试开始后，应试人应先说所选的话题。如：我说的话题是“我喜欢的节日”。

②命题说话必须说满 3 分钟，应试人应根据屏幕下方的时间提示条把握时间。

③该项测试结束后，应试人可点击屏幕右下方的“提交试卷”按钮。

（2）测试过程中，应试人应做到吐字清晰、语速适中，音量与试音时保持一致。

（3）测试过程中，应试人应根据屏幕下方的时间提示条的提示，注意把握时间。

（4）某项测试结束后，应试人可单击屏幕右下方“下一题”按钮，进入下一项测试。若某项测试规定的时间用完，系统会自动进入下一项测试。

（5）测试过程中，应试人不能说该测试项之外的其他内容，以免影响评分。

（6）测试过程中，如有问题，应试人应举手示意，请工作人员予以解决。

7. 结束考试

（1）提交试卷后，应试人点击屏幕中央的“确定”按钮，结束测试。

（2）应试人摘下耳机放在桌上，经工作人员确认后及时离开测试室。

三、计算机辅助普通话水平测试注意事项

（一）关于测前准备

测试前，为应试人留有10分钟的准备时间，准备内容即应试人该场测试的试卷。

（二）关于音量

（1）应试人测试时应保持中等音量（即两三个人之间正常交谈时的音量），不宜过大或过小。

（2）测试过程中，应试人的音量应保持一致。

（三）关于语速

应试人测试时应根据测试内容的要求，保持适当的语速，做到吐字清晰完整、速度稳定适宜。

（四）关于漏读

（1）应试人应注意避免漏读，如有漏读，按字扣分。

（2）第一、第二项各行词语的颜色已设置成蓝黑相间，以便识别，应试人应不分颜色逐行朗读，避免漏行。朗读短文时应注意语音清晰、语义连贯，防止添字、漏字、改字。

（五）关于重复读

第一、第二项测试，应试人因个别字词读错而重复读，计算机评分时会自动识别，不会因为一个字的重读而影响整体评分。朗读短文时则不能出现重复读的情况，否则，计算机评分时将根据评分标准扣分。

（六）关于第四题“命题说话”

（1）“命题说话”测试项共提供了30个话题，应试人都应事先准备。

（2）测试时，应试人应注意屏幕下方的时间提示条，必须说满3分钟。按《计算机辅助测试普通话评分试行办法》，缺时1分钟以内（含1分钟），扣1分、2分、3分；缺时1分钟以上，扣4分、5分、6分；说话不满30秒（含30秒），本测试项成绩计为0分。

（3）避免背稿、离题等现象，离题、内容雷同，视程度扣4分、5分、

6 分。

（4）避免无效话语，如简单重复、反复纠错等，按累计占时酌情扣分：累计占时 1 分钟以内（含 1 分钟），扣 1 分、2 分、3 分；累计占时 1 分钟以上，扣 4 分、5 分、6 分；有效话语不满 30 秒（含 30 秒），本测试项成绩计为 0 分。

（七）关于对象感

测试过程中，部分应试人面对计算机时可能会产生缺乏交流对象的不适感。应试人应调整心态，可假设一位交流对象与之进行交流，以帮助克服这种不适感。

（八）关于时间把握

（1）测试时，应试人可留意屏幕下方的时间提示条，把握每题的用时状况。

（2）前 3 项测试的时间很充裕，每项测试结束后，应试人可点击右下方的“下一题”按钮，进入下一项测试。

（九）关于环境影响

（1）如果测试安排在常规教室，各个机位之间有 4 米左右的距离，应试人应集中注意力专注于测试，不要去注意其他情况。

（2）计算机辅助普通话水平测试所选用的话筒具有较强的屏蔽功能，不会影响计算机评分。

（十）关于系统操作

（1）应试人应了解本注意事项及《计算机辅助普通话水平测试应试指南》。

（2）计算机已设定程序，操作简便，应试人只需按提示操作即可顺利完成测试。

（3）测试时，应试人不要进行其他操作，不要拉扯各种连接线，以免影响测试效果。

（十一）关于意外情况处理

测试过程中如遇问题，应举手示意，由工作人员来处理。

（十二）关于《准考证》

应试人录入准考证号并核对个人信息后，应将《准考证》置于桌上，由工作人员在测试过程中收取。

参考文献

［1］国家语言文字工作委员会普通话培训测试中心．普通话水平测试实施纲要［M］．北京：商务印书馆，2004．

［2］中国社会科学院语言研究所词典编辑室．现代汉语词典（第5版）［Z］．北京：商务印书馆，2005．

［3］黄伯荣，廖序东．现代汉语［M］．北京：高等教育出版社，2002．

［4］胡裕树．现代汉语［M］．上海：上海教育出版社，1995．

［5］游汝杰．汉语方言学教程［M］．上海：上海教育出版社，2004．

［6］刑捍国．实用普通话水平测试与口才提高［M］．广州：暨南大学出版社，2007．

［7］马显彬．普通话训练教程［M］．广州：暨南大学出版社，2007．

［8］杨瑾．普通话水平测试应试指导［M］．武汉：华中师范大学出版社，2008．

［9］尹建国．普通话培训与测试［M］．北京：北京师范大学出版社，2010．

［10］韩其洲．国家普通话水平测试回顾与展望——开展普通话水平测试15周年［DB/OL］．中国语言文字网，http：//www. china - language. gov. cn/31/2009_10_22/1_31_4370_0_1256180856235. html．

［11］张惠鲜．关于普通话水平测试中的“说话”应试技巧［J］．南宁师范高等专科学校学报，2003（2）：73—75．

［12］程俊．怎样提高普通话水平测试中“说话”项的应试成绩［J］．成都大学学报，2007（2）：123—125．

［13］王勇卫．浅谈普通话水平测试说话项的应对［J］．泉州师范学院学报（社会科学版），2006（3）：144—148．

［14］郭艳芳．对普通话水平测试中“说话”的思考［J］．河北北方学院学报（社会科学版），2007（4）：80—81．

［15］普通话水平测试用话题全集［DB/OL］．百度文库，http：//wenku. baidu. com/view/768ff4f8941ea76e58fa0473. html．

［16］普通话口语技能训练（绕口令选集）［DB/OL］．百度文库，http：//wenku. baidu. com/view/544f020216fc700abb68fc73. html，2010．

[17] 普通话考试朗读技巧 [DB/OL]. 豆丁网, http: //www. docin. com/p - 26256316. html.

[18] 普通话等级考试模拟试题 [DB/OL]. 豆丁网, http: //www. docin. com/p - 26256297. html.

[19] 计算机辅助普通话水平测试资料汇编 [DB/OL]. 豆丁网, http: //www. docin. com/p - 47611772. html.